진짜
짜
보수
가
짜
보
수

정치 혐오 시대,
보수의 품격을 다시 세우는 길

진짜 보수 가짜 보수

송희영 지음

21세기북스

무엇이 정치 혐오를 불러왔는가

보수라는 말에는 대충 2가지 뜻이 있다. 정치 이념으로서의 보수와 생활 방식으로서의 보수다.

일상생활을 살아가는 방식으로 보수를 말할 때는 '보수적'이라는 표현을 쓴다. 나이가 들면 익숙한 잠자리, 편한 옷을 고집하고 밤 12시 넘어 외출하는 딸을 나무란다. 그런 생활 방식을 보수적이라고 할 수 있을지언정 보수주의자라고 단정할 수는 없다. 하루를 보수적으로 살면서 진보 정당에 투표하는 사람은 얼마든지 있다.

정치 이데올로기로서 보수는 보수 정당을 비롯해 보수 진영, 보수세력을 만들어냈다. 유럽·미국에서 권력을 추구하는 정치인과 지식인들이 보수주의 철학을 고안하고 재정리했다. 200년 이상 나라와 시대에 따라 그것을 달리 포장해 마케팅한 결과 역사의 큰 물줄기를 만들었다. 우리 보수 정치인들도 정권 창출과 유지, 연장 과정에서 지극히 한국적인 보수 논리를 토대로 지지 기반을 다졌다.

정치적 보수가 생명력을 유지하는 밑바탕에는 급격한 변화에 공포심을 느끼는 인간의 본성이 자리 잡고 있다. 심리학 연구 논문을 보면 손해로 인해 받는 인간의 충격은 이득에서 얻는 충격에 비해 얼추 2.25배 높다고 한다. 엄마가 아들에게 시험에서 90점 이상을 받으면 용돈을 10만 원 올려주고 그 이하면 10만 원을 깎겠다고 선언했다고 치자. 성적이 올라 용돈 10만 원을 더 받는 긍정적 충격보다 성적이 떨어져 10만 원을 삭감당할 때의 부정적 충격이 훨씬 크다는 말이다. 이 때문에 진정한 보수주의자라면 급진 개혁으로 빚어질 상실의 충격을 걱정하며 주변과 이웃을 따뜻하게 배려하면서 살아간다.

그러나 한국의 보수 정치는 권력 욕심에 난폭성을 자주 노출했다. 매번 국민의 집단 저항에 마주치면서도 뼛속에 새겨진 폭력 체질을 바꾸지 못했다. 미국·유럽처럼 유약한 인간들끼리 서로 감싸며 공존하려고 애쓰는 보수주의 본래의 모습을 찾기 힘들었다. 우리나라 보수들은 왜 이런지 늘 궁금했다.

나는 보수주의를 학문적으로 연구하지 않았다. 일부 대목은 이론가들의 연구에 의존했다. 보수, 진보 모두에 별다른 애증이나 빚을 갖고 있지 않아 공정한 위치에서 두 진영을 보려고 노력했다. 다만 보수 언론에서 38년 기자 생활을 하며 보수주의자를 자처하는 많은 정치인과 경제인, 문화인을 만나 그들의 언행을 가까이서 지켜봤다.

이명박–박근혜 시대를 통과할 때나 진보 정권 시절의 무기력한 보수를 볼 때마다 보수주의의 역사와 원형原形에 관심을 가질 수밖에 없었다. 보수주의의 진짜 모습은 어떤 것인가, 진정한 보수주의자의 행동 방식은 어떤 것인가. 한국에는 어떤 얼굴을 가진 보수주의가 바람직한 것일까. 그런 체험과 관찰, 고민의 출산물이 이 책이다.

책 한 권으로 한국 특유의 변태성 보수 이념에 빠져 있는 분들을 설득할 생각은 없다. 산업화의 주역인 60세 이상 노령층의 생각을 돌려세울 능력도 없다. TK가 보수 정치의 본류라고 믿고 있는 분, 박정희 신화에 흠뻑 젖어 있는 분의 두뇌를 흔들어놓겠다는 욕심은 더욱 없다.

대통령 탄핵을 거치면서 보수가 분열해 궤멸했다는 탄식이 들끓더니, 2020년 총선을 앞두고 임시 땜질용 보수 통합 움직임이 반짝거린다. 조국 낙마로 얻은 승리감에 도취해 오로지 권력만 탐하며 과거의 실패를 진심으로 반성하는 기색은 도무지 보이지 않는다. 그런 가운데 보수 진영이 건강성을 갖추는 데 작은 자극을 주면 된다는 심정 뿐이다. 그것이 우리 사회가 정치 혐오 증상을 딛고 일어서 활기차고 균형 있게 발전하는 길이라고 믿고 싶다.

이 책은 생활 보수가 아니라, 정치 이념과 정치 세력으로서의 보수를 다뤘다. 등장인물에 가급적 경칭을 생략했다. 너그러운 양해를 바란다. 초고를 읽고 독자 입장에서 조언해준 유용상 원장, 일본 서적을 선물한 다마키 타다시玉置直司 법무법인 광장 고문에게 감사드린다. 송양민 가천대 교수는 역사적 사실을 다시 확인, 원고를 꼼꼼하게 가필하고 수정하는 헌신을 아끼지 않았다. 《조선일보》는 사설 등 콘텐츠 인용을 허락해줬다. 이번 책을 위해 일부러 저자 초상화를 제작해주신 한국 최고의 인물화가 김건배 화백께도 각별한 감사를 올린다. 거대한 정치 파동에 휘말려 있는 동안 따뜻한 격려를 아끼지 않은 친구, 선후배, 친지들께 짙은 마음의 인사를 드린다.

2019년 겨울에

차례

1장   가짜 보수의 탄생과 몰락

2장   한국 정치 궤멸의 주역들 : 가짜 보수의 5적敵

3장   왜, 어떻게 무너졌는가 : 가짜 보수의 10대 실패

4장   지금 우리에게 필요한 진짜 보수의 조건

5장   다음 세대를 위한 보수 재건축의 기회

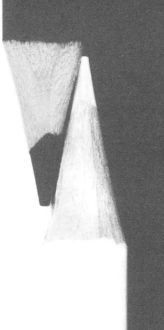

1장

가짜 보수의
탄생과 몰락

대한민국
'정치 신데렐라'의 비극

"인간은 자신이 입을 손실은 항상 적게, 자신이 얻을 이익은 항상 크게 본다."

심리학자가 자주 쓰는 말이다. 우리는 이런 사람을 카지노에서 아주 흔하게 본다. 도박판 마지막 배팅에서 50만 원만 잃고 손을 씻겠다고 다짐하지만, 계속 한탕을 노리다 하룻밤에 10억 원을 잃는다. 직장 생활에 시달리는 샐러리맨은 매주 로또 복권을 사면서 이번에는 꼭 1등 당첨의 행운이 찾아올 것이라고 믿는다.

자신에게 유리한 쪽으로 늘 생각하는 게 인간 본성이다. 심리학에선 이를 확증편향confirmation bias이라고 부른다. 인간이 일상생활에서 그런 본성을 요령껏 다스리지 않으면 낭패를 본다.

주식 투자자는 대부분 이런 욕구를 억제하지 못해 손실을 본다. 시장이 폭락할 것이라는 전망이 확실한 상황이건만 경고를 무시하고 주식을 팔지 않다가 더 큰 손해를 본다. "주가는 생각보다 항상 더 오르고, 생각보다 항상 더 빠진다"는 투자 격언에 따라 적절한 이익을 챙기고 빠져나오는 게 현명하다. 그러나 인간의 탐욕은 상식과 경고를 뛰어넘는 행동을 순식간에 벌이게 한다.

박근혜 정권이 그랬다. 최악의 인명 사고인 세월호 참사 수습에 실패하고 권력 농단 스캔들의 판도라 상자를 열어젖힌 정윤회 문건 파동이 터지면서 지지율은 2014년 말부터 크게 추락하기 시작했다. 국정 역사 교과서 파동은 보수층마저 달가워하지 않았으나, 박근혜는 이를 끝까지 밀어붙였다. 실망한 온건 보수와 중도 세력이 지지를 거뒀다. 그 결과 줄곧 50%대를 유지하던 콘크리트 지지율이 깨졌다. 경제 성장률도 2%대로 추락했고, 서민과 중산층 살림살이는 장기 불황의 여파로 파열음이 일었다.

실질 가치보다 너무 급등했던 박근혜 테마주는 여론 시장에서 폭락하고 있었다. 그러나 박근혜 정권은 이대로 가면 손실이 더 커지고 주식이 휴짓조각이 될 수 있다는 경고를 무시했다. 오히려 개인 인기에 힘입어 주가가 반등할 것이라고 착각했다. "주가는 생각한 것보다 항상 더 떨어진다"는 증시 격언을 믿지 않고, "골짜기가 깊으면 산도 높다"는 자아도취의 투자 격언에 의존했다.

보수 분열의 서막

착각에서 출발한 오만은 오판으로 발전했다. 박근혜 정권은 2016년 4·13 총선을 계기로 자신에게 꼬리를 내리지 않는 당내 비판자 제거에 나섰다. 비주류 좌장인 김무성 의원과 유승민 의원을 따르는 의원들이 제거해야 할 배신자 리스트에 올랐다. 박근혜 눈에는 그들이 '친박親朴의 나라', '친박 왕국'을 건설하는 숭고한 작업을 막는 불순물로 보였던 모양이다. 공천 과정에서 충성 서약을 한 진박을 따로 챙기며, 청와대와 다른 길을 가려는 배신자 그룹을 색출했다. 충성심이 의심스러운 내부의 적을 상대로 한 선전포고이자 숙청 작업이었다. 비박 세력에 대한 정치적 숙청은 곧 보수 진영 내전으로 발전했다.

"이명박은 야도이(고용된 전문경영인을 의미하는 일본어) 사장에 불과하지만, 박근혜는 보수 원조 가문의 오너 2세다. 오너 가문은 대代를 이어가야 한다." 그 무렵 어느 친박 의원은 진박 선별 작업을 전개하는 이유를 그렇게 설명했다.

친박 세력은 박근혜 뒤를 이를 3대 친박 정권의 재창출 의지를 감추지 않았다. 총선을 통해 집권당을 친박 세력으로 물갈이한 뒤, 2017년 말로 예정된 대선에서 박정희 정치 가문의 3대 후계자를 옹립할 꿈에 부풀었다. 친박은 김무성·유승민 같은 배신자와 불순물을 걸러내면 순수 혈통의 TK 정권을 장기간 독차지할 것이라는 과잉 이익 기대에 부풀었다.

무리한 배팅을 하면 권력을 전부 잃을지 모른다는 손실 경고를 묵살했다. 명중률을 100%로 확신하고 발사한 미사일이 유턴U-turn해 돌아와 자기 발밑에 떨어질 것이라고 생각하지 않았다.

손실 위험을 낮게 평가한 오판의 결과는 1차로 2016년 4월 총선 패배로 나타났다. 집권 새누리당은 다수당 지위를 잃었다. 민주당과 국민의당 등 야당이 정치권 주도 세력으로 등장했다. 대통령 리더십이 도전받을 수밖에 없었다. 잔뜩 부풀어 오른 종기를 단번에 터트리는 결정타가 터졌다. 최순실, 우병우를 비롯한 대통령 측근들의 국정 농단 및 비리 의혹이 드러난 것이다. 분노한 국민이 촛불을 들고 추운 거리로 쏟아져 나왔다. 대통령을 지키려는 소수의 태극기 부대가 최후의 보호막을 쳤으나 판은 돌이키지 못할 만큼 기울었다.

그에 앞서 총선 패배 이후 박근혜의 국정 장악력이 현저하게 약해지자 보수 진영은 벌써 흩어지고 있었다. 슬기로운 정치인이라면 총선 패배 이후 기울어가는 권력을 받아들이고 방어에 힘을 써야 했지만, 박근혜는 반대로 희한한 전쟁을 시작했다. 입법부를 장악한 야당과 정치적으로 밀고 당기는 게임도 힘든 판에 비박 세력을 도려내고 권력기관을 총동원해 보수 언론을 공격하는 데 열중했다. 외적外敵과의 싸움이 벅찬 국면에서 내전內戰에 골몰한 것이다.

그러는 사이 곪은 환부가 터지고 권력 심층부의 비리가 쉴 새 없이 노출됐다. 최고 권력자 자신의 무능, 대통령 측근의 부패, 집권당의 피투성이 내분 등 패배한 전쟁에서 나타나는 모든 패착이 한꺼번에 쏟아졌다. 친박 왕국을 이어가려던 과욕은 짧은 시간 내 대통령 탄핵을 불러왔다. 이후 집권당과 청와대 내에서 벌어진 사건들은 영화보다 드라마틱했고 스릴이 넘쳐났다.

총선에서 박근혜를 열심히 팔던 사람들이 자신은 친박 소속이 아니라고 부인하기 시작했다. 한때 100명 넘나들던 친박 의원 숫자는 급격히 줄어 국회가 탄핵소추를 의결할 때는 친박 여러 명이 탄핵에 찬성했다. 탄핵 반대표는 56표에 그쳤다. 박근혜와 도저히 함께 갈 수 없다는 집단은 새로운 정당을 만들어 떼 지어 떠났다. 박근혜의 선전포고로 발발한 내전은 결국 보수 진영의 대분열로 이어졌다. 대통령 주변에 호위 무사는 갈수록 줄어들었다.

밀실 통치가 빚은 정치 비극

박근혜 권력의 핵심은 출범 초부터 외부 공격에 취약한 구조였다. 청와대는 대통령을 결사 호위하겠다며 충성심으로 뭉친 참모 조직이 아니었다. 비서실장, 수석비서관 등 공식 조직이 대통령을 직접 모시는 게 아니었다. 대통령을 20년간 따라다니며 수발들고 심부름하던 문고리 3인방이 전달해주는 대통령 지시에 따랐을 뿐이었다. 비서실장, 수석, 장관은 종종 대통령과 통화했으나 관저 안채를 자유롭게 드나드는 3인방을 통해 대통령의 진짜 의중을 파악했다. 연락 장교에 의존하는 간접 통치였다.

박근혜 정권의 권력 구조는 왕조 시대의 내시 통치, 상궁 정치를 연상시켰다. 내시나 상궁은 정무 권한이 거세된 사람이다. 정치에서 배제돼 궁궐 안 잡무를 처리하는 임무만 맡아야 옳다. 하지만 최고 권력자의 의중 파악은 그들만의 전공 과목이었다.

비서실장부터 수석, 장관, 친박 의원들까지 3인방 눈치를 살폈다. 3인방 눈 밖에 난 끝에 쫓겨난 비서실장과 수석, 비서관들이 적지 않았다. 초대 비서실장 허태열과 민정수석실 공직기강비서관 조응천이 상징적 사례다. 비서실장이나 수석은 좀체 대면 보고를 하지 못하고 3인방을 통해 내려오는 대통령 말씀을 기다렸다. 수석비서관이 어쩌다 대면 보고를 하면 흥분해 주변에 자랑하는 모습을 여러 번 목격할 수 있었다.

대통령 수첩에 적힌 인물 가운데 "이 사람을 해양수산부 장관으로 발표하라"고 하면 문제가 많아도 인사 검증을 통과시켜야 했다. 취임 초 인사청문회를 통과하지 못한 고위직 다수가 대통령이 직접 지명한 인물이라고들 했다. 일방적 통보와 지시가 있을 뿐 참모들 사이에 반대 의견 개진이나 토론은 거의 없었다. 어느 철부지 정무수석이 참다못해 대통령에게 완곡하게 건의했다. "수석비서관 회의에서 수석들이 일제히 대통령 말씀을 수첩에 받아적는 모습이 TV에 자주 중계되는 것에 뒷말이 많습니다. TV 카메라가 퇴장한 뒤부터 받아쓰도록 하는 게 어떠신지요." 이렇게 건의하자 "대통령이 말하면 받아써야 옳습니다"라는 대통령의 핀잔이 돌아왔다. 북한 김정은 수행 인사들이 일제히 독재자의 말을 수첩에 받아 적는 화면과 다를 게 없는 풍경을 그는 당연시했다.

대통령 뒤에는 최순실이라는 비선 실세가 제조상궁(큰방상궁)으로 버티고 있었다. 눈치 빠른 재벌은 제조상궁에게 줄을 대고 있었다. 제조상궁 딸에게 명마를 사서 빌려주거나 이름뿐인 프로젝트에 거액을 헌납했다는 뒷말이 들렸다. 제조상궁 덕분에 장관, 수석, 청장 자리를 차지한 사람이 늘고 있었다.

그러나 촛불 시위의 공포와 탄핵 위기가 닥치자 오로지 문고리 3인방이 대통령을 지켰다. 대통령 이름을 팔면서 호가호위하던 친박은 얼굴을 돌리고, 위기 수습을 3인방에 떠넘겼다. 학자 출신, 관료 출신, 연구원 출신으로 한자리를 차지했던 측근은 아무도 온몸을 던져 대통령 대신 화살을 맞으려 하지 않았다. 대통령은 좁은 텐트에서 갈수록 고립됐다. 텐트는 비록 3인방이 지켰으나 지지대가 허약하고 방수 처리마저 돼 있지 않아 눈사태에 속수무책이었다.

현직 대통령은 청와대, 정보기관, 수사기관의 권력을 모두 동원할 힘을 가지고 있다. 최순실 비리 보도가 처음 나왔던 2016년 7~8월만 하더라도 정권의 영향력하에 있는 언론이 적지 않았다. 정치권에는 친박 의원 숫자가 여전히 다수를 차지하고 있었다. 야당 유력 정치인보다는 대통령을 지지하는 여론이 높았다. 그런데도 현직 대통령이 탄핵을 당하고 감옥에 끌려갔다. 총선 패배 후 1년 이내 벌어진 탄핵 단막극은 민주 국가에서도 목격할 수 없는 가장 참혹한 정치 비극이었다.

선거의 여왕이 순식간에 비극의 주인공으로 바뀐 배경에 관해서는 앞으로 여러 분석이 나올 것이다. 권력자 본인의 능력 부족부터 측근 비리, 거짓 해명이 거론될 것이다. 잇단 인사 실패, 세월호·메르스 사태에서 보여준 무능이 꼽힐 것이다. 성장률 회복과 일자리 만들기 같은 경제 업적이 낙제점에 가까운 점, 사회 양극화 완화에 무관심했던 점도 논의될 것이다. 다만 한 가지 분명한 것은 있다. 검증되지 않은 측근과 비선에 의존하는 권력의 이중 구조가 비극을 키웠다는 사실이다.

내시와 상궁을 잃은 대통령의 집권 말기

박근혜는 비선 인물과 3인방에 의존하는 내시형·상궁형 치세로 시종했다. 누구보다 내시와 상궁을 믿었다. 이 때문에 공식 계선 조직에서는 모두가 내시, 상궁이 전하는 대통령의 전갈을 기다렸다. 청와대 비서진, 내각, 정보기관, 수사기관은 허깨비에 불과했다. 공식 계선 조직을 믿지 않고 문고리 3인방과 최순실이라는 비선 라인에 의존하는 허약한 권력 구조였다.

아버지 박정희는 집권 말기 쓴소리를 하는 참모를 내보내고, 육군 대위 출신의 차지철 경호실장에게 판단을 의존했다. 군대, 행정부, 검찰, 경찰 같은 공식 조직은 차지철을 통해 내려오는 지시에 순종했다. 국가를 운영하는 거대한 계선 조직은 청와대 경호실의 명령을 기다렸다가 시키는 대로 행동해야 했다. 스스로 판단해서는 안 되는 허수아비였다. 경호실이 최고 권력기관 역할을 하기 전까지 중앙정보부가 그 권력을 휘두르고 있었다. 대통령 신임을 잃은 김재규 정보부장은 차지철 경호실장과 자주 충돌할 수밖에 없었고, 그것이 정보부장이 대통령을 살해한 궁정동 만찬장의 비극(1979년 10월 26일)을 낳았다. 박근혜의 권력 전달 루트는 박정희 말기를 그대로 닮았다.

사실 박근혜는 복 받은 정치인이었다. 역사상 가장 빛나는 경제 업적을 남긴 아버지를 뒀고, 튼튼한 지역 기반과 골수 지지층을 확보하고 있었다. 부모를 비극에 잃었다는 동정심에 20대부터 영부인 역할을 해오던 신데렐라 스토리까지 보태졌다. 당대의 인기 스타였다. 아버지는 "내 무덤에 침을 뱉어라"며 사후 평가를 원했지만, 딸은 "내 침실에 향기로운 꽃다발을 바치라"고 큰소리 칠만 했다.

그러나 국회의 탄핵소추 이후 헌법재판소 탄핵 판결까지 3개월 동안 대통령은 철저히 혼자였다. 청와대 밖 태극기 집회는 반짝 전달되는 작은 위로에 불과할 뿐이었다. 촛불 시위가 시작된 후 임시 채용한 몇 달짜리 알바 비서실장과 수석들이 무슨 애정이 있어 대통령 지키기에 몸을 던질 리 만무했다. 느닷없이 징발당해 청와대에 들어간 처지에 말발이 먹힐 리도 없었다.

국회의 탄핵소추 전이나 헌법재판소의 판결 전에 사태를 정확히 판단해 대통령에게 "여러 증거를 보면 탄핵소추나 판결은 확실하다"거나 "탄핵 판결 전에 사임하는 것이 현명하다"고 충언하는 참모가 없었다. "탄핵 판결이 나오면 곧바로 검찰 수사가 시작되고 구속될 가능성이 높다"고 말하며 자진 사퇴를 조언하는 동지도 없었다.

정치적 자폐증을 앓은 정치 신데렐라

대통령은 최순실, 정윤회, 문고리 3인방에 갇힌 상태에서 정치를 해오던 밀폐형 정치인이었다. 그는 평상시 외부 전문가나 국가 원로의 조언에 귀를 열지 않았다. 반대 의견과 정면 토론을 벌여 반대파를 설득해본 경험이 없다. 쓴소리를 귀담아들은 뒤 행동을 수정한 적도 없었다. 정치적 자폐 증상이었다.

박근혜의 자폐 증상은 나중에 증언을 통해 속속 드러날 것이다. 그는 외부 인사들과 식사하는 행사를 그다지 좋아하지 않았다. 청와대 수석, 비서실장, 측근들과 식사하는 일도 적었다. "다른 사람과 식사하면 자주 체한답니다." 어느 수석비서관의 설명이었다. 점심, 저녁에 외부 인사들과 식사하며 시중 여론을 듣고 두루 소통해야 하지 않겠느냐는 질문에 그는 난감한 반응을 보였다.

최순실이 구속된 후 청와대 주방장 출신 요리사가 TV에 출연해 세월호 참사 당일 대통령이 점심을 혼자 먹었다고 증언했다. 혼밥은 박근혜의 심리 상태가 반영된 습관이라고 할 수 있다.

그의 정치적 자폐 증상은 혼밥에서 머물지 않았다. 큰일과 작은 일을 분간하지 못했다. 세월호 같은 큰 사건에는 관심을 보이지 않았으나, 장례식장에 대통령 조화를 보내는 일은 직접 보고받고 허가, 불가를 결정했다. 당 대표 시절 비서실장을 역임했던 유승민 의원이 부친상을 당했을 때, 그는 자신을 비판했다는 이유로 조화를 보내지 않았다. 또 설·추석 명절 선물을 보낼 대상과 '박근혜 시계'를 선물할 대상 인물을 직접 챙겼다.

대통령 시계는 다른 정권의 경우 너그럽게 배포했다. 언론사 간부·임원에게는 시계가 나오자마자 넉넉하게 뿌렸다. 하지만 박근혜 정권 때는 대통령 심복으로 알려진 청와대 수석이 3~4만 원짜리 '박근혜 손목시계'를 들고 와 "어렵게 하나 받아왔습니다"며 엄청난 보물 상자를 건네듯 내밀었다. 대단한 일을 해낸 듯한 표정과 말투가 역력했다. "대통령께서 직접 관리하시는 통에…" 기념 시계 배포가 늦은 배경 설명을 더 들을 필요가 없었다.

박근혜 대통령 만들기의 공신이었던 원로 7인회 멤버는 박근혜가 청와대에 들어간 후 밥 한 끼조차 얻어먹지 못했다고 불평했다. 그들이 원한 것은 밥 한 끼가 아니었다. 기회가 되면 정권의 성공을 위해 한마디 건의하고 싶었을 것이다. 박정희를 모셨던 고건 전 총리는 회고록에서 "오만 불통 무능…. 박근혜 대통령은 (대통령을) 하지 말았어야 했다. 아버지 기념사업이나 하셨어야 했다"고 촌평했다. 아버지를 가까이 모시던 사람들조차 최순실과 문고리 측근에 둘러싸인 대통령에게 접근이 허용되지 않았다.

탄핵 사태 이후 문고리 3인방과 최순실이 작동 정지 상태에 빠지자 '박근혜 텐트'는 허망하게 무너졌다. 대통령의 부족한 판단력은 더 흐려졌고 두뇌 회전이 멈춘 듯했다. 그를 지키던 내시, 상궁이 제거되면서 벌거숭이 임금님이 되고 말았다. 탄핵이 진행되고 있던 국면에서 사회원로들과 대통령을 만났던 종교계 대표는 "청와대 밖은 영하 10도인데 대통령은 혼자 영상 20도에서 살고 있더라"고 했다. 민심을 전혀 모른 채 다른 세상에서 사는 사람처럼 말하더라는 것이다.

정치 입문 15년 만에 대통령직을 쟁취했던 대한민국 최고의 정치 신데렐라는 순식간에 권력의 정점에서 추락했다. 탄핵 후 박근혜 주식은 연일 하한가를 치더니 헌법재판소의 탄핵 인용과 함께 휴짓조각이 됐다. 박근혜와 친박은 4·13 총선 때는 사상 최대의 이익을 낼 것이라고 과대평가했고, 탄핵 국면에서는 예상 손실을 너무 적게 보았다. 투자자가 흔히 빠지는 대형 손실의 함정에서 눈금 하나 벗어나지 못했다.

진보의 승리가 아닌 보수의 자멸 스토리

보수 진영은 2016년 총선과 2017년 대선에서 진보 세력에 완패했다. 박근혜가 들고 있던 대장大將 깃발은 무참히 찢겼다. 태극기 부대가 옛 주인을 그리며 법원과 감옥, 광화문, 서울역 등지에서 울고 있지만, 보수 세력은 사령관을 잃고 흩어졌다. 새누리당을 계승한 자유한국당이 보수 세력을 다시 규합하겠다고 선언했으나, 보수 정당에 실망한 국민 여론은 좀처럼 되돌아설 줄을 모르는 듯하다.

보수의 붕괴는 자멸自滅 스토리였지 적군 공세에 무너진 패전이 아니었다. 친박의 탐욕으로 보수파 간의 내전이 벌어졌고, 대통령은 권력을 엉뚱한 곳에 쓰다가 언론에 들켜 패가망신했다.

총선(2016년 4월)과 대선(2017년 5월)에서 맞붙은 보수·진보 진영 간의 싸움은 자기 팀의 에러로 대량 실점하고 자멸한 프로야구 경기와 똑같이 전개됐다. 진보 진영에는 타고난 홈런 타자나 특급 투수가 없었다. 하지만 보수의 실책이 이어진 덕분에 힘들이지 않고 정권을 잡았다. 친박이 비박을 물어뜯고 휘발유를 끼얹는 바람에 보수 진영 저택에 불이 활활 타올랐다. 진보는 이웃집 화재에 돗자리 깔고 등심을 맛있게 구워 먹은 셈이다. 보수는 진보 세력에 잔칫상을 헌납했다.

패배가 예정된 선거전이었다. 진보 진영의 전력이 막강했다거나 전략이 뛰어난 게 아니었다. 진보 쪽 대장이 뛰어난 지략을 갖춘 불세출의 영웅도 아니었다. 상대가 워낙 강해 항복할 수밖에 없는 전쟁도 아니었다. 진보 진영도 쪼개져 있기는 마찬가지였으나 호남 일부가 떨어져 나간 작은 분열이었다. 보수 세력처럼 두 쪽으로 갈라진 것은 아니었다. 보수 진영의 큰 분열이 진보 진영의 작은 분열에 패했다.

온건 보수의 이탈 징조는 4·13 총선 과정에서 뚜렷했다. 공천 파동, 유승민 제거 작업을 보며 야당으로 건너갔다. 고개를 갸우뚱거리며 남아 있던 더 많은 보수층은 최순실 정체가 드러난 뒤 대거 이탈했다. 이들 가운데 상당수는 촛불 시위에 참가했다. 대통령 해명이 거짓으로 판명나자 더 많은 숫자가 이동해 나갔다. "그렇게 무능한 줄 몰랐다", "아버지의 절반에도 못 미친다"는 평가가 보수 진영 내부에서 끓어올랐다.

　2016년 12월 국회가 탄핵소추를 의결할 무렵에는 소수의 골수 지지파만 남았다. 그들은 태극기를 들기 시작했다. 골수파 변호사 몇 명이 대통령을 변론했지만 빗나간 정치 공세를 펼치는 바람에 도리어 대통령을 궁지로 몰아갔다. 골수 지지파는 온건 보수를 더 배척하는 방식으로 행동했다.

　친박 세력과 온건 보수는 2016년 총선, 2017년 대선에서 연속 패배한 뒤에도 물과 기름처럼 화합하지 못한 채 세월을 보내고 있다. 두 세력 모두 지도자 빈곤에 빠져 허덕이는 모습이다. 분열과 내전의 상처가 보수 세력의 단합을 여전히 가로막고 있다.

노무현 탄핵소추의 기억

　의원내각제를 채택한 일본, 영국에서는 집권당이 위기에 몰리면 의회를 해산하고 총선을 치른다. 선거로 국민 심판을 받는다. 반면 대통령제는 대통령 임기를 보장한다. 하지만 대통령제 국가에서도 대통령 임기 중 심각한 정치 갈등이 발생할 수 있다. 그 정치 갈등을 해소하는 탈출구로 마련된 제도가 대통령 탄핵이다. 임기 중 문제가 발생하면 정권 교체를 할 수 있는 장치를 헌법에 도입한 것이다.

　실제로 중남미中南美의 브라질, 베네수엘라, 파라과이에서는 1990년대 이후 대통령이 여럿 탄핵 심판을 받았다. 부정부패 스캔들에 대통령이 직접 연루된 경우에는 탄핵 확률이 무척 높았다.

　박근혜 탄핵 사유에는 측근 비리에 대통령이 직접 연루됐다는 사실이 명시됐다. 만약 비리가 최순실이나 문고리 3인방에 머물렀다면 탄핵을 당할 리 없었다. 거짓 해명과 검찰·특검의 조사를 거부했다는 것이 헌법재판소 탄핵 결정문의 질타였다. 어쩌면 대통령 탄핵 사례를 보려고 중남미까지 갈 필요조차 없었다. 박근혜는 자신의 탄핵 13년 전 노무현 탄핵에 앞장섰다.

2004년 노무현 대통령 탄핵은 걸러지지 않은 거친 발언이 촉발했다. 그는 취임 초부터 좌충우돌이었다. 탄핵소추 때는 선거 개입 발언이 지목됐지만 걸러지지 않은 잦은 실언으로 인심을 잃었다. 심지어 대우건설 사장이 대통령 형님을 찾아가 사장 연임 운동을 했다고 공개하자 그는 극단적인 선택을 했다.

노무현 탄핵은 기각됐으나 중요한 교훈을 남겼다. 현직 대통령도 언제든 재임 중 탄핵 법정에 세울 수 있다는 것을 온 국민이 체험했다. 5년 임기 중에도 합법적으로 정권을 교체할 수 있다는 것을 배웠다.

박근혜는 의원 시절 국회의 노무현 탄핵 표결에서 가장 선두에 섰다. 투표 후 가벼운 발걸음을 하며 활짝 웃는 사진이 언론에 나왔다. 무슨 생각에서 그렇게 즐거워했을까. 그저 노무현의 몰락이 즐거웠을까. 아니면 대통령 자리가 자신에게 빨리 올지 모른다는 반가움 때문이었을까. 그는 노무현을 "참 나쁜 대통령"이라고 낙인찍어 외면했다. 노무현 탄핵에서 튕겨 나온 화살이 13년 후 되돌아와 자기 정수리에 박힐 줄은 상상하지 못했을 것이다.

닮은 듯 닮지 않은
한국형 보수와 진보

　"보수주의자가 된다는 것은… 미지의 것보다는 익숙한 것을, 시도된 적이 없는 것보다는 시도해본 것을, 신비로운 것보다는 사실을, 무한한 것보다는 제한된 것을, 멀리 있는 것보다는 가까이 있는 것을, 유토피아적 축복보다는 현재의 웃음을 선호한다는 것이다."

　영국 보수주의 정치철학자 마이클 오크숏Oakeshott의 유명한 말이다. 진보주의자는 미지의 것, 시도된 적이 없는 것, 신비로운 것, 무한한 것, 멀리 있는 것, 유토피아적 축복을 좋아한다. 보수주의자는 익숙한 것, 경험해본 일, 눈앞 가까이에 있는 현실, 오늘의 웃음을 중시한다. 처칠 영국 총리는 "과거를 사랑하고 현재를 혐오하며 미래를 두려워한다"고 했다. 그는 영국 보수당 대표로 두 번 총리직을 역임했다. 처칠의 고백은 보수주의자 신념이 잘 요약된 표현이다.

　과거를 사랑한다는 것은 역사와 전통, 관행, 경험을 중시한다는 이야기다. 미래를 두려워하는 것은 새로운 경험과 해보지 않은 일에 도전하기를 주저하고 급격한 현상 변화에 공포감을 갖고 있다는 뜻이다. 현재를 혐오한다는 것은 어떻게든 오늘의 골칫거리를 빨리 매듭짓고 싶어 하는 보수주의자의 생각이 함축돼 있다.

진보주의자가 처칠처럼 고백한다면 "나는 미래를 사랑한다. 현재를 뒤엎고 싶고 과거를 무시한다"라고 할 것이다. 장래의 이상향을 꿈꾸며 끊임없이 오늘의 문제를 개혁하고 싶어 하는 성향이 진보주의다.

복어 알 젓갈로 진보와 보수 판별하기

보수와 진보의 차이를 복어 알 젓갈로 설명하기도 한다. 복어 알은 독성이 강하다. 독극물 취급 자격증이 없으면 복어 요리를 만들 수 없다. 복어 알은 위험하지만 복어 알로 담근 젓갈은 한국과 일본에서 상품화돼 있다. 숙성 과정을 거쳐 독성을 제거한 뒤 완성된 젓갈은 절묘한 맛을 낸다.

복어 알 젓갈로 보수주의자와 진보주의자를 구별할 수 있다. 복어 알 젓갈을 누가 먼저 먹느냐로 보수와 진보가 갈라진다는 말이다. 해답은 간단하다. 위험을 무릅쓰고 먼저 입속에 넣은 사람은 진보주의자다. 다른 친구가 먹고 안전한 것을 확인한 뒤 먹는 사람은 보수주의자다. 다 지켜보고서 끝까지 먹지 않는 사람은 꼴보수다. 농담조의 판별법이지만 복어 알 젓갈 판별법은 적중 확률이 높다. 진보주의자는 호기심이 왕성하고 위험을 감수하는 성향이 강하다. 새로운 경험에 개방적인 태도를 보인다. 낯선 음식과 가보지 못한 오지 탐험에

도전할 가능성이 높다.

이와 반대로 보수주의자는 새로운 경험에 폐쇄적이다. 죽음과 위험을 두려워하고, 불확실한 상황을 견디지 못해 빨리 결론을 짓고 싶어 한다. 불확실한 미래를 받아들이는 것보다 오늘의 불편함을 참고 견디는 편이 더 낫다고 생각한다. '낯선 천사보다 낯익은 악마가 훨씬 낫다'고 여기는 사람이 보수주의자라는 전문가도 있다.

진보주의자는 인간의 덕목 가운데 배려, 공평성, 정의에 애착을 갖고 보수주의자는 충성심이나 권위, 예의범절에 강한 애착을 갖는다. 이런 구별법은 인간의 기질, 심리, 성향을 분석한 결과다. 정치철학자와 심리학자, 뇌신경학자들이 연구한 끝에 보수주의와 진보주의의 성향은 어느 정도 정리됐다. 개인 성향이 어떻든 보수와 진보 진영 간의 갈등은 시대마다, 나라마다 전혀 다르게 나타난다. 두 진영은 대결의 기간이 훨씬 길지만 상황에 따라 손을 잡기도 한다.

200년의 역사를 가진 영국 보수당은 한때 노동당 정책을 거의 그대로 실행했고 노동당과 연립 정권까지 수립했다. 독일 기민당도 1960년대부터 3차례에 걸쳐 사민당과 연립 정권을 발족했고, 일본 자민당도 1990년대 초반 사회당과 공동 정권을 운영했다. 서로 국정 운영의 동반자로 생각하기 때문에 가능한 일일 것이다.

미국 공화당은 20세기 초반 재벌의 독과점을 막으려고 공정거래법을 강화하곤 했다. 시어도어 루스벨트 대통령이었다. 독과점 규제는 전통적으로 진보 세력의 정치 슬로건이었지만, 재벌 카르텔에 비판 여론이 높아지자 정책 기조를 변경했다. 물론 그 반대의 사례도 적지 않다. 1990년대에 집권한 블레어 영국 노동당 정부와 독일 사민당 슈

뢰더 정부가 '제3의 길'이라며 보수 정권의 신자유주의 정책을 상당
부분 차용해 쓴 것이 그런 사례다.

우리나라에는 진보 정권을 지지하는 기득권 인사가 적지 않다. '강
남 좌파' 세력이 대표적이다. 보수 정권 시대 혜택을 가장 많이 받은
사람들이지만 투표는 진보 정권에 한다. 반대로 진보 정치인들은 달
동네 빈곤층이 왜 보수 정권에 투표하는지를 놓고 한탄한다.

"젊은이가 진보가 되지 못하면 가슴이 없는 것이다." 청년층이 반
드시 진보적이라는 통설도 때로는 통하지 않는다. 취업 걱정에 졸업
을 늦추던 20대 청년층은 2007년 대선에서 이명박 후보를 더 많이
지지했다. 개인 성향이 반드시 정당 지지로 연결되지 않고 반대로 투
표할 수 있다는 말이다.

진영 싸움이 전개되면 두 진영의 색깔은 구별되지만 보수와 진보
의 차이는 나라마다 다르고 시대에 따라 달라질 수밖에 없다. 현재
일본 보수 진영은 평화 헌법 개정을 주장하는 반면 진보 진영은 헌법
개정에 반대한다. 헌법 개정의 찬반이 진영을 가르는 기준이다. 미국
의 보수 세력은 이민 유입을 막으려 하는 반면 진보 세력은 이민, 난
민에 관대하다. 진영 간 전선이 뚜렷하다. 사회주의 혁명을 주도하던
소련 공산당이 러시아에서 한때 보수 정당으로 몰린 것은 참으로 아
이러니하다.

서양과 다른 한국산 진보

한국에서 보수와 진보의 격차는 크지 않다. 진영 간 싸움이 심각한

것처럼 보이지만 따져보면 별 차이가 없다. 이 때문에 유권자는 보수와 진보의 경계선을 쉽게 넘나든다. 어느 보수주의 소설가는 이렇게 말했다. "자유민주주의와 시장 경제를 아끼고, 높이고, 지키고, 후손에게 물려주려는 태도를 가진 분들이 보수 세력이다." 이처럼 오로지 자유민주주의와 시장 경제가 보수주의자 여부를 판별하는 핵심 기준이라고 주장하는 분들이 정말 많다. 자유민주공화국에서 번영을 일궈냈다는 자부심이 이런 논리를 설파할 수 있는 근거가 됐다.

하지만 우리나라 역대 진보 정권은 자유민주주의와 시장 경제 체제를 부인하거나 역행한 적이 없다. 우리 진보 정당은 서양과 전혀 다르다. 유럽의 사회당·노동당은 종종 멀쩡한 민간 기업을 강제로 국유화했다. 우리 진보 정권은 그런 적이 없다. 미국 민주당 출신 프랭클린 루스벨트는 집권 후 소득세 상한 세율을 94%, 재벌 후계자에게 부과하는 상속 세율을 무려 92%까지 인상했다. 우리 진보 정권은 그런 난폭한 과세를 하지 않았다.

조립식 가구, 주방용품을 판매하는 글로벌 기업 이케아는 스웨덴에서 창업했다. 하지만 본사 국적지는 네덜란드다. 1970년대 진보 정당이 집권하자 이케아는 본사 주소지를 네덜란드로 옮겨버렸다. 높은 법인세를 피하고 국유화 조치를 피하려는 방어책이었다. 이케아는 리히텐슈타인에 지주회사를 따로 두고 있다.

김대중·노무현 시대 한국 기업의 외국 망명 사례는 나타나지 않았다. 중소·중견 업체들이 고임금을 견디지 못해 중국, 베트남으로 공장을 이전했을 뿐이다. 일부 대기업이 신규 생산 공장을 외국에 짓고 있으나, 매년 파업을 벌이며 연봉 수준을 올려달라고 압박하는 강성 노조를 피해 나간 것이다.

김대중·노무현·문재인 정권은 멀쩡한 민간 기업 국유화를 한 번도 내세우지 않았다. 재벌 총수가 높은 세금을 피해 국적을 바꾼 사례도 없다. 운동권 출신 정치인들은 한때 노동자와 도시 빈민의 혁명을 꿈꿨지만 진보 진영이 노동자·빈민이 지배하는 나라를 만들겠다고 내걸었던 적은 없다.

김대중·노무현은 오히려 보수 정권의 노선을 보완하는 일을 자주했다. 김대중은 IMF 외환 위기 극복 과정에서 어느 대통령보다 많은 공기업을 민영화했다. 노무현은 한미FTA협정을 체결해 수출 시장을 넓혔고 제주도에 해군 기지를 만들었다. 외국 주둔 미군 기지 가운데 최대 규모의 평택 기지를 건설해 미국에 제공했다. 이런 노무현 정권을 언론에서는 "좌회전 깜빡이를 켜고 우회전하는 정권"이라 불렀다.

그들은 김정일과 정상회담을 열고 북한에 현금을 지원해주었을망정 반공 노선을 포기하지 않았다. 미국과도 잡음이 있었지만 중남미 진보 정권처럼 반미 노선으로 치닫지 않았다. 한미동맹을 부분 수정할 뿐 동맹 자체를 깨지 않았다.

노무현은 2003년 국가 안보회의 석상에서 이렇게 말했다. "동맹관계를 중시하고 또 오랫동안의 우호관계와 미래의 우호관계를 고려해서 미국에 대한 지지 의사와 지원을 적극적으로 표방하는 것이 우리로서는 적절한 선택이라고 생각합니다." 노무현은 '국익이라는 실용적 입장'을 강조하며 이라크에 비전투병 3,000명을 파병했다. 미국과 군사동맹을 재확인한 것이다.

노무현은 대선 유세 과정에서 "워싱턴에 사진 찍으러 가지 않겠다"

고 했고, "좀 반미면 어때요"라고 허세를 부렸다. 하지만 대통령이 취임한 뒤에는 현실을 깨달았다. 그는 진보 진영 내부의 반대를 무릅쓰고 한미FTA 협상을 밀어붙였다.

보수 세력은 김대중·노무현을 '빨갱이', '조선노동당 2중대'라거나 반미주의자로 몰아붙였다. 하지만 두 진보 정권은 중남미나 아프리카의 진보 정권과는 완전히 달랐다. 문재인 정권도 한미동맹의 틀 안에서 북한과 대화를 추진하고 있다.

코카콜라와 펩시콜라의 차이

경제 정책에서는 진영 간 차이가 더 애매하다. 진보 정권은 재벌을 까다롭게 대하지만 시장 경쟁 체제를 깨부수지 않는다. 최저 임금을 대폭 올리며 노동자 편을 더 들고 분배를 강조한다. 그렇지만 진보 진영이 비정규직을 허용한 현행 노동 관련법을 전면 개편하겠다고 나서지는 않는다. 무상 복지를 강조하지만 성장 정책을 거부하지 않는다.

무상 급식 시행, 아동 수당 지급 같은 복지 제도는 진보 정권에서 먼저 내놓았다. 그러나 전국 노인들(상위 30% 소득층 제외)에게 월 25만 원씩 지급하는 기초연금은 박근혜 정권이 도입했다. 현행 기초연금의 전신인 기초노령연금도 국회 다수당이던 한나라당이 진보 여당의 반대를 누르고 통과시킨 것이다.

우리나라에서 보수·진보 간 격차는 핵심 쟁점에서 비교해보면 코카콜라와 펩시콜라의 차이밖에 나지 않는다. 보수가 코카콜라라면 진보는 펩시콜라다. 전문가라면 미묘한 맛의 차이를 구별할지 모르

주요 이슈를 둘러싼 보수 세력과 진보 세력의 입장 차이		
	보수 세력	진보 세력
사회주의 혁명	**반대**	**반대**
북핵	반대	반대
주체사상	반대	추종 거부
북 독재 정치	반대	반대
북한 인권	개선 필요	개선 필요
남북대화	신중	적극 추진
한미동맹	**중시**	**유지**
전시작전권 회수	신중	적극 추진
사드 배치	찬성	철거 보류
전술핵 배치	필요하면 찬성	한반도 비핵화
대중국 관계	중시	중시
성장 정책	**찬성**	**찬성**
규제 완화	찬성	찬성
정부 조직 확대	확대	확대
공기업 민영화	소극적	소극적
재벌 개혁	신중	찬성
FTA 체결	찬성	찬성
비정규직	축소 필요	축소 노력
복지 확대	**신중**	**찬성**
무상 급식	소극적 찬성	적극 찬성
무상 보육	소극적 찬성	적극 찬성
근로자 권리보호	**찬성**	**찬성**
전교조	법외 단체	인정
비정규직 노조	불인정	불인정
소수자 권리보호	**신중**	**찬성**
동성애	반대	배려 중시
낙태 권리 인정	신중	적극 추진
종교적 입대 거부	반대	배려 중시
자사고, 특목고	**찬성**	**폐지·축소 추진**
애국가 제창	찬성	찬성
태극기 게양	찬성	찬성

나 대다수는 큰 차이를 알지 못한다. 미량의 첨가물이 달라 다른 브
랜드로 팔리는 차이에 불과하다. 보수 진영, 진보 진영은 모두 자유
민주주의와 자본주의 체제를 지지한다. 그 틀 안에서 오늘날의 경제

력을 갖췄다. 더구나 민주화 운동은 진보 세력이 꾸준히 마케팅해온 정치 상품이 아닌가. 보수 진영이 자유민주주의, 시장 경제가 자신들 특허 상품이라고 말하는 것은 큰 착각이다.

국내에서 보수·진보 간 차이가 미미한 이유는 현대사에서 쉽게 찾을 수 있다. 이 땅에는 유럽, 중남미, 아프리카처럼 사회주의 혁명을 꿈꾸는 세력이 아예 발을 붙이지 못했다. 이승만 정권 이래 공산 혁명을 노리는 혁신 세력을 쉬지 않고 색출했기 때문이다. 또 한국전쟁 때 북한군과 좌익에게 가족과 재산을 잃었던 국민이 많아 태생적으로 공산주의에 호감을 가질 수 없었다. 진보 진영은 반공 정권과 맞서 싸울 전투력을 키울 겨를이 없었다. 반공·친미 노선에서 조금만 벗어나면 용공분자나 간첩으로 몰렸다. 그래서 사회주의 혁명을 꿈꾸는 세력은 싹을 틔우지 못한 채 말라버렸다.

운동권 진보 세력의 탄생

오늘의 진보 진영이 형성되기 시작한 시기는 1980년대다. 광주민주화운동 이후 상황이 급변했다. 젊은이들은 광주에서 죄 없는 양민이 군인들 총칼에 학살되는 광경을 목격했다. 권력을 잡으려고 무고한 시민을 살해할 정도라면 한국전쟁을 일으킨 김일성보다 나을 게 없다는 반발이 끓어올랐다. 미국이 전두환 군사 정권을 추인하는 것을 보며 반미 의식까지 번졌다.

우리나라 대학 캠퍼스는 1980년대 중반부터 급속도로 좌경화됐다. 김일성 주체사상을 공부하는 모임이 자생적으로 생겨났다. 현재 정치권의 주축 세력인 386 운동권(1960년대 출생해, 1980년대 대학을 다닌, 당시 30대 연령층)이 군부 독재 정권 아래서 성장한 것이다. 이들 중 일부는 평양을 몰래 다녀왔고 북한 공작금을 받아 쓴 사례도 있다.

그러나 1980년대 후반은 세계적으로 사회주의 혁명 열기가 꺼져 가는 시기였다. 냉전의 상징이던 베를린 장벽이 1989년 무너졌다. 이어 동유럽에서 민주 혁명이 일어나 공산 정권이 잇따라 몰락했다. 1991년 12월에는 공산주의 종주국인 소련이 해체됐다. 이런 세계 흐름에 역행해 한국 대학 캠퍼스는 뒤늦게 북한 체제를 흠모했다. 명백한 시대착오였다.

그들은 시대 흐름을 잘못 읽었으나 정치권에는 큰 파장을 몰고 왔다. 진보 세력 기반을 마련하는 주춧돌이 된 것이다. 386 운동권은 진보 정치에 사람을 모아줬고, 진보 이념을 어설프게나마 정리해 진보 세력 성장에 자양분을 공급하는 역할을 맡았다.

1970년대까지만 해도 진보 성향의 재야 운동권 세력은 숫자가 그다지 많지 않았고 이념 정리가 되지 않고 있었다. 김대중은 호남 중심의 지역 지지층을 확보하는 데 머물렀다. 김근태를 비롯한 민청학련 세대가 중심이 돼 1983년 민청련을 결성했지만 활동이 미미했다. 그들은 반독재 민주화 인사를 모으는 중심이 되고 386 운동권에 투쟁의 모범을 보이는 역할에 그쳤다. 조직이나 이론이 성장하지 못해 상징적 의미가 더 큰 존재였다는 말이다.

하지만 386 운동권은 1980년대 10년 안팎의 세월 동안 노동 현장에 파고들어 현장을 체험했고, 조직을 결성하는 방법을 체득하고 한국 실정에 맞는 이론을 발전시켰다. 박종철 고문치사사건, 이한열 사망으로 촉발된 1987년 6월 민주화 항쟁은 386세대가 주축이었다. 서울 중심가에서 근무하는 젊은 샐러리맨, 넥타이 부대가 시위에 참여해 직선제 개헌을 성취했다. 산업 현장에서는 노동자 이익을 주장하는 목소리가 높아갔다. 이들이 1990년대 정치권에 발을 들여놓기 시작하면서 진보 진영은 조직이나 이념에서 최소한의 기본 품질을 확보하게 된다.

1990년대 첫 진영 대결

물론 운동권 인사들에게 정치 발판을 제공한 최대 공로자는 김대중이었다. 동서냉전의 상징이던 베를린 장벽이 1989년 무너진 뒤 국내 정치는 엄청난 회오리바람에 휩싸였다. 1990년 1월 노태우 대통령(민정당), 김영삼 총재(통일민주당), 김종필 총재(공화당) 세력은 전격적으로 합당했다. TK·PK·충청 간의 지역 합병이었다. 새로 출범한 민주자유당(민자당)은 스스로 범민주 보수 연합을 표방했다.

합당 후 3당 대표 발언에서 민자당의 성격이 드러났다. 김영삼은 "개혁 차원을 뛰어넘는 혁명이나 계급 투쟁에 대해서는 사회 안정과 평화를 위해 단호히 대처할 것"이라고 했다. 급진 변화를 거부하고 점진 개혁을 강조했다. 김종필은 "흔히들 보수라고 하면 고루하고 케케묵은 걸로만 생각하지만 그런 게 아니다"고 했다. 보수주의가 생명력을 갖고 있는 이념이라는 점을 역설했다. 민자당은 우리나라에서 보수주의를 내건 최초의 집권당이었다.

민자당 출범 후 박정희·전두환 군사 정권 치하에서 함께 민주화

운동을 하던 김대중과 김영삼이 완전히 다른 길로 들어섰다. 김영삼은 호랑이(정권 쟁취)를 잡기 위해 호랑이굴(보수 정당)에 뛰어 들어가는 것이라고 주장했다. 김대중은 외로울 수밖에 없었다. 자신에게는 지지 기반이 호남밖에 남아 있지 않았다. 민주화 운동을 함께했던 동지는 다수가 김영삼을 따라 민자당으로 가버렸다.

김대중은 386 운동권에서 보석을 찾는 작업에 들어갔다. 그의 스카웃에 따라 운동권 청년들이 줄지어 정치권에 진입했다. 진보 성향의 교수진도 영입했다. 소련 붕괴 이후 방황하던 운동권 청년들은 보수연합을 내건 민자당 반대편에 서기로 작정했다.

진보 지식인과 386 운동권 청년들은 김대중 슬하에서 1990년대 중반에는 의미 있는 세력을 형성했다. 1995년 출범한 새정치국민회의에는 대학 운동권 단체 회장과 임원이 대거 참여했다. 국민회의는 호남 세력과 1970년대 재야 세력, 민청학련 세대, 386 운동권의 합병M&A이었다. 거기에 노무현이 끼어들었다.

오늘의 진보 정치권이 대부 격으로 추앙하는 노무현은 변호사 개업 후 시국 사건 변호를 맡았다. 그가 변호한 사건은 전두환 정권이 각 지역의 대학생 서클 활동을 용공 단체로 조작한 사건이었다. 노무현은 부산 부림사건을 변호하면서 이 학생 서클이 독재에 반대하고 민주화를 원하는 학생 모임이라는 것을 알고 정치에 눈을 떴다. 그는 자신을 정계에 입문시킨 김영삼 민자당 대표를 따르지 않고 김대중을 따라갔다. 김영삼의 보수 세력이 아니라 386 운동권과 정치를 하겠다는 포부였을 것이다. 김대중은 그렇게 노무현까지 끌어들여 진보 진영을 확대시켰다.

20년 사이 진보 3승, 보수 2승

김대중·노무현은 1997년 국가 부도 사태인 IMF 위기를 맞아 민자 당이 자멸하자 김종필과 손을 잡고 정권을 잡는 데 성공했다. 이른바 DJP연합이었다. 정권 쟁탈전에서 진보 진영의 첫 승리였다. 우리 정 치권이 진보와 보수로 갈라져 정면 대결한 것은 그때가 처음이었다.

1997년 대선 때 진보 진영은 대놓고 진보나 혁신을 표방하지 않았 다. 보수 정권의 정책 기조를 거의 그대로 이어갔다. '빨갱이', '간첩'으 로 몰릴 것을 걱정했기 때문이다. 김대중은 대통령 선거전에서 IMF 와 재협상론을 제기했다가 그의 사상이 논쟁거리가 되자, 캉드시 IMF 총재가 서울을 긴급 방문해 김대중이 정말 시장주의자인가 확 인하고 돌아가는 일도 있었다.

김대중·노무현·문재인 정권이 보수 정권과 다른 점을 꼽으라면 가 장 큰 것이 대북 노선이다. 반공 노선을 버리지 않았으나 남북정상회 담을 성사시키고 대북 지원을 늘렸다. 혁명 분위기란 찾기 힘들었다. 역대 진보 정권은 소수파의 집권이어서 매우 불안정했고, 지금도 여 전히 불안정 상태에 놓여 있다.

따지고 보면 우리나라 정치사에서 진영 간 싸움은 20여 년밖에 되 지 않는다. 1980년대까지는 진보 진영 자체가 형성되지 못했고, 민자 당에 대항해 1995년 국민회의가 발족한 것이 진영 간 대결의 첫 출 발이었다. 중남미, 아프리카에서는 좌와 우의 대결, 진보와 보수의 대결이 수십만~수백만 명이 사망하는 유혈 내전 상태로 번지곤 했 다. 그에 비하면 한국의 진영 대결은 평화로운 목장에서 두 부류의 소떼가 풀을 한 입 더 먹겠다고 다투는 것에 불과하다. 한국전쟁 시기 혹독한 이념 싸움으로 엄청난 희생을 치렀던 덕분인지 진영 간 충돌이 대량학살이나 집단 폭력 대결로 번지지 않는다. 1997년 IMF 사태 이후 정권을 건 대결에서 진보 진영은 3승, 보수 진영은 2승으로 20년을 보냈을 뿐이다.

03

가짜 보수들의
자기 파괴적 역사

보수 진영은 이승만·박정희를 보수 정치의 원조로 숭배한다. 보수 인사들 모임에서 두 사람 잘못을 비판하면 곧 분위기가 어색해진다. "정권 연장을 위한 개헌은 조금 아쉬웠다"는 어법이 무난하다. 그것도 단 한 문장만 우물쭈물 내뱉는 것이 낫다.

두 사람의 실책을 2가지 지적하면 다들 얼굴을 쳐다본다. 긴장하며 경계하는 표정을 짓는 이들이 늘어난다. 박정희 실책을 3가지 꼽을 즈음에는 반격 발언이 튀어나온다. 모임이 어수선해지면서 몇 분 안에 좌파 성토로 번지는 일이 잦다. 이승만·박정희는 건국부터 산업화, 중산층 육성 등 많은 업적을 남겼다. 보수 세력은 "두 분 덕분에 단군 이래 최고 번성기를 누린다"거나 "그분들이 아니었으면 5,000년 역사에서 언제 우리가 중국보다 더 잘살았던 적이 있었겠느냐"고 말한다.

우리는 공산주의를 선택한 북한보다 잘살고 있다. 수천 년 굶주림에서 벗어나 다른 나라를 원조하는 나라로 전환했다. 배고픔을 해결못 하는 북한 독재 정권과 비교할 때 박정희의 경제적 치적은 깎아내리기 어렵다.

보수 정권의 3대 노선

역대 보수 정권을 지탱해준 노선은 3개로 압축할 수 있다. 첫째, 사회주의 혁명을 거부하는 반공 노선이다. 둘째, 국가 안보를 확보하려는 친미 노선을 들 수 있다. 셋째, 친재벌 경제 성장 노선이다.

이승만은 건국 초기 반공·친미 노선을 거부할 수 없었다. 광복 직후 한국 사회는 공산주의 혁명 분위기가 강했다. 미 군정기의 한 여론 조사에서도 사회주의 지지율이 압도적으로 높았다. 일제 강점기 형성된 남로당 계열의 좌익 세력이 활개를 치고 노동자 과격 시위가 끊임없이 발생했다.

남한을 점령한 미군은 공산 혁명에 대항하려고 이승만 정권 탄생에 앞장섰다. 이승만 귀국부터 정당 결성, 정권 유지를 계속 후원했다. 여기에 이승만 본인의 신념까지 가세해 이승만 정권은 탄생부터 친미·반공의 만리장성을 쌓았다. 건국과 함께 들어선 친미·반공 노선은 건국 이념이자 보수 진영의 모태 신앙이 돼버렸다. 당시 미국에 만연하던 반공 보수주의 열기가 도입돼 관제 국가사상이 된 것이다.

200여 년간 지구상을 지배한 3대 정치 이념은 보수주의, 사회주의, 자유주의였다. 3가지 정치 이데올로기 가운데 사회주의나 자유주의

보수 정권의 3대 노선과 긍정적·부정적 파장		
3대 노선	긍정적 파장	부정적 파장
반공 노선	▶자유민주주의 국가 진영에 자동 편입 ▶글로벌 자본주의 체제에 자동 편입 ▶거대 글로벌 수출 시장 확보	▶헌법 경시, 민주주의 억압 ▶장기 집권, 선거 부정, 야당 탄압 빈발 ▶국민 인권 탄압, 언론 탄압 ▶암살, 고문, 테러 등 폭력적 통치
친미 노선	▶미국 핵우산 아래 국가 안전 보장 ▶국방비 지출 절감해 성장 비용 마련 ▶국제 사회에서 미국의 전폭 지원 ▶미국 수출 시장, 에너지 확보 원활 ▶미·일·유럽의 자본, 기술 도입 원활 ▶글로벌 인재 육성 가능	▶세계 이념 전쟁의 최전선에서 한국전쟁, 무장간첩 테러 경험 ▶독자 외교 노선 실패 ▶국가 안보 미국에 의존 ▶외채 의존형 성장으로 외환 위기 빈발
친재벌 성장 노선	▶굶주림 해결, 산업화 성공 ▶세계 12~13위권 경제력 부상 ▶중산층 형성 ▶글로벌 기업 탄생	▶재벌의 경제력 집중 심화 ▶영호남 간 격차로 지역 갈등 유발 ▶사회 양극화 확대 ▶관 주도 경제 운용 고질화

사상은 한국에서 아예 배척됐다. 신분과 계층, 사유재산권을 완전 폐기하는 사회주의 혁명이나 완전한 자유권 보장으로 혼란을 초래할 수 있는 자유주의 사상은 경계 대상이 됐다. 대한민국 건국은 오로지 보수주의 이념을 따를 수밖에 없는 운명이었다. 보수 이념을 따른 건국은 국가 보수주의를 낳았다. '건국=보수주의'였고, '대한민국=보수주의 국가'였다. 급진 공산 혁명 거부가 국시國是가 됐다.

박정희는 여기에 재벌 육성을 통한 경제 성장 노선을 덧붙였다. 박정희는 이승만보다 성장에 훨씬 치중했다. 미국과 군사동맹을 중시하며 안보는 미국에 맡겼다. 미군 주둔을 당연시하고 국방비를 절감해 경제 개발에 투자했다. 크게 보면 경무장 고도성장 전략이었다.

미국은 커다란 미국 시장을 한국에 제공했다. 자본과 기술을 주었고, 원유 에너지를 쉽게 확보할 길을 열어주었다. 박정희는 안보와 경제 성장을 모두 미국에 의존했다. 1980년대 경제학계에서는 한국 경제의 대미對美, 대외對外 종속을 비판하는 '종속이론'이 큰 관심을 모았다. 사회주의 식 자력갱생의 요소가 부족하다는 비판이었다. 하지만 이후 역사는 박정희 식 경제 개발이 효과가 있었음을 보여주고 있다. 종속이론을 들먹이는 학자는 이제 거의 없다.

미국은 2차 세계대전 이후 정치력, 군사력, 경제력에서 세계 최강 지위를 굳혔다. 이런 흐름을 이용한 박정희의 미국 의존 전략은 성공 가도를 달렸다. 뒤이어 전두환, 노태우도 같은 노선을 택했다. 지나치게 미국에 종속됐다고 해석할 수 있지만, 미국의 힘을 현명하게 활용했다고도 볼 수 있다. 어느 쪽이든 오늘의 한국이 만들어지기까지 미국의 힘에 무임승차한 부분이 있는 것은 사실이다.

국가 보수주의의 폭력성

유럽 보수주의는 19세기 말부터 국가보다 개인이 우선하는 것으로 바뀌었다. 근로자 권리를 두텁게 보장했고, 여성 참정권을 확대했다. 영국 보수당은 표현의 자유, 집회의 자유 같은 국민 기본권을 확장하는 정치에 앞장섰다. 자발적인 애국심을 불러일으키는 방식으로 국민을 통합했다. 이를 위해 전쟁이 벌어지면 지도층 자녀가 솔선해 참전 용사로 나서는 모범을 보였다.

보수주의 본고장은 개인의 권리가 우선하기 시작했던 반면, 이승만·박정희는 관官은 언제나 옳고 민民은 관을 따르면 된다고 했다. 개인보다 국가가 훨씬 중요했다. 공公을 위해 개인私을 희생하는 것을 당연시했다. 권력을 장악한 쪽이 정의였고 권력자가 결론을 내리면 판정이 공정하다고 했다. 정의, 공정, 대의를 권력자가 독점했다.

최고 권력자를 신격화하는 작업은 빠지지 않았다. 이승만은 '세계적인 사상가'로 격상됐고 박정희는 '불세출의 민족 영웅'이 됐다. 최고 권력자와 국가를 동격同格으로 격상시키려는 의도였다. 국가 보수주의는 최고 권력자를 떠받드는 방향으로 흘러갔다. 개인 기본권, 시민의 권리를 강화해야 할 보수 이념이 독재를 합리화하기 시작했다.

보수 정권은 권력자가 공권력을 정권 안정에 동원하는 것을 합리화했다. 이승만은 일제로부터 물려받은 경찰을 활용했다. 선거 때 경찰이 대놓고 금품 살포, 유권자 동원 등 부정선거를 조장하거나 부정 투·개표에 눈을 감았다. 개헌으로 정권의 임기를 연장하려 할 때는 경찰이 개헌 반대파 국회의원을 체포하고 감금했다. 박정희 시절에는 남산 중앙정보부가 정권 호위 부대 역할을 맡았다.

전두환 시대에는 군 보안사(기무사)가 그 업무를 이어받았다. 노태우·김영삼 정권은 검찰이 무소불위의 권력을 휘두르며 권력자를 보호했다. 역대 보수 정권은 경찰→정보부→보안사→검찰로 공권력 행사 조직을 바꿔가며 정권 안정에 써먹었다.

보수 정권의 폭주는 장기 집권과 독재라는 극단 정치까지 달려갔다. 반공 노선은 독재자가 국민의 인권을 묵살하는 좋은 핑계가 됐다. 공권력이 반대파 숙청과 언론 탄압에 폭넓게 동원되면서 민주주의에 깊은 상처를 남겼다.

반공 노선을 지키기 위해 암살, 고문, 테러, 간첩 조작이 이어졌다. 친미 노선 수호를 위해 반미 발언과 반미 데모를 금지했다. 친재벌 성장 노선을 지탱하려고 근로자 임금을 억제하고 노조 파업을 철저히 단속했다. 작가나 언론인은 반공, 반미, 친재벌 등 3대 노선에 반대하거나 비판하는 글을 마음껏 쓸 수 없었다. 코미디언은 권력자를 냉소하는 코미디를 만들 수 없었다. 표현의 자유, 언론의 자유, 양심의 자유, 집회·결사의 자유가 모두 통제됐다.

1세대 보수의 종말

이명박·박근혜 시대에 들어 달라진 것은 없었다. 반대파와 비판자는 검찰 수사로 혼을 냈다. 예산 지원 배제, TV 출연 금지라는 방식으로 문화 예술인을 탄압했고, 비판적 언론인은 검찰 수사와 언론 플레이로 매장하는 수법을 사용했다. 정보기관이 불법 수집한 사생활 정보로 인격을 갈기갈기 찢어놓곤 했다. 보수 정권의 폭력성은 변하지 않았고 국민 권리보다 권력자 이익을 중시했다.

보수 정권 폭주가 빚은 국민 저항 및 국가 재앙			
	촉발 계기	국민 저항 및 대형 재앙	지도자 말년
이승만 정권	집권 연장, 3·15 부정선거	4·19 혁명	국외 망명
박정희 정권	집권 무기한 연장 경기 침체	부산·마산항쟁 10·26 대통령 시해	암살
전두환 정권	12·12 쿠데타 대통령 직선 거부	광주민주화운동 6·10 민주항쟁	감옥행
노태우 정권	공안 정치, 부동산 폭등	반정부 시위 빈발	감옥행
김영삼 정권	OECD 조기 가입, 경기 침체	IMF 외환 위기	지지율 5%
이명박 정권	미국 쇠고기 수입 개방 확대	광우병 촛불 시위	감옥행
박근혜 정권	세월호 참사, 비선 국정 농단	대통령 탄핵 촛불 시위	감옥행

보수 정치의 난폭성은 그때마다 국민의 집단 저항을 불렀다. 이승만은 4·19 학생혁명으로 무너졌다. 박정희는 부산-마산 시위 사태 후 김재규 총탄에 넘어졌다. 전두환은 광주민주화운동과 6·10 항쟁에 부닥쳤다. 이명박과 박근혜는 대규모 촛불 시위를 겪었다.

국가 보수주의가 제 궤도에서 일탈할 때면 국민 저항권이 자연스럽게 발동했다. 권력자의 과욕은 국민 항쟁을 초래했다. 이 때문에 역대 보수 정권 대통령 가운데 말년이 비참하지 않은 인물은 거의 없다. 국외 망명이나 측근에 의한 암살, 감옥행의 주인공이 됐다. 김영삼은 감옥에 가지 않았으나 외환 위기를 초래해 지지율 5%로 퇴임하는 수모를 겪었다. 김영삼 정권의 무능은 1997년 IMF 외환 위기를 낳았다. 경제가 세계화 흐름에 순조롭게 진입하지 못하고 달러 부족 사태를 만나 국가 부도 위기에 몰렸다. 재벌 그룹이 줄지어 붕괴했다. 수많은 애꿎은 국민이 실업자로 전락했고, 중산층이 무너졌다. 보수 정권을 지탱해오던 중산층의 몰락은 보수 정권 안정에 치명적이었다.

중산층은 독재, 장기 집권, 인권 유린을 인내하며 국가 보수주의를 유지해주던 기둥이었다. 그 기둥이 IMF 위기로 폭삭 무너졌다. 국가가 국민을 보호해주지 못한다는 원망이 퍼졌다. "국가를 믿으라"고 했던 보수 정권의 약속은 헛말이 됐다. "문제가 생기면 정부가 다 알아서 할 것"이라던 신뢰는 박살 났다. 1세대 국가 보수주의 시대는 그렇게 막을 내렸다.

1세대 보수는 먹을 것과 입을 것, 자가용의 꿈을 해결해주었다. 배우고 싶어 하는 학습욕을 채워주었다. 내 집 마련의 꿈을 선물했다. 가족 공동체의 원초적 욕망인 의식주 문제를 해결해주었다. 자가용,

에어컨, 전자밥통, 외국 여행은 보너스였다. 1세대 보수는 독재, 인권 유린, 언론 탄압 등을 자행하면서 인간의 기본 욕구를 충족시켰다.

하지만 1세대 보수는 자기만족에 빠졌다. 국가를 이만큼 키워놨다는 자부심은 오판을 불러왔다. 변화를 거부하며 지금까지 하던 대로 밀고 가겠다고 고집을 부렸다. 독재 정치와 기본권 탄압의 명분을 제공했던 공산 혁명의 위협이 소련의 멸망과 함께 사라졌지만 새로운 세계화 흐름에 쉽게 올라타지 못했다.

급진 개혁을 거부하다가 더 버틸 수 없다는 판단이 서면 마지막 순간에는 유연한 변화로 탈출구를 찾는 게 선진국 보수 진영의 생존 비법이다. 우리는 그런 테크닉을 터득하지 못했다. 세계화 물결에 맞춰 정치, 경제, 사회 모든 분야에서 개혁 작업을 해야 했다. 국민 기본권을 더 넓혀주고 정부가 통제하던 경제도 민간에 넘겼어야 했다. 미국, 영국, 일본은 냉전이 끝난 뒤 내부 개혁을 추진해 냉전 후 체제에 부드럽게 진입했다.

1세대 보수 정권은 냉전 체제 붕괴 후 세계화 흐름에 순응하지 못하고 구조조정과 혁신을 거부했다. 글로벌 시장은 국경을 무너뜨리고 통합됐지만 우리는 박정희 식 사고방식과 행동에 젖어 있었다. 변화를 거부한 결과 1세대 보수의 50년 장기 집권은 종막을 고했다. 그것은 박정희 성장 모델의 파산이기도 했다.

2세대 보수의 시대 부적응

1997년 IMF 위기와 함께 정권은 진보 세력에 넘어갔다. 진보 정권은 '햇볕 정책'이라는 이름 아래 남북정상회담과 대북 지원을 서둘렀다. 당시 많은 국민은 외환 위기 피해권에서 벗어나지 못했다. 50년 이상 반공 교육에 세뇌된 국민에게 남북 화해라는 상품을 팔려면 상당 기간 설득이 필요했지만, 진보 정권은 무턱대고 서둘렀다. '보수 세력의 기득권 타파'를 선언한 노무현은 좌충우돌하며 서두르다 탄핵 위기에 몰리는 일까지 벌어졌다.

진보 정권이 무능을 드러내는 동안 보수 진영은 전경련과 재벌 그룹의 후원을 받아 광장과 길거리에서 단합했다. 뉴라이트라는 젊은 보수 세력이 새로운 보수주의 철학을 설파하기 시작했다. 뉴라이트 이념은 1세대 국가 보수주의를 부분 수정한 내용이었다. 극단적 반공 노선을 수정해 북한 독재 체제와 핵 개발을 반대하는 쪽으로 방향을 선호했다. 규제 완화, 공기업 민영화, 작은 정부 정책을 내걸었다.

보수 진영 단합으로 이명박 정권이 권력 무대를 장악했다. 2세대 보수 정권의 탄생이었다. 그러나 이명박 정권은 자신이 마련한 자양분이 아니라 진보 진영 실패의 영양소를 먹고 자랐다. 국민 재신임을 받지 못한 진보 진영의 무능이 2세대 국가 보수 부활의 1등 공신이었다. 2세대 보수는 부모 세대와는 다소 달라지는 듯했다. 이명박은 공기업 민영화를 내걸었고, 박근혜는 한 발 더 나아가 대선 공약에서 복지 확대와 경제 민주화를 앞세웠다. 그때까지 복지 확대를 전면에 내건 보수 정당의 후보는 없었다. 재벌 개혁을 단행할 의지를 표명한 것도 최초였다. 2세대 보수는 1세대와는 다를 것이라는 기대가 높아졌다.

그러나 기대는 곧 큰 실망으로 바뀌었다. 재벌 개혁은 어물쩍 넘어갔다. 복지 정책은 노령층 기초연금 확대로 그저 하는 시늉에 그치고 무상 보육, 무상 급식에 반대했다. 공기업 민영화는 포기한 뒤 현대하이닉스, 대한통운, 현대건설 같은 공기업을 재벌 품에 안겨주었다. 법인세 인하로 대기업에 혜택을 몰아주었다.

고환율 정책을 지속해 삼성전자, 현대자동차 같은 수출 대기업이 분기마다 수조 원의 순익을 남기도록 도와주었다. 원화의 대미 달러 환율이 1원 오를 때마다 삼성전자, 현대자동차 같은 대기업은 수백억 원대의 환차익을 더 얻는다. 친재벌 정책 기조가 2세대 보수 정권 시절 그대로 유지되면서 내수 기업과 중소기업은 더 힘들어졌다.

이명박은 친미 노선을 강화하려고 쇠고기 시장 개방을 서두르다 광우병 파문을 빚었다. 박근혜는 북한 핵 실험을 계기로 미국 뜻대로 사드를 전격 배치해 중국과 마찰을 초래했다. 경기 회복을 촉진한다면서 가계 대출을 마구 늘려 전국 부동산 가격이 사상 최고치로 폭등하는 부작용을 연출했다. 1세대 보수보다 국가 운영 능력이 현저하게 떨어지는 약점을 노출했다.

2세대 보수 정권은 시대 변화에 적응하지 못하는 부적응증이 심각했다. 냉전 종식으로 반공 노선은 수정해야 했다. 중국의 부상으로 친미 노선도 시험받고 있다. 성장률이 2~3%로 바닥에서 헤어나지 못해 재벌 편향적 성장 노선을 수술해야 했다. 하지만 이명박·박근혜는 달라진 환경에 맞춰 노선 조정을 하지 않았다. 2세대 보수 정권이 1세대가 남긴 유산에 무엇을 더 보탰는지 선뜻 떠오르지 않는다. 부모 유산을 털어먹으며 근근이 버티는 건달 후손처럼 9년 세월을 허송했다.

떴다방 영업 졸업 못하는 보수 정치

건국 이래 70년이 흘렀다. 김대중·노무현의 10년 집권을 제외하면 60년간 보수주의 정치가 권력을 휘둘렀다. 미국·유럽의 정치판과 비교해볼 때 보수 정치가 70년 중 60년을 지배한 것은 기적에 가깝다. 만약 경제적 성과가 미미했다면 장기간 집권을 하지 못했을 것이다. 세계적인 냉전 대결과 김일성·김정일 부자 정권의 폭주도 보수 정권의 장기 집권을 도왔다.

70년간 국가 보수주의 체제는 몇 차례 위기를 맞았다. 이승만의 보수는 4·19 혁명으로 끝났다. 박정희의 국가 보수는 김재규 정보부장의 총탄에 쓰러졌다. 전두환의 보안사 정치는 1987년 6·10 시민항쟁으로 막을 내렸다. 국가 보수주의는 위기를 맞을 때마다 권력자를 교체하며 살아남아 겨우 생명을 유지했다. 이 때문에 보수 정치는 간판을 여러 번 바꿨다. 공화당에서 민정당, 민자당, 신한국당, 한나라당, 새누리당, 자유한국당 등으로 페인트 색깔이 달라졌다. 그때마다 실패한 선장을 미련 없이 버리고 새 선장을 선발했다.

보수 진영의 생존 비법은 이동식 부동산 중개업소 '떴다방'을 빼닮았다. 우선 떴다방은 아무 곳에서나 영업하지 않는다. 투기 열풍이 부는 지역, 큰 이익이 남을 부동산을 찾아다닌다. 권력 실세나 정권을 잡을 정당을 본능적으로 선택하는 보수 진영과 똑같다. 떴다방은 이득이 남는다는 계산이 나오면 현장에 텐트를 치거나 현지 여관에 터를 잡는다. 남의 눈치는 전혀 보지 않는다. 권력을 잡겠다는 전망이 확실하면 언필칭 보수라는 교수, 언론인이 선거 캠프에 앞다퉈 모

주요 보수 정당 간판의 존속 기간		
정당 이름	주요 정치 지도자	존속 기간
자유당	이승만, 이기붕	1951년 12월 창당~1960년 4월 정권 붕괴(9년 4개월)
민주공화당	박정희, 김종필	1963년 1월 창당~1980년 10월 해산(17년 9개월)
민주정의당	전두환, 노태우	1981년 1월 창당~1990년 2월 해체(9년 1개월)
민주자유당	노태우, 김영삼, 김종필	1990년 2월 3당 합당~1995년 12월(5년 10개월)
신한국당	김영삼, 이회창	1996년 2월 민자당을 개명~1997년 11월(1년 9개월)
한나라당	이회창, 이명박, 박근혜	1997년 11월 개명 발족~2012년 2월(14년 3개월)
새누리당	박근혜	2012년 2월 개명 발족~2017년 2월(5년)

여든다. 사이비 보수들이 한자리를 노리는 열정은 한몫을 노리는 떴다방을 닮았다. 낯 두껍고 당당한 태도까지 다르지 않다.

세 번째 공통점은 불법, 탈법을 서슴지 않는다는 점이다. 보수 정치가 종종 헌법과 법질서를 깔아뭉개듯, 떴다방 영업은 불법이 태반이다. 부동산 가격을 폭등시키고 차명 통장 거래로 탈세를 조장한다.

영업이 끝나면 미련 없이 흩어지는 모습을 보라. 떴다방은 이곳에서 영업이 끝나면 다른 곳으로 옮기는 이동 영업으로 돈을 번다. 떴다방 동업자들은 보수 정치인처럼 이합집산이 순조롭다. 그때마다 새로운 담합을 성공시키는 재주가 뛰어나다. 보수 정치가 정당 이름을 수시로 바꾸듯 떴다방은 세금 추적을 피하려고 간판과 명함을 수시로 바꾼다.

보수 정치는 이승만부터 박근혜까지 오로지 권력을 쫓아다녔다. 그때그때 보스와 간판, 구성원이 달랐다. 오직 이익을 위해 사회적 파장이나 상도의를 깡그리 무시하는 떴다방 그대로다.

보수 진영 붕괴의 죄인은 누구인가

1세대 떴다방 보수는 IMF 경제 위기로 붕괴됐고, 2세대 떴다방 보수는 국정 농단 사태로 무너졌다. 박근혜 정권은 친박이라는 정파가 권력을 독점하려다 한꺼번에 무너졌다. 떴다방처럼 투자 수익을 몽땅 챙기려고 탐욕스럽게 움직이다 모든 것을 잃었다.

박근혜 말기 권력 탐욕은 갈수록 강해지는 반면 국정 운영의 무능력, 무기력 증상은 최고조에 달했다. 친박 지배 시대를 연장하겠다는 욕심이 더 커질수록 민심은 더 빠르게 추락했다.

수천만 명이 참여한 촛불 시위는 친박 지배에 대한 실망감이 단숨에 타오른 이벤트였다. 촛불민심은 변하지 않는 보수 정치의 폭력성에 항의했다. 그 밑바닥에는 870만 명에 달하는 비정규직 근로자, 50만 명의 청년 실업자가 깔려 있었다. IMF 위기 이후 세계화 물결에 적응하지 못하고 밀려난 낙오자 집단은 워낙 거대했다.

보수 진영은 세월호 참사 이후부터 무너지고 있었다. 청와대가 사고 수습에 무능했기 때문이다. 정윤회 문건 파동에서 조금씩 분열 조짐을 보이더니 역사 교과서 논란 때는 국정화에 찬성할 수 없다는 세력이 엄청나게 커졌다. 4·13 총선에서 친박 왕국 건설을 위해 비협조자를 제거하는 것을 보며 많은 보수가 진영에 등을 돌렸다.

진영이 붕괴하는 줄 모르고 대통령과 친박은 당당했다. 대통령 측근의 비리 의혹을 발뺌하다가 거짓이 속속 탄로 났다. 우병우 비리 의혹을 조사한 특별감찰관을 뒷조사해 쫓아냈다. 의혹을 보도한 언론에 무자비한 역공세를 퍼부었다. 보수 진영 내부의 비판자를 끝까지 추적해 짓밟는 잔혹한 폭력 DNA를 풀 가동했다.

박근혜는 우병우의 검찰력이 친박 왕국을 보호해줄 것이라고 믿었을 것이다. 하지만 우병우는 언론의 추적 보도를 전부 막을 수 없었다. 박근혜는 단지 정권만 잃은 게 아니었다. 보수의 이미지를 만신창이로 추락시켰다. 보수가 미련하고 고집스럽다 못해 무능하고 고루하고 구제불능이라는 인상을 남겼다. 박근혜 탄핵 이후 "나는 보수다"라는 말을 할 수 없게 됐다고 많은 이가 한탄했다.

보수 정권의 공신이 악당으로 바뀌어

무엇보다 용서받지 못할 박근혜의 죄는 보수 진영을 분열시킨 점이다. 그가 극단 지지 세력에 의존하는 바람에 중도적 보수, 온건한 보수, 경제적 보수 세력이 진영을 떠나버렸다. TK 보수, 태극기 보수, 반공 보수, 고령자 보수, 박정희 보수만이 썰렁하게 진영을 지키고 있다.

그렇다고 진영 붕괴의 책임을 박근혜 대통령 한 사람에게 전부 뒤집어씌울 수는 없다. 일부 골수 보수들도 인정하지만, 박근혜의 지적능력, 소통 능력, 판단력은 국가 지도자로서 미달이었다. 학식과 능력, 경험이 출중한 전문가를 젖혀두고 최순실에 국정 자문을 받았다는 것은 어떤 말로든 국민을 설득할 수 없다.

리더의 무능과는 별도로 보수 진영의 몰락을 재촉한 집단은 따로있다. 오랜 세월 국가 보수주의 체제를 지탱해온 기존 조직들이다. 최순실 국정 농단 사태나 세월호 수습 실패, 정윤회 문건 파동, 통진당 해산, 블랙리스트 소동 등 박근혜 정권에 치명상을 안긴 사건을 종합해보면 보수 진영을 붕괴시킨 집단이 드러난다.

보수 세력이 진정 부활하고 싶다면 이제 진영을 무너뜨리는 데 누가 주적主敵 또는 악당 역할을 했는지 세심하게 따져봐야 한다. 우선 범인을 진영 안에서 찾아야 한다.

보수 진영에 치명상을 안긴 집단으로 다섯을 꼽을 수 있다. 국가정보원과 검찰, 친박, 재벌, 관료 집단 등이다. 모두 국가 보수주의 이념 아래 육성되거나 형성된 세력과 조직이다. 그동안 사회 안정과 국가 발전에 공헌을 했지만 시대 변화에 맞춰 변신하지 못했다.

이 가운데 국정원을 포함한 경찰 정보 라인, 군 정보 조직은 국가 안보나 국민 안전보다 정치 공작에 치중해 국민의 신뢰를 잃었다. 검찰은 국민의 인권 보호가 아니라 정권 보호를 위해 권력의 사냥개 역할을 마다하지 않았다. 친박 세력은 정치권력을 특정 지역의 특산품으로 독점해 즐기려는 야욕을 감추지 않았다.

국가 정보 조직과 검찰은 친박 세력과 함께 보수 진영의 분열을 촉발시켰고, 진영 내 전쟁에 앞장서거나 내전을 부추겼다.

재벌들은 1세대 보수 정권 시절과 똑같이 보수 권력에 줄을 대고 특혜를 챙기는 정경유착의 경영 행태를 버리지 못했다. 관료 집단은 갈수록 무능한 모습을 노골적으로 드러냈다.

보수 세력이 다시 일어서고 싶다면 이 다섯 악당이 보수 진영 내부에 어떤 악행을 저질렀는지 솔직히 되짚어봐야 한다. 이들을 대수술하고 바로세우지 않는 한 분열된 진영 내부의 단합은 어렵고, 진영의 부활은 더욱 불가능할 것이다.

2장

한국 정치 궤멸의 주역들
: 가짜 보수의 5적敵

01

정치 공작의 총본산
: 국정원

"안기부는 헌법보다 중요한 기관이다. 헌법은 언제든 고쳐 쓰면 그만이지만 안기부가 무너지면 나라가 무너진다."

국가 안전기획부 부장을 역임한 정치인이 비공식 석상에서 내게 한 말이다. 안기부는 중앙정보부 후신이고, 국가정보원의 전신이다. 그는 국가 정보기관의 중요성을 그렇게 강조했다.

그는 헌법은 정치 상황, 경제 여건에 따라 얼마든지 바꿀 수 있는 종속 변수로 보았다. 정보기관은 그 자체가 국가 존립을 좌우한다는 발상이다. 헌법보다 정보기관이 우위에 있다는 인식이다. 정보기관이 헌법과 법률 위에 군림하는 최고 통치기관이라는 생각은 보수 정권을 줄곧 지배했다. 보수 정권을 지탱한 배경에는 정보기관이 버티고 있었다. 정보기관이 선거를 지휘했고 통치 자금을 조달했다. 정권 안정을 위해 민간인을 불법 사찰했다.

이승만은 일제 강점기에 독립운동가를 잡으러 다니던 고등경찰을 물려받아 정보경찰로 활용했다. 박정희는 중앙정보부를 설립, 권력을 창출하고 유지하고 연장하는 과정에서 1급 해결사로 써먹었다. 전두환은 군 정보기관인 보안사와 안기부(국정원 전신)를 정권 안정 장치로 풀 가동했다. 1세대 보수 정권은 민의를 대변하는 국회를 깔아뭉갰다. 이승만은 걸핏하면 국회의원을 체포 구금했다. 사사오입이라는 기발한 해석을 앞세워 헌법을 개정했다. 박정희는 헌법 기능을 정지시키는 긴급조치 명령을 아홉 번 발동했다. 국회의원 3분의 1을 대통령이 지명하는 기상천외한 헌법을 만들었다.

독재자가 헌법과 민주주의를 짓뭉갠 통로에서 뛰어난 능력을 보인 곳은 정보기관이었다. 정보경찰, 정보부, 안기부, 보안사가 대를 이어 보수 정권에 충성했다.

헌법 위에 군림한 정보기관

2세대 보수 정권은 1세대 정보기관 사용법을 그대로 모방했다. 이명박은 국가정보원에 댓글 팀을 운영했고 국정원 파워로 공영 방송에 인사권을 휘둘렀다. 여론을 정권을 지지하는 방향으로 돌리는 일에 정보기관을 동원했다. 이승만 시대부터 내려온 관제 여론 만들기 공작이었다. 이명박·박근혜는 정권을 비판하는 사람을 뒷조사하고 혼내줄 때도 국정원을 내세웠다. 1세대 보수 정권처럼 국정원은 가짜 간첩 사건을 조작했다. 모두 불법이었다.

국가정보원은 박정희가 공화당 창당 자금을 마련할 때부터 국내 정치에서 선봉 부대 역할을 맡았다. 5·16 쿠데타로 정권을 잡은 후 가장 먼저 한 게 정치 공작을 하는 중앙정보부 창설이었고, 초대 부장은 김종필이었다. 김영삼 대통령은 야당 정치인 시절 중앙정보부와 안기부의 정치 사찰과 감시로 많은 피해를 입은 정치인이었다. 취임 후 안기부 개혁을 선언했으나, 입맛에 맞는 사찰 정보를 적절한 시기에 올려보내는 안기부의 놀라운 솜씨에 금방 경계심을 풀었다.

김영삼 정권 말기 1997년 무렵 국정원은 국내 유력 인사 회동에 도청기를 몰래 설치해 녹음했다. 국정원 도청팀장은 불법 녹음한 테이프가 세 가마니에 달했다고 실토했다. 그 가운데 하나가 세상을 떠들썩하게 만든 삼성그룹 이학수 부회장과 홍석현 중앙일보 회장 간의 밀담 도청 테이프, 즉 '삼성 X파일'이었다. 두 사람은 검찰 고위직과 국회의원을 어떻게 매수할 것인가를 논의했다.

김대중·노무현 정권 아래서 국정원은 국외 정보와 북한 정보 수집에만 열중하겠다고 약속했다. 김대중은 정보부 공작으로 일본에서 납치당해 동해에 수몰될 뻔했던 피해자였다. 그가 정보부 간판을 국정원으로 바꾸자 국민 기대가 컸다. 정보부 요원이 관청, 언론사, 기업 출입을 절제하는 듯했다.

그러나 김대중의 국정원도 정치를 비롯해 시시콜콜 여러 분야에 개입해 이권을 건드리는 버릇을 완전히 고치지 못했다. 무대 뒤에서 정치권 사찰 정보를 국정원에 의존하는 흔적이 여럿 나타났다. 도·감청으로 수집한 국정원 정보는 권력자의 신뢰를 얻었다. 국정원 정보로 정치를 하면서 국정원 개혁이 잘될 리 없었다.

노무현도 국정원 개혁을 약속했다. 2004년에는 위원회를 만들어 국정원이 저지른 과거 7개 의혹 사건을 조사했다. 달라지겠다는 각오가 대단했다. 3년 뒤에는 수백 쪽짜리 보고서를 만들어 정보기관의 인권 유린과 정치 개입을 반성하는 척했다. 하지만 그뿐이었다. 조직 체질을 바꾸지 못한 채 건성으로 반성하는 시늉에 그치고 말았다.

국정원은 이명박 정권 탄생 이후 몰라보게 달라졌다. 숨을 죽이고 눈치 보던 정치 공작 본능이 활기차게 되살아났다. 국회, 정당, 언론사, 공기업, 민간 기업 가릴 것 없이 국정원 요원 출입이 급증했다. 박정희 시절의 영화를 되찾으려는 듯 보였다.

광우병 시위 이후의 국정원

국정원이 정치 공작에 다시 뛰어든 계기는 광우병 촛불 시위였다. 이명박 정권은 촛불 시위 뒤에는 노무현 세력이 있다고 확신했다. 노무현 지지파가 대선 결과에 불복해 괴담을 퍼뜨리며 매일 밤 촛불 시위에 나섰다고 보았다. 노무현 세력의 음모에 한 방 먹었다는 쇼크가 청와대 주변을 꽉 채웠다. 괴담에는 정확한 팩트fact를 무기 삼아 설득과 해명으로 맞서는 것이 정답이다. 광우병 위험은 과장된 것이라고 과학적으로 설명해야 했다. 광우병 쇠고기로 뇌에 구멍이 뚫린다는 괴담은 홍보로 충분히 설득할 수 있었다.

그러나 이명박 정권은 처음부터 광우병 파동의 심각성을 인지하지 못하고 해명에 열의를 보이지 않았다. "광우병에 감염된 미국산 쇠고기를 먹으면 사람 뇌가 녹는다"는 괴담이 퍼지는 것을 방치했다. 누가 그런 루머를 믿느냐며 코웃음 쳤다. MBC 〈PD수첩〉이 일부 진실과 괴담, 루머를 적절히 혼합해 특집 프로그램을 방영했다. 시청자는 루머와 괴담 쪽에 더 민감한 반응을 보였다. 비틀거리며 쓰러지는 소와 광우병 환자의 황폐한 얼굴이 시청자들 뇌 신경을 더 자극했다. 괴담을 무시했다가 공영 방송에 얻어맞은 것이다.

물론 광우병 촛불 시위의 원인은 홍보 실패에서만 찾을 수 없다. 이명박은 미국에 쇠고기 추가 개방을 선물하려고 무척 애썼다. 노무현이 미국과 관계를 악화시켰다는 걱정이 정권의 수뇌부에 가득했다. 한미 관계 회복이 취임 초 큰 과제였다. 쇠고기 시장 개방으로 친미 노선을 강화해야 전시작전권 환수 시기를 늦출 수 있다는 말도 나왔다. 안보를 위해 쇠고기 시장을 양보하는 전략이었다.

이명박은 한미 간 정상회담을 서둘렀다. 취임하자마자 고이즈미 일본 총리처럼 부시 대통령의 텍사스 개인 별장에서 정상회담을 하고 싶었다. 그는 텍사스 별장 회담을 기대하며 쇠고기 수입 개방 협상 타결을 서둘렀다. 쇠고기 시장이 선물로 제공된 후 이명박은 미국 대통령 공식 별장 캠프 데이비드에서 회담을 갖는 데 성공했다.

이명박은 일부 소원을 이뤘지만, 갑작스러운 쇠고기 시장 개방에 놀란 것은 축산업자만이 아니었다. 외환·금융 시장을 서둘러 개방했다가 IMF 위기를 겪은 10년 전 상처가 아물지 않고 있었다. 시장 개방에 본능적으로 거부감을 갖고 반발하는 계층이 형성돼 있었다. 소득 수준이 상승하면서 건강 이슈에 민감한 국민도 크게 늘었다.

이명박 정권은 한국 경제가 세계화 물결을 타면서 낙오자 집단이 누적된 현실을 무시했다. 낙오자들은 시장 개방에 반감을 갖고 세계화 반대를 외친다. 세계화 반대파가 거대 집단을 이루고 있는 사회에서 광우병 괴담은 인터넷을 타고 무섭게 퍼져나갔다. 정부가 광우병 해명을 시작했을 때는 괴담이 주워 담기 어려울 정도로 널리 퍼져 있었다. 수입 쇠고기 판매가 급속도로 줄어들었다. 이명박은 사회 변화를 종합적으로 보지 못하고 오로지 친미 노선 강화에 치중하다 덜컥 발목 잡힌 꼴이었다.

노무현 세력에 당했다는 음모론적 판단은 음모론적 대응을 불러왔다. '이대로 당하고 있을 수 없다'는 결기가 청와대를 꽉 채웠다. 복수하겠다는 결의가 대통령 주변 인사들 입에서 거침없이 튀어나왔다. 권력기관 총동원령을 내렸다. 검찰을 앞세워 노무현과 그 가족 비리를 수사토록 했다. 수사 과정에서 국정원과 검찰이 협력해 "노무현이 외제 명품 시계를 논두렁에 버렸다"는 식의 언론 플레이를 전개했다. 그들은 가족 비리를 강도 높게 조사했다. 검찰의 칼날이 겨누어지자 전직 대통령은 짧은 유서를 남기고 부엉이바위에서 투신했다.

이명박 정권은 전직 대통령 가족 수사와는 별도로 관제 여론 공작을 시작했다. 광우병 괴담을 확산시킨 TV 방송의 보도·편성권을 장악하기 위해 공영 방송 경영진에 인사권을 행사했다. 공영 방송 경영진 교체, 담당 PD·기자 숙청에 국정원이 나섰다. 1세대 보수 정권처럼 공영 방송 경영과 편집을 정보기관이 좌지우지했다. 이명박 정권은 국정원 조직을 가동, 인터넷 댓글 공작을 벌였다. 심복 원세훈 국정원 원장이 앞장섰다. 진보 세력들이 포털 사이트 다음_{Daum}의 토론 광장 '아고라'를 통해 촛불 시위의 불을 지핀 것을 파악하고 인터넷 여론 장악에 나선 것이다.

관제 여론은 보수 정권의 애호품

관제 여론 공작은 역대 보수 정권의 단골 상품이다. 이승만은 직선제 개헌안을 통과시키려고 어용 단체를 동원해 국회 비방전을 전개했다. "민주 국가에서 민의를 거부한 국회의원은 반역죄로 다스려야 한다"는 벽보를 국회 주변에 붙였다. 대자보를 활용한 관제 여론 공작이었다.

박정희·전두환은 선거나 개헌안 통과에 앞서 국영 방송, 국영 신문사, 국영 통신사를 동원해 관제 여론을 조성했다. 정보부, 보안사가 총 지휘탑이었다. 이런 전통은 2세대 보수 정권에 고스란히 이어졌다. 권력의 맛을 아는 국정원은 권력자의 명령을 기다렸다는 듯 여론 공작에 뛰어들었다.

국정원 요원들이 댓글 공작으로 인터넷 여론이 바뀔 것이라고 믿었는지는 의문이다. 포털 사이트에는 하루 수십만 명이 자발적으로 댓글을 올린다. 이에 맞서 정보기관 댓글 부대 수백 명이 여론을 뒤집고 승리하기란 불가능하다. 지시받은 댓글 요원 몇 백 명이 자발적인 수백만 네티즌과 백병전을 펼치는 것은 도저히 대적할 수 없는 싸움이었다.

국정원이 아마도 인터넷 여론 시장에서 이기겠다고 댓글 부대를 운영하지는 않았을 것이다. "아무런 대응을 하지 않고 뭐 하고 있느냐"는 역정에 반응했을 것이다. 윗사람에게 잘 보이겠다는 생각이 정치 공작에 익숙한 조직을 움직였을 가능성이 크다. 이 때문에 댓글 공작은 쉽게 뒤탈이 났다.

유치한 댓글 공작

2012년 대선 때 드러난 댓글 공작을 보면 국정원이 얼마나 엉터리 공작을 벌였는지 짐작할 수 있다. 2012년 12월 대통령 선거는 박근혜 후보 당선으로 굳어지고 있었다. 문재인은 많은 여론 조사에서 밀렸다. 투표를 7일여 앞두고 야당은 국정원 여직원을 오피스텔에 감금했다. 민주당은 국정원 심리정보국 28세 여직원이 야당 후보 비방을 담은 댓글을 3개월 동안 인터넷 사이트에 올렸다고 발표했다.

국정원은 여직원의 정치 활동을 정면 부인했다. 거기서 그치지 않고 "정보기관을 선거에 끌어들이는 것은 네거티브 흑색선전"이라고 역공격을 했다. 여직원 인권 유린까지 거론하며 법적 책임을 묻겠다고 강경했다. 경찰이 개입했다. 국정원 요원은 경찰 조사를 받은 뒤 기자들에게 단언했다. "정치적 중립을 지켜온 저와 국정원을 왜 선거에 개입시키려 하는지 정말 실망스럽습니다. 이번 사건으로 내 인생은 너무 황폐화됐습니다." 28세 초보 요원의 회견치고는 어울리지 않는 발언이었다. 인생 황폐화를 들먹인 것은 좋았으나 정치적 중립을 거론한 것은 자연스럽지 않았다. 합법 활동을 했다면 아무 말 없이 사라졌어야 했다. 어설픈 반격이었다.

댓글 스캔들은 대선이 끝나고 잊히는 듯했다. 하지만 박근혜의 대통령 취임 후 채동욱 검찰청장이 수사에 나서면서 새로운 버전이 쓰여진다. 야당은 인사청문회를 앞두고 "(비리나 약점을) 파도 파도 미담밖에 안 나온다"고 채동욱을 칭찬했다. 그 무렵 만난 친박 의원은 "채동욱, 저 인간 좀 수상해"라며 입맛을 다셨다. 아니나 다를까 채

총장은 국정원의 민감한 부분을 건드리기 시작했다.

그는 검찰에 특임검사 제도를 도입했다. 특임검사 도입 동기는 순수한 것만은 아니었다. 당시 정치권에서는 상설 특검제가 논의되고 있었다. 특검이 상설로 운영되면 국민 관심을 끌 만한 사건은 검찰 손에서 빠져나갈 수밖에 없었다. 상설 특검제가 검찰을 무력화시킬 것이라는 위기감이 검찰 내부에 파다했다. 채동욱은 상설 특검을 막을 겸 특임검사제를 도입, 첫 특임검사에 윤석열 특수1부장(현재 검찰총장)을 지명했다.

언론은 특임검사 지명을 "의미 있는 성과를 내놓음으로써 정치권이 도입하려는 상설 특검의 명분을 약화시키겠다는 포석"이라고 해석했다. 의미 있는 성과란 국정원 댓글 사건을 사냥감으로 삼겠다는 것이었다. 채동욱·윤석열 팀은 국정원을 제물로 삼아 상설 특검을 막으려 했다. 정보기관의 선거 개입을 파헤치겠다는 목적보다는 검찰 조직 보호가 더 중요한 목표로 해석됐다.

채동욱 팀에게 한 가지 호재가 있었다. 박근혜 정권이 원세훈 개인을 그다지 달가워하지 않는다는 사실이었다. 친박 의원들은 "대선 때 원세훈이 도와주지 않았다"는 말을 자주 했다. 박근혜 정부 첫 국정원장 남재준도 원세훈을 대하는 태도가 싸늘했다. "원세훈 개인 문제는 보호할 필요가 없다"고 말했다는 보도가 나왔다. 채동욱 팀은 새 정권이 원세훈을 사냥감으로 내놓은 분위기를 놓치지 않았다. 경찰 수사에서 나오지 않던 단서가 추가로 드러났다.

조직을 보호하려는 검찰과 원세훈을 혼내주고 싶은 새 정권 간의 암묵적 동거는 한동안 지속됐다. 그러나 어느 순간 윤석열 팀의 수사가 경계선을 넘고 말았다. 댓글 공작이 선거법 위반에 해당할 만큼 많았던 사실이 드러났다. 정보기관이 불법 선거 운동을 했다는 말이었다.

부정선거 논란은 피할 수 없었다. 야당은 환호했으나 청와대는 당선 무효 논란으로 번지는 사태를 걱정해야 했다. 정보기관의 선거운동은 정권의 정통성에 상처를 안길 수 있었다. 친박 의원은 사석에서 노골적으로 채동욱을 "미친 ×"이라고 욕했다. "미친개가 주인을 물었다", "스스로 단두대에 목을 밀어 넣었다"고 흥분했다.

법무부·검찰이 뒤엉켜 싸운 끝에 댓글 수사는 원세훈을 불구속 기소하는 것으로 어물쩍 마무리됐다. 공작을 지휘한 국정원 간부는 일부를 제외하면 대부분 처벌받지 않았다. 국정원과 검찰은 정권을 정면타격하지 않는 선에서 1차 수사를 덮었다.

시대착오적 국정원

문재인 정권이 들어선 후 국정원의 댓글 공작은 또 한 번 파도를 친다. 정권 교체 후 국정원에는 개혁위원회가 설치됐다. 개혁위원회는 적폐 청산을 명분으로 삼아 마치 5년 전 대선 패배가 국정원의 댓글 공작 때문이라는 것을 증명하려는 기세였다. 국정원 개혁위는 2012년 대선 무렵 국정원이 3,500명으로 30개 외곽 팀을 구성해 댓글 공작을 했다고 밝혀냈다. 경찰이 국정원 여직원을 수사하는 과정에 국정원이 깊숙이 개입해 무마 작업을 했다는 사실도 공개했다.

또 국정원이 검찰 수사를 무력화하는 공작을 했다고 밝혔다. 국정원은 검찰 압수 수색에 앞서 위장 사무실을 설치하고 댓글 공작 자료를 일부만 허위로 제출했다. 국정원에서 파견 근무하던 검찰 간부들이 댓글 공작을 감추는 은폐 공작에 협력한 점도 새로 밝혀졌다. 여직원 1명에서 시작된 댓글 공작은 2차, 3차, 4차 폭발을 일으키며 확대됐다. 한심한 정보기관이라는 인상을 주기에 충분했다.

국정원 댓글 공작이 대선 결과에 영향을 끼치는 수준이 됐는지는 의문이다. 국정원 팀이 댓글을 올린 인터넷 사이트는 이용자 숫자가 얼마 되지 않는 보수 인터넷 사이트였다. IT 업계 인사들은 국정원 댓글 공작을 한결같이 비웃었다. 하루 수십만의 댓글이 올라오는 인터넷에서 어설픈 댓글 공작으로 여론을 바꾸겠다는 발상은 망상이었다. 어느 IT 회사 사장은 "히말라야 산속의 미니 국가 네팔 정보부도 이런 유치한 공작은 하지 않을 것"이라고 했다.

2세대 보수 정권의 국정원은 박정희·전두환 시절로 돌아갔다. 최고 권력자 의중에 따라 정권에 헌신했다. 헌법과 법률을 무시하고 불법 활동에 국민 세금을 지출하는 행동 패턴은 조금도 다르지 않았다. 유우성 사건에서 보듯 거침없이 간첩 사건을 조작했다.

반대 세력을 공격하는 방법도 달라지지 않았다. 정권을 비판하는 인물을 블랙리스트에 넣어 통제하는 방식은 중앙정보부 시절과 똑같았다. 달라진 것이 있다면 반대파를 제압하는 테크닉이다. 1세대 정보기관은 불법 연행부터 구금, 강압을 넘어 물고문, 테러, 암살 수법을 구사했다. 비판자, 비협조자에게 가혹한 육체적·물리적 고통을 안기는 방식이었다.

2세대 보수 정권 시절에는 육체를 가해하는 일은 줄었다. 물리적 고문에는 강한 처벌이 뒤따랐기 때문이다. 대신 공격 목표를 정하면 불법적으로 약점을 수집하거나 허위 사실을 조작해 유포했다. 인터넷에 흘리고 언론 플레이를 감행했다. 물리적 고통보다 더한 정신적 고통을 가하는 가혹 행위를 거쳐 사회적으로 매장하는 기법이다.

국정원은 문성근·김여진에게 했던 것처럼 남녀 영화배우의 누드 합성 사진을 조작해 인터넷에 유포했다. 도청을 통해 수집한 불륜 정보나 은밀한 사생활 정보를 SNS 등 언론 플레이를 통해 확산시켰다. 눈 밖에 난 연예인은 공영 방송 경영진에게 명단을 보내 방송 출연을 막아버렸다. 정권을 비판하는 교수나 언론인을 공격할 때는 증권 시장 지라시에 허위 루머를 퍼뜨렸다.

이를 위해 국정원은 불법 도청, 감청을 주저하지 않았다. 이메일을 도청하기 위해 이탈리아에서 특수 소프트웨어를 수입했다가 들통나는 바람에 중간 간부가 자살했다. 카카오톡 문자를 무차별적으로 실시간 도·감청한다는 소문에 네티즌들이 서버가 외국에 있는 텔레그램, 바이버 등으로 사이버 망명 소동을 벌였고, 지금도 사이버 망명은 그치지 않고 있다. 헌법을 깔아뭉개는 행태는 조금도 변하지 않았다.

통진당 해산의 파장

과속 질주하던 국정원은 급기야 보수 분열의 대문을 열어주었다. 극단적 보수 세력은 통진당 해산으로 종북 세력을 도려냈다고 안도했지만, 사실은 우리 사회의 이념적 균형추를 붕괴시키는 결과로 이어졌다. 보수 분열을 촉발시킨 방아쇠가 됐다.

2013년 8월 국정원은 돌연 통합진보당(통진당) 이석기 의원 등을 압수 수색했다. 통진당을 종북 세력이라고 규정했다. 통진당 수사는 배경부터 순수하지 않았다. 국정원은 댓글 공작의 꼬리가 잡혀 검찰 수사를 받고 있었다. 통진당 수사는 국정원이 댓글 스캔들에서 탈출구를 찾으려는 조직 생존용 자구책으로 보였다.

통진당이 현행법을 위반하지 않았다는 말이 아니다. 이석기는 국회의원이 되고서도 "애국가는 국가가 아니다", "종북보다 종미從美가 문제"라는 발언을 서슴지 않았다. 통진당은 주한 미군 철수, 국가보안법 폐지를 주장했다. 북한 대변자와 비슷한 행세를 했다. 세계 7대 무역 국가이자 세계 15위권 경제력을 갖춘 나라에서 세계 최악의 빈곤 국가를 감싸는 듯했다. 한반도의 특별한 상황이 낳은 이념적 변태 집단이었다.

검찰은 국정원 수사 자료를 근거로 기소했고, 대법원은 통진당 인사들에게 유죄 판결을 확정했다. 헌법재판소도 통진당 해산 판결을 내렸다. 법적 판단은 옳았을 것이다.

그러나 통진당이 정말 민주공화정을 뒤집을 만큼 내란 음모를 꾸몄는지는 의문이다. 그들이 논의했다는 혁명 자료 내용은 엉성했다. 모임을 갖는 장소나 방식도 도무지 혁명가 집단이라고 보기 힘들었다. 논리나 논의 수준이 저급했다. 혁명이라는 단어로 활동을 포장하기에는 치밀함이 턱없이 부족했다. 공산당 식으로 종이를 들어서 찬반 의사를 표시하는 회의 방식은 워낙 유치해 시중의 웃음거리였다.

대법원은 내란 음모죄를 인정하지 않았다. 2014년 말에 나온 헌재의 통진당 해산 결정문 가운데 소수 의견이 주목을 끌었다.

피청구인(통진당) 소속 당원들 중 대한민국의 민주적 기본 질서를 전복하려는 세력이 있다면 형사처벌 등을 통해 그러한 세력을 피청구인의 정책 결정 과정으로부터 배제할 수 있는 점, 정당 해산 여부는 원칙적으로 정치적 공론의 장에 맡기는 것이 적절한데 지방선거 등 우리 사회의 정치적 공론 영역에서 이미 피청구인에 대한 실효적인 비판과 논박이 이뤄지고 있는 점, 피청구인에 대한 해산 결정이 피청구인의 대다수 일반 당원들에게 가하게 될 사회적 낙인 효과, 그리고 현격한 국력 차를 비롯한 오늘날 남북한의 변화된 현실 등을 고려할 때, 피청구인에 대한 해산 결정은 비례 원칙에 위배된다.

우리 사회가 통진당 정도는 너끈히 감당해낼 수 있는 법체계와 여론 형성 시스템, 특히 북한보다 훨씬 튼튼한 경제력을 갖추고 있다는 논리다. 통진당 같은 우스꽝스러운 집단이 대한민국을 뒤엎을 힘을 발휘하지 못할 것이라는 의견이었다.

통진당 해산과 보수 진영의 몰락

경영학에서는 '메기 효과Catfish effect' 개념을 가르친다. 이건희 삼성 그룹 회장이 1990년대 초반 '신경영'을 내세워 임직원들을 다그칠 때 들고나온 논리다.

노르웨이 어부들은 청어를 운송할 때 커다란 탱크 안에 메기 1마리를 넣어두곤 한다. 그러면 청어들이 긴장해 오랫동안 싱싱한 상태를 유지한다. 이것을 경영에 접목시킨 이론이다.

통진당이라는 작은 불순분자는 한국 사회에 메기 1마리에 불과했다. 통진당은 감당하기 어려운 거대 세력이 아니라 충분히 제어 가능한 소수였다. 조그만 불순물까지 제거하면 완벽한 사회가 될 성싶지만, 반드시 그렇게 되지 않는다. 메기 1마리를 제거하면 청어떼는 몰살할 수 있다.

일본 다나카 총리는 "명절날 친척 10명이 모이면 그중 반드시 한두 명은 공산당"이라고 입버릇처럼 말했다. 혁명을 꿈꾸는 소수가 있다는 것을 전제로 정치를 한다는 말이었다. 큰 틀에서 소수파의 존재를 인정했다. 소수의 혁명 세력을 제거하려고 애쓰기보다는 국민의 삶을 더 나은 쪽으로 나라를 끌고 가면 된다고 믿었다.

냉전 체제가 붕괴하자 일본 보수 정치는 분열했다. 자민당이라는 보수 정치 집단이 쪼개진 끝에 수많은 야당이 탄생했다. 대척 관계에 있던 사회당이 무너지자 팽팽하게 대립하던 자민당이 갈라졌다. 그게 권력 세계의 법칙이다.

박근혜 탄핵 과정에서 한국의 보수 정치권은 분열했다. 우리 사회 이념의 좌표축에서 왼쪽 끄트머리의 통진당이 붕괴된 후 오른쪽 끄트머리에는 극우 집단이 부상했다. 그들은 통진당 해산에 기세를 올렸다. 극우 집단은 세력을 확장시키려고 인터넷 사이트를 거점으로 활동했다. 온건 보수 정치인을 배신자로 몰더니 《조선일보》까지 공격했다.

극우 세력은 통진당 해산을 박근혜의 업적 중 하나로 꼽는다. 그렇지만 그것이 보수 정치의 붕괴를 초래했다. 얄미운 메기 1마리 체포했다고 기뻐할 틈 없이 보수 진영은 분열이라는 날벼락을 맞았다.

통진당을 국회로 끌어들인 것은 더불어민주당이다. '야권 연대'라는 이름 아래 통진당에 지역구를 안배하고 비례대표 의원직을 주었다. 그들의 일탈을 막으려 하지 않았고 해산 명령을 받은 후 사과 성명조차 내놓지 않았다.

박근혜의 국정원이 통진당을 강제 해체해준 덕분에 민주당은 이념적인 모호성을 해결했다. 통진당 제거로 종북 세력과 결별했다. 통진당 인사들이 민주당 안에 있으면 민주당은 친북 논란을 비켜가기 힘들었다. 국정원이 민주당과 통진당을 강제 이혼시켜준 덕분에 민주당은 종북의 굴레에서 탈출했다.

2017년 5월 대선에서 종북 이미지를 깨끗이 털어낸 문재인 후보는 특전사 군복을 입고 나와 '안보 대통령' 브랜드를 내세웠다. 통진당 해산의 혜택은 문재인이 몽땅 독차지하고 있었다.

국정원이 모르는 국민 사생활은 없다

정보기관에 의존하던 1세대 보수 정치는 숱한 역풍을 불러왔다. 인권 탄압이 예사로 벌어졌다. 언론과 야당은 늘 도청과 감시에 시달렸다. 순진한 섬 주민들과 민주화 인사가 어느 날 정보기관에 불려가 간첩으로 둔갑했다. 날조된 간첩들은 검찰 수사와 법원 판결을 거쳐 사형을 당하거나 평생 폐인으로 살아야 했다. 수십 년이 흐른 뒤 수사와 판결이 번복되고 정부가 보상금을 지불했지만 가짜 간첩의 인생이 회복될 리 없다. 그런 실패를 보면서도 2세대 보수 정권의 국정원은 여전히 간첩 사건을 조작했다.

역대 보수 정권은 국정원이 공산 혁명과 싸우는 최전선에 있다는 명분에서 불법 행위에 관대한 처분을 내렸다. 정보기관의 불법을 방치했고 때로는 적극 조장했다.

2세대 보수 대통령들은 자신이 임기 5년짜리 계약직 대통령이라는 사실을 잊어버렸다. 건망증이 도진 끝에 국정원에 불법 공작을 지시했다. 국정원 특수활동비까지 가져다 자기 돈처럼 사용했다. 박정희 시절부터 정치 자금을 정보기관에 의존하는 유전병이다.

독재자 스탈린의 KGB나 히틀러의 게슈타포GESTAPO, 동독의 슈타지STASI 등 파쇼 정권의 정보기관은 헌법 위에서 군림했다. 다른 모든 헌법 기관보다 우위에서 국가를 장악했다. 그들은 사회 안전, 안보라는 명분을 앞세워 국민의 일상생활을 감시하고 반대파를 감시했다. 때로는 비판 세력 제거 작업을 도맡았다. 그들은 국민이 아니라 권력자, 집권 세력을 위해 일했다.

정보기관이 국민을 감시한 정보를 기반으로 정치에 개입하는 순간 불법 공작은 시작된다. 권력자는 정보기관이 얻은 개인의 사생활 정보를 보고받는 시점부터 그 정보를 정치에 활용하려는 유혹을 떨칠 수 없다.

휴대폰이 전 국민에게 보급되면서 개인의 사생활 정보는 보장받지 못하는 시대를 맞았다. 정보기관이 마음먹으면 국민이 이 시각에 어디서 누구를 만나는지 실시간으로 파악할 수 있다. 휴대폰에는 한 달 동안 어떤 정보를 들여다봤는지 담겨 있다. 스파이 앱을 하나 휴대폰에 깔아놓으면 통화 내용을 정보기관 녹음기가 실시간으로 녹음할 수도 있다. 권력자는 언제든 경쟁자, 비판자의 개인 정보를 캐낼 수 있는 세상이다.

권력자가 정보기관을 정치에만 활용할 것이라고 낙관해서는 안 된다. 온 국민에게 휴대폰이 보급되는 바람에 24시간, 365일 마음만 먹으면 정보기관이 개인 사생활을 침해할 수 있는 시대라는 것을 알아야 한다. 정보기관의 불법 활동은 정치 문제를 넘어 국민 일상생활과 직결되는 사안이 됐다. 정보기관의 기능과 권한을 수술하지 않으면 반대 세력과 비판자만 피해권에 들어가지 않는다. 나 자신이 피해자가 될 수 있다는 위기의식을 온 국민이 가져야 한다.

정보기관을 개혁하겠다면 정보기관이 수집한 개인 사생활 정보를 일체 청와대에 보고하지 못하게 금지시켜야 한다. 대통령, 청와대는 물론 검찰도 정보기관 정보를 받지 못하게 막아야 한다.

국정원의 정보 수집 기능과 집행 기능을 철저히 분리해야 한다. 불법 정보 수집을 더 엄격히 통제하고 수집한 정보를 함부로 활용하지 못하게 처벌을 강화해야 한다. 정치적 의도로 민간인의 사생활을 불법 도청하거나 가짜 간첩을 조작하는 국정원 직원은 공소 시효를 폐지, 죽는 날까지 처벌할 수 있도록 법을 바꿔야 한다. 정보기관이 수집한 개인 정보는 당사가가 원하면 열람을 허락해야 한다.

정보기관 개혁에 성공하려면

국정원법 3조 5항은 국정원 직무로 '정보 및 보안 업무의 기획 조정'을 기술하고 있다. 청와대를 비롯한 모든 정부 부처, 공기업 업무에 간섭할 수 있는 근거 조항이다. 국정원 요원들[10]은 이 조항을 활용해 헌법 위에 군림하는 권력을 행사해왔다. 보안 감찰권을 휘둘러 각

부처를 제압했다. 블랙리스트 작성, 보수 단체 지원은 물론 검찰 수사를 지휘하는 행태도 여기서 출발했다.

권력기관끼리 상호 견제하며 균형을 맞추라는 것이 헌법의 기본 정신이다. 권력자 한 사람이나 어느 한 기관에 권력이 집중하지 못하게 막으려는 것이다.

국정원은 헌법을 묵살하고 전방위 권력을 행사했다. 얼마 전까지 지방 도시에서는 국정원 지국장이 지검상, 지방법원장, 시장에 둘러싸여 기관장 모임의 최고 상석에 앉는 것이 관례였다. 정보기관 요원이 명함을 돌리는 나라는 한국뿐이다. 국정원의 권한을 대폭 박탈해야 한다. 특정한 목적을 갖고 수집한 정보로 수사권을 행사하는 권한부터 없애야 한다. 대통령 직속 기관으로 다른 행정부처 위에 군림하는 위치를 다른 부처와 동등한 선까지 내려야 한다.

문재인 정권은 다시 정보기관 개혁을 추진하고 있다. 간판을 바꾸고 권한을 축소하겠다고 했다. 성공 여부는 여전히 의문이다. 김대중, 노무현도 실패했다. 청와대가 국정상황실에 대통령 측근을 담당자로 지명하고 매일 정보기관 보고서를 받아보는 한 민간인 불법 사찰과 정치 개입은 사라지지 않을 것이다.

02

권력의 사냥개
: 검찰

검찰은 개에 자주 비유된다. 권력의 반려견 노릇을 하던 검찰은 어느새 호위견을 넘어 사냥개hunting dog가 됐다. 핵심 요직을 차지한 10% 안팎의 간부들이 반대파, 비판 세력 같은 사냥감을 포획하거나 물어뜯어 시체로 만드는 일에 앞장선다.

살아 있는 권력의 부패를 파헤치는 감시견Watch dog 역할은 포기했다. 감시견 역할은 사냥개의 포악성에 여론이 들끓을 무렵 할리우드 액션처럼 나타난다. 지난 정권 실세를 연달아 구속하다가 양념으로 현 정권의 청와대 수석을 1명 구속하는 식이다. 끼워 넣기 식 수사는 검찰이 사냥개 역할을 더 포악하게 할 수 있는 명분을 제공한다.

권력의 사냥개 역할은 이승만 시대에는 경찰이 맡았다. 박정희 시대에는 중앙정보부가, 전두환 시대에는 안기부가 담당했다. 박정희의 검찰은 반려견이나 호위견에 충실하다 종종 사냥개가 됐다. 검찰의 사냥개 본능이 최고조에 달한 시기는 2세대 보수 정권이었다.

기본 임무는 정권의 호위 무사

검찰 권력이 역대 보수 정권 내내 막강했던 것은 아니다. 건국 직후에 검찰은 존재 자체가 미미했다. 이승만이 정권 안정에 활용한 공권력은 경찰이었다. 일제 강점기 훈련받은 경찰은 공산주의자를 색출하고 정권에 비판적인 국민을 추적하는 테크닉을 터득하고 있었다. 친일파 정보 경찰이 이승만 정권 수호에 앞장섰다. 투표와 개표에서 부정행위를 마다치 않았다.

5·16 쿠데타 이후 형사소송법이 개정돼 검사가 영장 청구권을 독점하게 됐다. 직접 수사권이 검찰에 제공됐다. 검찰이 수사부터 공소권, 공소 유지권을 독점했다. 하지만 사실 박정희 시대 최고 권력기관은 중앙정보부였다. 검찰은 정보부가 반정부 투쟁 인사나 조작된 가짜 간첩을 넘기면 법원에 기소하는 일을 맡았다. 검찰 공안부는 정보부 산하 조직처럼 움직였다.

경찰은 4·19 혁명 시위대에 발포한 죄로 추락했고, 정보부는 현직 대통령을 시해한 죄로 권세를 잃었다. 전두환 시대 큰소리치던 국군 보안사는 5·18 광주민주화운동에 발포 명령을 내린 곳이라는 싸늘한 여론을 넘지 못했다. 대통령을 절대 군주처럼 받들어 모시던 권력기관은 하나둘 제 발에 걸려 피투성이 상태로 넘어졌다.

경찰, 중앙정보부, 보안사가 붕괴된 빈 권력 공간에 검찰이 들어섰다. 1987년 대통령 직선제가 도입되면서 검찰이 권력의 호위 무사로 전면에 나서기 시작했다. 법치 국가로 가겠다는 노태우 정권의 약속은 검찰 권력을 확대하는 계기가 됐다. 사회 갈등을 검찰 수사로 결론짓는 일이 늘었다. 정치 이슈를 놓고 누가 옳은지 그른지 판정하는 역할을 맡았다. 민주화의 진전이 오히려 검찰 권력을 강화시키는 쪽으로 비뚤어졌다.

노태우·김영삼에게 검찰은 국민 원성이 자자한 중앙정보부나 보안사를 대체하는 아주 쓸모 있는 칼이었다. 법으로 위장된 칼은 언론도 야당도 함부로 맞설 수 없는 권력자 최후의 살인 병기가 됐다.

노태우의 검찰은 정권 보호를 위해 실력을 보여주었다. 강기훈 유서 대필 사건을 조작해냈다. 시국 사건 혐의자의 유서를 대신 써주었다고 엉뚱한 사람에게 죄를 뒤집어씌운 솜씨를 보였다. 과거 중앙정보부의 날조 테크닉을 검찰이 터득한 것이다.

"검찰총장 1명과 장관 20명을 못 바꾼다"

법치의 칼이 보수 정권의 국가 폭력을 정당화하기 시작한 시기는 1세대 보수 정권의 후반 무렵이다. 검찰 권력은 정보부·보안사의 견제를 받지 않고 무한 팽창했다.

김영삼 시대 검찰은 처음에는 "성공한 쿠데타는 처벌할 수 없다"며 전두환·노태우의 12·12 쿠데타를 기소하지 않았다. 김영삼 정권이 총선에서 참패하고 불법 정치 자금 의혹으로 궁지에 몰리자 말이 바뀌었다. 몇 달 뒤 검찰은 돌연 "우리는 물라면 물고, 물지 말라면 안 문다"며 두 대통령을 감옥에 넣었다. 스스로 사냥개임을 천명한 것이다. 김영삼이 "검찰총장 1명과 장관 20명을 못 바꾼다"고 말했다는 이야기가 당시 기자 사회에 파다했다. 자신을 정치적 곤경에서 구해준 검찰을 그렇게 애지중지했다는 뜻이다.

전두환 시절 "권력은 총구에서 나온다"는 말이 "권력은 검찰 칼끝에서 나온다"로 바뀐 시기도 김영삼 시절이다. 법치가 보수 권력의 칼로 등극한 것이다. 언론은 그때부터 청와대와 주파수를 잘 맞추는 검사에게 '민완 칼잡이'라거나 '떠오르는 검객', '검투사'라는 애칭을 붙였다. 국민이 아니라 정권에 충성하는 검객이 스타 검사가 됐다.

2세대 보수 정권은 검찰을 훨씬 다양하게 활용했다. 정적과 대결하는 전투에는 주저 없이 검찰을 출동시켰다. 광우병 촛불 시위가 광화문을 뒤덮자 진보 세력의 구심점인 노무현을 체포하는 작전을 세우고 우병우 같은 민완 검객의 칼을 동원했다.

골칫거리나 거추장스러운 장애물을 제거하는 청소부 역할도 맡겼다. 공영 방송, 포스코, 국민은행, KT, KT&G처럼 민영화된 대기업의 CEO를 몰아내는 데 검찰 수사권을 발동했다. 정권이 교체된 후 눈치 없이 눌러앉아 있고 싶어 하는 사장을 제거하는 데 검찰이 나섰다. 포스코, 국민은행, KT는 민간 기업이다. 하지만 이 회사 CEO들은 6개월, 8개월씩 싹쓸이 방식으로 계좌 추적을 당했다. 검찰은 그들을 법정에 세웠으나 대부분 무죄 방면됐다.

언론 길들이기에 검찰이 빈번하게 차출된 시기도 보수 정권 2세대다. 광우병 공포를 확산시켰다는 이유로 MBC PD들을 기소했다. 《산케이신문》 지국장을 기소해 일본과 외교 분쟁을 초래했다.

검찰은 누구든 기소할 수 있는 독점적 기소권을 갖고 있으면서 누구든 기소 전에 사면할 권리까지 갖고 있다. 검찰은 범죄 혐의가 보여도 특별한 혐의를 찾지 못했다며 무혐의 처분하거나 불기소로 덮어버릴 수 있다. 이명박이 얽힌 BBK 금융 사기 수사, 다스(자동차 부품 업체) 소유주 수사를 하고서 '혐의 없음'으로 신속히 결론 내린 것이 검찰이다. 거칠 것 없는 권한을 가진 검찰은 정권이 바뀌면 그때마다 새 정권에 흔쾌히 '법치의 칼'을 맡기고, 사냥개처럼 땅바닥에 엎드렸다. 2세대 보수 정권에서는 ① 정권의 호위 임무 ② 정적 제거 업무 ③ 비판 언론인 제거 ④ 정권 교체 후 눈치 없이 버티는 공기업 CEO 퇴출 ⑤ 비리 의혹 셀프 수사로 면죄부 발급까지 검찰의 기능을 다양하게 확장했다.

박근혜 시대 검찰청은 친박 경호실

역대 대통령들은 검은돈 비리로 정권이 위기에 부닥치면 측근을 감옥에 보냈다. 김영삼·김대중은 아들을 감방에 넣었고 노무현·이명박은 형님을 구속했다. 대통령에게 밀려오는 비리의 악취를 측근과 아들, 형제를 구속하는 선에서 끊곤 했다. 검찰은 레드라인을 넘어 금지 구역까지 밀고 들어가 마지막 한 사람을 남기고 수사를 끝냈다.

박근혜의 검찰은 대통령 측근을 모두 보호했다. 최순실, 문고리 3인방은 물론 친박 인사 누구도 구속하지 않았다. 측근 비리가 없다는 대통령의 자부심에 상처를 내지 않으려고 애썼다. 검찰이 대통령 측근을 둘러싼 의혹을 감싸고돌면서 비선 실세는 무대 뒤에서 활개를 쳤다. 비선 인물의 국정 농단은 검찰의 보호 장벽 덕분에 은밀하게 진행될 수 있었다.

박근혜 세력에게는 아무도 침범할 수 없는 성역의 울타리가 설치됐다. 검찰이 '박근혜 주변의 반경 4㎞ 이내엔 누구도 들어갈 수 없다'는 경고판을 설치해준 꼴이었다. 김기춘 라인, 우병우 라인으로 통하던 박근혜 검찰의 역할은 그런 것이었다. 검찰을 '친박의 경호실', TK 출신 검찰총장을 '친박 경호실장'이라고들 했다. 검찰 보호벽이 튼튼히 설치되사 박근혜 지지 세력은 기고만장했다. 친박 친위 세력은 보수 진영 내에서 독자 세력으로 독립하는 흐름이 만들어졌다. "보수라고 다 같은 보수가 아니다. 우리는 성골 중 성골이다." 그런 낌새가 뚜렷해졌다. 친박이 극우 인사들과 손잡고 독립 정파를 형성하려는 움직임이 나타나기 시작했다.

박근혜의 검찰은 권력 호위와 반대파 사냥을 동시에 수행했다. 호위견과 사냥개 역할을 겸했다. 대통령 측근과 친박은 무작정 보호하는 반면, 측근 비리 의혹을 제기하면 누구든 용서 없이 수사 대상에 올렸다. 자원 외교 비리를 추궁한다는 명분으로 이명박 쪽 인사들을 연달아 수사 대상에 올렸다. 그들 중에는 몇 년에 걸쳐 고초를 당했으나 무죄로 풀려난 사람이 적지 않다. 한번 검찰의 표적이 되면 무죄가 되어도 만신창이 몸으로 무대에 재등장하기는 어렵다.

보수 진영 안에서 "같은 보수끼리 왜 이러느냐"는 불평이 들끓었지만, 박근혜 정권은 묵살했다. 검찰의 핵우산 아래 친박 세력은 안전지대에 있다는 선민의식이 뚜렷했다. 보수 진영이 분열되는 파열음은 갈수록 커지고 있었다.

친박의 선민의식을 돕는 조직은 검찰이었다. 검찰은 우병우 민정수석 지배 아래 있었다. TK 인맥이 단단하게 검찰 조직을 장악하고 있었다. 검찰 내부와 국정원, 법무부까지 두텁게 구축된 우병우 검찰 라인은 친박을 아무도 건드리지 못하는 성역으로 감싸고 돌았다.

막후 실세 존재 알려준 정윤회 문건 파동

정윤회 문건 파동을 거치면서 《조선일보》 독자층 반응을 유심히 살펴보았다. 독자들이 어떤 댓글을 올리는지 추적해보았다. 이 중에는 댓글 공작으로 올라온 것이 적지 않았을 것이다. 그러나 대통령 주변에 범접하지 못할 높은 울타리가 가설되는 것이 보였다. 골수 지지자들이 대통령과 그 측근의 결백을 옹호하는 것을 목격했다.

2014년 11월 28일 《세계일보》가 처음 정윤회 문건을 터뜨렸다. 문고리 3인방을 포함한 십상시의 존재가 들어 있는 문건이었다. 문건은 박근혜 정권의 막후 실세가 따로 있다는 사실을 뚜렷하게 암시하고 있었다. 그 문건은 다른 곳이 아닌 민정수석실이 작성한 서류였다. 청와대 내부에서 생산된 비밀 자료가 공개된 것이다.

보도에 앞서 문고리 3인방이 실세 중 실세라는 이야기는 조금씩 퍼지고 있었다. 청와대 안에서 비서실장과 수석은 얼굴마담에 불과하고 실권은 막후 인사가 쥐고 있다는 말이었다. 최순실이 막후에서 대통령 심부름을 해주고 있다는 정보도 계속 들어왔다.

무엇보다 문고리 3인방 문제는 통치 구조가 2중重으로 되어 있다는 증거여서 언론의 최고 관심사였다. 권력의 2중 구조란 국가 통치 채널, 즉 대통령의 지시가 내려가는 통로가 공식 채널과 비공식 채널

2개로 가설된 현상을 말한다. 두 갈래 파이프 가운데 어느 쪽이 실질 권한을 행사하는지는 뻔하다.

최고 권력자가 권력 전달 통로를 2개 가동하면 2가지 현상이 나타난다. 우선, 실세 중심의 인맥과 특정 지역이나 특정 학교 출신이 요직을 장악하는 인사 편중 현상이 나타난다. 이어 검은돈이 그 비선 고속도로 위를 질주한다. 비선 실세를 중심으로 로비와 검은 담합이 성행하는 것이다. 정경유착의 부패는 바로 그곳에서 최고의 흥행 시장을 형성한다.

"박근혜도 예외가 아니구먼. 혼자 깨끗한 척 다 하더니…" 처음에는 정윤회 문건 파동이 비선 실세의 뇌물 수수 사건으로 번지는 분위기였다. 문고리 3인방이나 정윤회, 친박 인사 가운데 몇 명이 구속될 것이라는 예상이 나돌았다. 권력 핵심부를 건드린 폭로가 시간을 끌며 적어도 6개월 안팎 굴러갈 것이라고 보았다.

그러나 정윤회 문건 파동의 전개 과정은 예상을 크게 빗나갔다. 박근혜 정권은 한 달여 만에 의혹을 신속하게 덮었다. 검찰 권력을 활용해 사건 성격도 비선 실세의 국정 개입에서 청와대 문건 유출 사건으로 바꿨다. 검찰은 권력 심층부에 접근할 수 없는 검은 장막을 쳤고, 최순실이라는 비선 인물을 철저히 감춰주었다.

정윤회 문건 파동에서는 기대하지 않았던 현상이 드러났다. 《조선일보》를 겨냥한 극우 세력의 반발이 본격화했다. 《조선일보》 사설에 붙은 chosun.com 댓글을 유심히 살펴보자. 사건이 진행되면서 골수 친박의 가슴속에 무슨 심리가 가득 차 있는지를 짐작할 만했다. 댓글에 나타난 친박 지지 세력의 충성심은 거의 맹종 수준이었다.

문고리 3인방이 2014년 6월 정치권에서 처음 문제 제기가 됐을 때 《조선일보》(2014년 6월 27일 자) 사설은 이랬다.

> 박 대통령은 취임 후 특별한 일정이 없으면 각종 보고서를 읽으면서 홀로 시간을 보낸다고 한다. 함께 지내는 가족도 없다. 외부 인사를 비공식적으로 초대해 식사하는 일도 드물다. 이런 박 대통령을 보좌하는 그룹이 국회의원 시절부터 함께해온 몇몇 청와대 비서관들이다. 새누리당에서조차 이들을 '문고리 권력'이라고 부른다. 대통령의 이 같은 밀폐성 국정 운영 스타일이 여러 소문과 억측을 낳는 토양이 되고 있다.

안대희·문창극 총리 후보자가 청문회장에 가보지 못하고 낙마했다. 세월호 수습책은 헛발질이 이어지는 상황이었다. 이 사설에 붙은 댓글 하나가 인상 깊었다. "《조선일보》가 감히 정윤회를 거론하다니. 박근혜 권력이 벌써 다 됐다는 것인가." 정윤회 실명을 거론하지 않았건만 그것을 권력의 몰락과 동일시하며 못마땅하다는 댓글이 떴다. 정윤회 씨가 어떤 평가를 받느냐에 따라 권력 누수가 있느냐 없느냐가 판가름이 난다는 시각이다.

'감히'라는 단어 속에 많은 의미가 들어 있다. 정윤회를 건드린 것은 박 대통령을 비방하는 행위와 같았다. 박근혜와 정윤회를 동일체로 보고 있었다.

《세계일보》가 정윤회 문건을 보도한 이후 처음 며칠간은 청와대와 대통령을 비판하는 댓글이 대세를 이뤘다. 정윤회를 두둔하는 분위기는 미약했다. 문건 내용이 워낙 충격적이었기 때문일 것이다. 《산케이》 가토 지국장 소동에 이어 정윤회가 다시 언론의 조명을 받고 등장했기 때문이기도 했으리라. 몇 달 간격을 두고서 정권 심층부에서 뭔가 음험한 냄새가 풍겨나오고 있었다. 댓글은 이런 식이었다.

> 대한민국이라는 나라가 점집에 들락거리는 정윤회 같은 사람에게 국정을 자문해야 하는 수준의 나라인가. 대통령 의중과 무관하게 비서관 3인이 정윤회 씨와 만남을 갖고 국정을 논한 게 만약 사실이라면 국정을 농단한 저들을 당장 자르라.

> 서릿발 같던 박 대통령의 기상은 어디로 갔나? 비서실장을 비롯해 문고리 3인방 등 모조리 갈아치워라. 그렇지 않으면 박 정권이 송두리째 위험에 닥칠 것이다.

며칠 뒤 박근혜가 여론의 흐름을 공격하고 나섰다. "문건을 외부에 유출하게 된 것이 어떤 의도인지 모르지만 결코 있을 수 없는 국기문란 행위"라고 규정했다. 언론을 향해서는 "조금만 확인해보면 금방 사실 여부를 알 수 있는 것을 관련자들에게 확인조차 하지 않은 채 비선이니 숨은 실세가 있는 것같이 보도하면서 의혹이 있는 것같이 몰아가고 있는 것 자체가 문제"라고 반격했다. 검찰에 수사 가이드라인을 제시하면서 언론 타박을 시작한 셈이다.

대통령이 정윤회 문건 사건의 성격을 '비선 실세의 국정 개입'이 아니라 '문건 유출 스캔들'로 규정하면서 댓글은 완전히 바뀐다. 이런 유의 댓글이 인기를 끌었다.

허튼짓한 자들을 엄벌하겠다고 했으면 그 결과를 기다리는 게 맞다. 지금은 대통령이 어떻다고 떠들 때가 아니다. 대통령을 그토록 씹고 싶어 안달인가. 《조선일보》는 제대로 써라.

대통령을 적극 방어하는 내용이었으나 이런 댓글에는 반대가 더 많았다. 정윤회와 문고리 권력을 바라보는 시선이 따가웠다. 다음날 사설은 「정윤회와 문고리 3인방은 과연 진실을 말하고 있나」였다. 이어 「문고리 3인방 퇴진으로 국정 운영 정상화시켜야」라는 사설이 나갔다. 댓글은 대통령 성공을 위해 3인방을 내치라는 쪽으로 기울었다.

김기춘의 반격이 신호탄

문건이 폭로된 지 열흘이 지났다. 청와대가 드디어 칼을 빼들고 나왔다. 김기춘 비서실장이 《동아일보》를 제소했고, 기자를 함께 고소했다. 김기춘이 선두에 서자 댓글 분위기가 확 달라졌다.

비서실장의 깃발에 정권 친위대 격인 극우 인터넷 언론, 극우 친박 단체들이 반격의 횃불을 올리기 시작했다. 대통령과 청와대로 날아가던 화살은 언론 쪽으로 돌아왔다. 댓글의 공격 화살은 유독 《조선일보》에 쏟아졌다.

언론이 국민을 우롱하는 광대 짓을 그만둬야 한다. 언론 정화나 통폐합이 아쉽다. 허위 보도를 하는 기자는 책임을 져야 한다.

《조선일보》 사설이 지라시보다 더한다.

정윤회의 검찰 소환에 앞서 「청靑 문건 파문이 정윤회 면죄부로 끝나선 안 된다」는 사설이 보도됐다. 언론 비난 댓글은 더 급격히 늘었다. 대통령이나 정윤회를 비판하는 언론을 종북 세력으로 몰아가는 논리가 마침내 모습을 드러냈다. 박근혜 비판, 정윤회 비판은 종북 행위라는 시각이었다. 이승만·박정희 이래 정권을 비판하면 빨갱이로 몰아가는 종북 몰이가 재연됐다.

아래는 당시 댓글 취지 중 하나다.

종북이 장악한 신문·방송에서 박 대통령에게 조그만 흠이라도 내보려고 정윤회를 근거 없이 비난하는 것은 있을 수 없는 일이다. 청와대는 이 기회에 언론 같지 않은 신문·방송사와 전쟁을 벌여서라도 그 책임을 엄중히 물어야 한다.

드디어 주연 배우 정윤회가 검찰에 출두했다. TV 화면에 등장한 그는 너무 당당했다.

정윤회는 검찰청사로 들어가기 직전 심경을 묻는 말에 "이런 엄청난 불장난을 누가 했는지, 불장난에 춤춘 사람들이 누구인지 다 밝혀지리라고 생각한다"고 했다. 미간에 굵은 주름살을 잡으며 거칠 것 없는 표정이었다. '내가 지금 이 순간 권력을 쥐고 움직이는 실세'라고 말하는 듯했다.

너무나 당당했던 정윤회 출두

기자 동료들 사이에서 "역시 실세야!", "비선이 드디어 등장하셨다"는 탄성이 나왔다. 심사가 뒤틀려 비꼬는 말투였다. 사설은 "정 씨는 검찰 수사가 자신에게 유리한 방향으로 흘러가고 있다고 확신한 듯하다"고 분석하고 "정 씨는 불장난 운운하기에 앞서 지금의 상황을 불러온 것에 대해 단 한 번이라도 국민 앞에 사과하거나 고개를 숙였어야 한다"(2014년 12월 11일 자 사설)고 지적했다.

하지만 chosun.com의 댓글은 사설과 정반대 방향으로 흘러갔다. 《조선일보》를 공격하는 내용이 무더기로 올라왔다.

> 정 씨의 부인이 최태민 목사의 딸이면 거짓 의혹에도 무조건 고개부터 숙여야 하는가. 아무리 언론 자유가 중요해도 무고한 사람을 사지로 몰아붙일 권리는 없다.
> 《조선일보》는 지라시를 믿는 저질 언론이다.

정윤회 검찰 출두 때부터 친박과 극우 세력의 《조선일보》 비판은 본격화된다. 《조선일보》 독자층 가운데 변태적 극우 세력이 따로 뭉치는 흐름이 역력했다. 김대중·노무현 시대 진보 좌파가 정권을 등에 업고서 안티 조선 캠페인을 벌였다. 이번에는 박정희·박근혜 부녀를 숭배하는 세력이 《조선일보》에 반기를 들게 되리라고는 상상하지 못했다. 정윤회 파동은 박근혜를 맹목적으로 지지하는 극우 집단이 《조선일보》를 적대시하는 전기가 되고 있었다.

대통령은 정윤회와 문고리 3인방을 비호했다. 박근혜 골수 지지 세력은 《조선일보》를 비롯한 언론을 적군으로 여겼다. 대통령은 "그동안 검찰은 물론이고 언론과 야당 이런 데에서 '무슨 비리가 있나, 이권 (개입한 것이) 뭐가 있나' 샅샅이 오랜 기간 찾았으나 그런 게 없지 않았느냐"면서 "그런 비서관을 의혹을 받았다는 이유로 내치거나 그만두게 하면 누가 내 옆에서 일하겠느냐"고 두둔했다. "아무것도 바꾸지 않고 이대로 가면 불통, 독주, 비선, 암투 같은 논란은 언젠가 다시 대두될 수밖에 없다. 시스템도 바꾸고 여기에 맞춰 사람도 바꿔야 한다. 박 대통령의 집권 3년 차는 이것으로 시작되어야 한다"고 조언해도 막무가내였다. 오히려 "박 대통령도 전임 대통령들처럼 신문·방송사 사주와 기자들에게 수시로 밥 사주고 술 사주고 용돈까지 쥐여주었다면 요즘처럼 악랄하게 물고 늘어지지는 않을 것이다"라는 댓글만 등장했다.

김영한 당시 민정수석이 남긴 메모는 청와대 수석회의에서는 이틀에 한 번꼴로 수습책을 협의했다는 것을 보여주었다. 청와대가 사실상 검찰 수사의 지휘탑이었다.

2015년 새해가 밝자 검찰은 예상대로 정윤회에게 완전 면죄부를 발급했다. 압수 수색 한 번 제대로 하지 않았다. 6개월 넘게 걸릴 것이라던 예상을 깨고 한 달여 만에 서둘러 문을 닫았다.

《조선일보》 사설은 지지층의 분열, 보수 진영의 분열을 걱정했다. "이번 파문을 계기로 박 대통령의 지지율은 위험 수준에 도달했고, 좀처럼 깨지지 않던 고정 지지층마저도 흔들리는 조짐이다. 박 대통령이 이를 제대로 수습하지 못하면 다수 국민의 신뢰를 잃어 '소수파 정권'으로 전락할 가능성까지 있다. 박 대통령은 지금 이 순간이 정권의 성패를 좌우할 결정적 고비임을 깨닫고 누구도 버릴 수 있다는 각오로 해법을 내놓아야 한다"(2015년 1월 6일 자 사설)고 지적했다.

박근혜가 탄핵된 후 찾아본 사설 중 하나가 이것이다. 정윤회 파동을 거친 뒤 집권 2년도 지나지 않아 고정 지지층은 쪼개졌다. 골수 지지층은 소수로 전락했다. 그들은 정윤회 문건 파동이 정권의 성패를 좌우할 결정적 고비라는 진단을 믿지 않았다.

《조선일보》는 사과해라. 반역도당의 의혹을 청와대가 일일이 해명해야 하는가. 청와대에 잠입해 있던 불순한 자들이 거짓 의혹을 생산했다가 쫓겨나자 앙심을 품고 기자에게 나팔을 불게 한 것이 이 사건의 실체다.

거짓 의혹에 놀아났으면 반성과 사과가 있어야 함에도 오히려 피해를 본 청와대에 책임을 전가하는 《조선일보》의 뻔뻔함에 분노를 느낀다. 국정 지지도가 최악이라는 건 웃기는 얘기다.

대통령은 김기춘에게 "정말 드물게 보는 사심이 없는 분"이라며 최고 신용 등급을 부여했다. 정윤회에게는 검찰이 발부한 '무혐의 결정문'이 선물로 갔다. 문고리 3인방에게는 어느 교수 표현을 빌리면 '300% 신뢰'를 보냈다. 최순실은 언론의 취재 대상이 되기 시작하려는 무렵 수사를 서둘러 끝냈다. 수사를 어물쩍 끝낸 가장 큰 이유는 최순실 보호를 위한 것으로 추정됐다. 청와대는 최순실의 존재를 덮기 위해 검찰을 다그쳤고 검찰은 지시에 순종했다.

수사가 끝난 뒤 대통령이 민심을 너무 모른다는 사설을 썼더니 이런 식의 댓글이 솟구쳐 나왔다.

> 《조선일보》의 청와대 흔들기에 집요한 것을 보면 이 정권에서 별로 재미를 못 봤나 의심이 들 정도다. 문고리 3인방을 교체하라는 사설만도 몇 번째인가.
>
> 이게 사설이냐 아니면 협박이냐…
> 이제부터 조선의 사설은 개 짖는 소리일 뿐이다.

대통령과 친박, 박근혜 지지 세력은 정윤회 문건 파동 때 그 '개 짖는 소리'에 귀를 활짝 열었어야 했다. 감시견의 짖는 소리가 시끄럽다고 보복하다가 사상 첫 현직 대통령 탄핵이라는 비극을 맞았다.

친박의 선민의식

정윤회 파동이 마무리되자마자 우병우 민정비서관은 민정수석으로 특진했다. 검찰 수사를 잘 지휘했다는 공로가 인정됐다고 어느 친박 인사가 설명했다. 한마디로 문고리 3인방과 최순실을 잘 지킨 공로였다. 김영한 민정수석은 "나는 정윤회 문건 수사에 개입한 적 없는데 왜 내가 국회에 나가 해명해야 하느냐"는 논리로 국회 출석을 거부하고 사퇴했다.

검찰이 권력 핵심의 허점을 틀어막고 수사를 마무리하자 친박과 대통령 주변은 더 삼엄하게 성역화됐다. 최순실과 문고리 3인방 주변에 튼튼한 철벽이 세워진 듯했다. 친박은 검찰 덕분에 자신감이 강해진 분위기였다. 1년 후 총선에서 친박이 정계를 주도할 기반을 마련할 수 있겠다고 계산이 나왔을 것이다.

그러나 정윤회 파동의 파장은 보수 진영 내부에 큰 파장을 일으켰다. 검찰 수사 결과는 정윤회, 문고리 3인방, 최순실을 결사 보위하는 데 성공했지만 보수 진영에서 친박과 극우가 이탈하는 계기가 됐다. 친박과 극우는 자신들이 보수 세력의 중심이라고 확신했지만 실은 보수 진영으로부터 소수파로 격리되기 시작했다.

만약 검찰이 문고리 3인방 중 한두 명을 구속하고 정윤회나 최순실의 국정 개입을 적발해냈다면 정권은 겸손해졌을 것이다. 최고 권력자를 견제했더라면 대통령이 함부로 국회와 국민, 언론을 깔보지 못했을 것이다. 박근혜 골수 지지 세력도 측근 비리와 비선 농단에 목소리를 낮췄을 것이다. 대통령과 친박이 그때 자세를 낮췄다면 4·13 총선에서 패배하지 않았을 것이다.

불행하게도 검찰의 결사적 호위 덕분에 친박은 기세를 올리며 독불장군이 돼갔다. 그들은 친박 왕국을 설계하는 희망을 보는 듯했다.

친박이 오만방자해진 계기는 정윤회 문건 수사였다. 그 후부터 친박은 보수 진영에서 특별한 존재라는 선민選民의식이 강해졌고, 보수 진영이 박근혜 골수 지지파와 온건 보수로 갈라지는 조짐을 보였다. 보수 분열의 1등 공신이 검찰이었다.

보수주의자는 법치를 강조한다. '법대로'가 입버릇이다. 대처 영국 총리가 노조 파업을 잠재운 법치 원칙이야말로 보수 세력의 로망이다.

보수주의가 법치를 중시하는 이유는 돌발적으로 행동하는 인간의 본성을 견제하려는 것이다. 빨간 신호를 보면서 핸들을 왼쪽으로 꺾고 CCTV 감시를 피해 욕심나는 옷을 슬쩍 핸드백에 집어넣는 게 인간이다. 이런 일탈 본능을 법이라는 강제 수단, 에티켓이라는 사회 규범으로 견제하지 않으면 공동체는 대혼란에 빠진다. 보수주의는 인간의 얄팍한 약점을 인정하고 법치를 통해 사회 질서를 유지한다.

진정한 보수주의자는 인간의 사소한 실수에 관대하다. 인간은 언제든 실수할 수 있다고 보기 때문이다. 반면 권력을 가진 조직과 개인에게는 엄격한 법치주의를 적용한다. 영국 보수당도 왕과 귀족의 권한을 제한하는 데 앞장섰던 반면 국민 개인의 기본권 보장에는 열성을 보였다. 법치주의 역사는 권력자와 권력기관의 파워를 제한하면서 시민의 권리를 키워온 세월이다.

보수 정권의 검찰은 법치의 칼을 국민 인권과 사생활 보호가 아니라 5년짜리 정권 보호에 풀 가동했다. 권력 실세를 상대로 하는 감시견 역할을 거부하고 정권의 사냥개, 보호견 역할에 충실했다. '셀프 수사'로 정권의 치부를 감추려고 면죄부를 발급해주었다. 정권의 정적과 비판적 언론인에게 법의 이름으로 가혹한 형벌을 내렸다. 검찰이 새 정권에 충성하려는 바람에 전직 대통령 한 사람은 자살에 이르렀다.

문재인 정권이 들어선 후 보수 진영이 위로받을 일이 벌어졌다. 문재인 정권의 검찰도 앞선 보수 정권의 비리를 캐는 데 골몰하며 정권의 저격수로 나섰다. 적폐 청산이라는 이름의 검찰 수사는 정치 보복으로 직결됐다. 안희정·이재명 등 경쟁자까지 제거됐다.

검찰은 새 권력이 떠오를 때마다 정치 보복의 칼을 휘두르는 처형장의 망나니가 됐다. 정치 보복 대행업은 검찰의 주력 사업이 됐다. 문재인 시대 들어서 검찰은 2세대 보수 정권의 대통령 2명, 대법원장과 대법관 2명을 동시에 법정에 세워놓고 심판하는 진풍경을 연출했다. 진보 세력을 만족시키는 내용이어서 이념성 정치 보복이라는 해석을 낳을 수밖에 없다.

로마 왕국 말기 경호대장들의 거사 닮은 '조국 파동'

문재인 검찰의 사업 영역은 보수 법관 퇴출을 비롯한 법원 내부의 이념 청소 작업으로까지 확장됐다. 검찰 권력의 무한 팽창이다. 문재인 정권은 노리던 청소 작업이 어느 정도 끝나자 검찰을 대수술하겠다며 청와대 민정수석 조국을 법무부 장관에 지명했다. "너희들의 사냥개 역할은 여기까지야"라고 통보하는 듯했다. 토끼몰이가 끝나자 사냥개를 잡는 격이었다.

이를 계기로 윤석열 총장을 위시한 검찰 세력과 정면충돌하는 양상이 전개됐다. 어제까지 권력의 사냥개로 활약하던 호위무사들이 주인을 향해 칼을 뽑는 거사가 발생했다.

로마 제국 말기, 어느 황제의 경호대장이 부하들과 작당해 황제를 살해한 뒤 스스로 황제에 즉위했다. 이어 새 경호대장도 자신이 옹립한 황제를 살해하고 왕관을 썼다. 사냥개가 주인을 사냥하는 반역 시리즈 시대가 거의 50년을 갔다.

경호부대는 권력 쟁탈·유지 과정에서 누구보다 황제의 약점을 잘 알고 있다. 어느 급소를 어떻게 찔러야 황제가 무너지는지 간파했던 것이다. 최고 권력자가 호위무사에게 약점이 잡혀 있으면 호위무사는 권력자 뜻대로 청소기 역할을 하는 것으로 고분고분 물러서지 않는다. 그의 칼은 끝내 최고 권력자를 노린다. 로마 패망의 역사는 그걸 보여주었다.

권력자가 검찰 개혁을 하고 싶었다면 정치 보복, 정적 제거 업무를 검찰에 맡기는 일부터 범췄어야 한다. 호위무사들은 정권의 골칫거리를 치워주면서 권력 핵심층의 불법, 탈법, 권력남용, 음모, 비밀공작 같은 약점을 손에 쥐게 되기 때문이다.

더구나 문재인은 치명적 약점을 가진 인사에게 경호부대 힘 빼기 수술을 맡겼으니 어느 호위무사인들 승복하겠는가. 로마 경호대장이 황제 심장에 칼을 꽂았던 난투극이 벌어질 수밖에 없었다.

조국 소동 이후 윤석열 검찰 체제를 영웅시하는 풍조가 보수 진영에 가득하다. 하지만 이대로 가면 다음 대통령은 검찰이 지명할지 모른다. 그들은 누구든 후보 단계에서 걸러낼 수 있다.

검찰청법 제4조는 검사를 '공익의 대표자'로 규정하고 있다. 공익의 대표자란 말은 국회의원, 국무위원, 판사에게도 쓰지 않는 표현이다. 그러나 현실은 공익이 아니라 정권의 사냥개 임무를 충실히 하고 있다. 검찰이 정치적 목적으로 법치의 칼을 휘두를 경우 중벌로 다스리는 법을 만들지 않으면 안 된다. 청와대 하명 수사를 맡았다는 사실이 밝혀지면 담당 검사를 언제든 처벌할 법 조항이 필요하다. 그렇지 않으면 검찰의 정치 보복 대행업은 사라지지 않을 것이다.

03

친박 왕국의 꿈
: 친박

"보수주의자는 아군과 적군을 식별하는 촉감이 민감하게 발달했다. 적을 금방 알아채고 적개심을 느낀다."

뇌과학자들 연구 결과를 보면 보수주의자는 공포를 담당하는 두뇌세포의 반응 속도가 빠르다. 역겨움을 담당하는 뇌세포가 발달한 진보주의자와는 두뇌 구조가 다르다. 진보주의자는 강자의 특권, 약자의 고통에 역겨움을 느끼며 민감한 반응을 보인다. 불공평, 불의를 보면 메스꺼워하며 참지 못하는 성향이 강하다.

보수의 뇌는 옳고 그름의 판단보다 손해냐 이익이냐 판단이 앞서고, 그보다 우리 편이냐 상대편이냐 판단이 앞선다고 한다. 확고한 정설로 정리된 것은 아니지만 그런 성향이 강하다는 이야기다.

현실에서 보수주의자는 안심, 안도감, 편안함을 안겨주는 '우리 편'에 매우 우호적이다. 적군에는 경계심을 갖고 적대적으로 대한다. 공포감을 관장하는 뇌 부위가 활발하게 움직이기 때문에 편 가름 성향이 강하다고 볼 수 있다.

친박의 독특한 뇌세포

어쩌면 친박 세력은 보수 진영에서 공포감을 느끼는 뇌세포가 가장 발달한 부류다. 적을 빨리 알아보는 감각이 뛰어났다. 그들만의 독특한 특징인지 모른다.

역대 보수 정권은 걸핏하면 경쟁자를 배척했다. 당내 다른 세력을 허용하지 않았다. 자유당은 이승만·이기붕 파벌이 득세하며 이범석 계열을 숙청했다. 공화당에는 박정희 파벌만 있었고, 민정당에는 전두환 파벌이 유일했다. 이명박이 총선 공천 때 친박 후보를 대거 학살하자 5년 뒤 박근혜는 잊지 않고 보복했다. '유일 수령님'을 모시는 북한처럼 당내 경쟁 세력을 학대했다.

박근혜 세력은 누구보다 강도 높은 장악력을 과시했다. 친박은 당내 경쟁을 귀찮아했다. 똑같은 TK 정권이었으나 이명박 세력을 TK 비주류로 보았다. 친박은 TK 주류로서 박정희 가문의 적통을 이어받았다는 오너 가문 의식에서 자기들만의 왕국을 꿈꾸는 것으로 발전했다. 2016년 4월 총선이 그 절정이었다. 4·13 총선은 친박 왕조의 3대 후계자를 선정하기에 앞서 정치판을 재편하는 전초전이었다. 친박은 극성스럽게 당내 이물질을 제거하는 '배척의 정치'를 연출했다.

2017년 12월 대선에 앞서 여야가 국회 의석을 확보하는 싸움이 전개됐다. 국회 의석은 다음 해 연말 예정된 대선에서 지방 조직을 얼마큼 가동할 수 있느냐를 판가름하는 결정적 잣대였다. 친박에게 중요한 것은 여야 간 의석보다는 친박 의석 숫자였다.

4·13 총선을 서너 달 앞두고 친박 핵심 인사와 식사했다. 박근혜 신임이 두터운 의원이었다. "총선을 여러 번 치러봤지만, 이번엔 선거 구도가 좋다. 지고 싶어도 질 수 없다. 얼마나 이기느냐는 문제만 남았다." '구도가 좋다'와 '지고 싶어도 질 수 없다'는 말이 인상적이었다.

야당이 새누리당을 도와주고 있었다. 야당은 민주당과 국민의당으로 갈라졌다.

쪼개진 야당이 새누리당의 적수가 되지 못할 것이라는 사실은 누가 봐도 분명했다. 야권이 분열된 선거판에서 새누리당 후보는 여러 지역구에서 '공천증=당선증'이나 마찬가지였다. 300개 의석 중 180석을 석권할 것이라는 전망이 진담처럼 들렸다.

독주, 전횡, 배척

친박의 뇌세포는 4·13 공천 과정부터 과잉 반응을 보였다. 낙관적인 상황 판단은 극성스런 행동을 낳았다. 대통령부터 과속 질주했다. 2016년 신년 기자 회견에서 박근혜는 느닷없이 국회 심판론을 들고나왔다. "국회가 민의의 전당이 아니라 개인 정치를 추구한다"며 국회 심판에 국민이 나서달라고 선동했다. 며칠 후 대통령은 대한상공회의소가 주도하는 '민생 구하기 입법 촉구 1,000만 서명 운동'에 직접 서명했다. 현직 대통령이 길거리 캠페인에 동참한 것은 이례적인 일이었다. 길거리 시민운동 세력과 다름없는 처신이었다.

대통령은 행정부 수반으로서 민생·안보 문제를 해결할 국정의 핵심 주체다. 다수 의석을 차지한 집권당을 움직여 국정을 주도할 정치적 파워를 갖추고 있다. 대통령이 국회 심판론을 들고나온 것도 모자라 길거리 서명에 나선 것은 우스꽝스러운 광경이었다. 민심이 야당을 떠났다고 믿은 나머지 총선 판을 친박의 뜻대로 휘어잡겠다는 쇼로 보였다.

민주당은 박근혜 대통령 당선을 도왔던 김종인을 영입해 새바람을 일으키려고 애쓰고 있었으나 불꽃이 타오르지 않고 있었다. 야당의 침체에 새누리당은 웃음을 참지 못하는 분위기였다. 김무성 대표는 "새누리당은 안정적인 정당 운영이 되고 있어 지금 (외부 인사 영입) 필요성을 느끼지 못하고 있다"고 했다.

영입 불필요 발언은 야권 분열에 따른 3자 대결 구도에서 반사적 이익에 기대고 있다는 반증이었다. 언론은 "박 대통령과 여당의 꽉 막힌 국정 운영에 대한 국민 피로감도 상당하다. 이렇게 해서 국민이 표를 주길 바란다면 정말 염치없는 일이다. 실제 선거도 여권이 바라는 대로 흘러가지 않을 것"(2016년 1월 16일 자 《조선일보》 사설)이라고 경고했다.

승리에 취한 친박의 귀에 이런 경고가 들릴 리 만무했다. 자기 세상 만난 듯 설치기 시작했다. 박근혜는 신년회견에서 "(국회가) 동물 국회 아니면 식물 국회가 될 수밖에 없는 수준밖에 안 되는가 이거죠"라며 국회 선진화법 때문에 민생 관련 법안이 통과되지 않는다고 불평했다. 그러자 친박 의원들이 선진화법 개정안을 발의하고 정의화 국회의장에게 직권 상정을 요구했다. 선진화법을 만들 때 대통령이 앞장서고 친박은 찬성표를 던졌다. 몇 년 전 자신들이 저지른 일을 까맣게 잊은 듯했다.

정 의장은 법안 직권 상정이란 국가 비상사태에서만 가능하다며 선진화법 처리를 거부했다. 이에 친박 조원진 원내 수석 부대표가 나섰다. "정 의장이 국민의당에서 (영입) 제안이 오면 (갈) 가능성을 배제할 수 없다는 보도가 났는데 오보이길 바란다." 법안 처리를 거부하자 정 의장을 '배신자'로 공격한 것이다. 선진화법 통과를 주도했던 친박이 선진화법에 반대했던 정 의장을 윽박지르는 코미디가 벌어졌다.

친박은 검찰과 국정원을 장악했으니 국회까지 거머쥐면 친박 왕국의 대문이 활짝 열릴 것이라고 믿는 듯했다. 세월호와 메르스 사태를 거치면서 국정 수행 능력이 처참하게 상처 입었다는 객관적 평가는 잊고 있었다.

'친박의 나라' 꿈에 빠져 지역 정서를 자극하는 친박의 추태가 이어졌다. TK 지역에서는 '진박(진실한 친박) 마케팅'에 열을 올렸다. 대구에서 출마한 인사들끼리 '진박 6인 모임'을 열었다. 박근혜를 사석에서 '누이'라고 부르는 친박 핵심은 '진박 지원 행보'를 계속했다. 대구·경북과 부산·경남·경기 지역의 특정 후보 선거 사무실 개소식을 돌며 "이 사람이야말로 진박"이라는 식의 지원 연설로 도장을 찍는 인증을 되풀이했다. 대구에서 출마한 정종섭 전 행자부 장관이 "의리를 지키고 마음을 바꾸지 않는다"는 뜻의 글을 쓰자, 친박 핵심은 그것이 진실한 사람이라는 의미라고 말했다. 이런 최경환 의원에게 '진박 감별사', '진박 인증'이라는 표현이 언론에 쉴 새 없이 등장했다.

친박은 누구보다 비박계를 이끄는 김무성 대표를 견제했다. 김무성 대표와 친박 이한구 공천관리위원장은 "선거에 지는 한이 있더라도 (뜻을 관철하겠다)", "우리 둘 중 1명이 물러나야" 같은 극단적인 말을 주고받았다. 그것은 친박과 비박의 싸움이 아니었다. 친박은 김무성·유승민 등 비박계를 도려내고 새누리당을 친박 정당으로 변형시킨 뒤, 박정희·박근혜를 이을 3대 후계자를 옹립할 꿈을 꾸고 있는 듯 보였다.

민심은 친박 세력에 경고 신호를 보내고 있었다. 총선을 40일 앞둔 시점에서 서울·수도권 6개 관심 지역에서 여론 조사 결과가 나왔다. 민주당과 국민의당, 정의당 등 야당 후보가 4개 지역에서 앞서고, 새누리당은 2곳에서 우세였다. 야당 분열 구도로 총선이 치러지면 새누리당이 압도할 것이라는 예상과 다른 결과였다.

유승민 공천 배제의 배경

민심이 떠나고 있는데도 친박은 겸손할 줄 몰랐다. 공천 막바지 김무성 대표가 공천에 불만을 품고 당의 옥쇄를 들고 부산으로 피신하는 해프닝이 벌어졌다. 유승민 의원 처리가 최대 관심사가 됐다. 유승민과 가까운 사람은 대부분 탈락시키고, 유승민 공천을 마지막까지 유보했다. 배신자로 낙인찍었으니 스스로 걸어나가라는 말이었다. '친박당'을 만들기 위해서는 몇 석 잃어도 좋다는 취지의 말까지 했다.

《조선일보》는 「여당의 정치 보복 공천, 이러면 결국 분열·퇴화의 길 갈 것」(2016년 3월 16일 자)이라는 사설을 실었다. "정치 보복이 다시 보복을 불러오면서 서로 불신이 쌓이면 결국 새누리당은 분열과 퇴화의 길을 걷게 될 것"이라는 경고를 빠뜨리지 않았다. 신문사 주변에서는 "이 사람들이 진짜로 친박 왕국을 건설하려고 저러나"라는 말이 나돌았다.

유승민은 탈당을 선택했다. 친박은 성형외과에서 얼굴 잡티를 제거한 여고생처럼 개운해하는 눈치였다. 자신의 얼굴에 여전히 추잡한 잡티가 덕지덕지 붙어 있는 줄 모르고 있었다.

친박은 박정희 가문의 3대 후계자 지명에 최대 장애 세력으로 김무성 진영을 경계했다. 대선에서 친박에 정면 도발할 것이라는 위기감이 팽배했다. 이 때문에 김무성 지지 세력을 집중 감시·견제하는 흔적이 여러 곳에서 감지됐다. 심지어 《조선일보》가 김무성을 후원하는 것으로 착각해 온갖 허위 루머를 퍼뜨렸다. 박근혜와 친박이 《조선일보》 대주주와 김무성 가문이 인척 관계라는 잘못된 정보를 믿고 있다는 이야기가 종종 청와대 주변에서 흘러나왔다. 인척 관계가 아니라고 몇 차례 해명해도 믿지 않았다.

4·13 총선은 보수 진영이 친박과 비박으로 분열된 상태로 총선을 치렀다. 보수와 진보 싸움에 친박과 비박 전쟁이 가미된 선거였다. 공천 과정에서 보여준 친박의 행태는 온건 보수층이 보수 진영을 떠나는 계기가 됐다. "김무성, 유승민 하나 포용 못하나." 온건 보수파의 한탄이 쏟아졌다.

친박은 박근혜 어록을 모은 1,000페이지짜리 어록집에서 고작 몇 페이지를 찢어냈다는 이유로 유승민을 제거했다. 쫓겨나는 그에게 "비서가 주인을 배신했다"는 악담을 퍼부었다. 이승만이 충성을 바치지 않는 이범석 계열을 제거하고, 박정희가 김종필·김성곤 세력을 숙

아내던 수법을 그대로 닮았다.

《조선일보》는 2016년 연초부터 총선 때까지 100여 일 사이 30여 회 친박을 비판하는 사설을 게재했다. 사흘 연속 친박 비판 사설을 내보낸 일도 있었다. 그만큼 친박의 괴이한 행동이 잦았다는 증거다.

4·13 총선에서 친박은 당내 다수 세력을 확보했으나 국회에서 다수당 자리를 야당에게 넘겨주었다. 야당의 승리가 아니라 친박의 참패였다. '선거의 여왕' 신화도 그것으로 끝났다. 친박은 단합을 거부하고 분열의 길로 달려갔다. 승리를 눈앞에 뒀다는 오판이 빚어낸 정치 참사였다. 그럼에도 친박은 내부에서 패인을 찾지 않고 온건 보수와 《조선일보》등 보수 언론의 비협조를 탓했다.

일본 자민당과 영국 보수당의 포용력

일본 자민당은 보수 대연합 정당이다. 자민당은 2차 세계대전 후 구 자유당과 구 민주당을 통폐합한 연합 세력이었다. 초기에는 파벌이 '8개 사단'이라고 불렸으나, 세월이 지나면서 5대 파벌로 정리됐다. 친미, 반공, 경제 성장이라는 노선에는 파벌 간에 큰 다툼이 없었다. 파벌 간 대립은 어디에 정치 자금 파이프를 가설하느냐, 내각의 장관 자리를 어떻게 배분하느냐 등 내정內政을 둘러싼 내용이 대부분이었다.

자민당은 평상시에는 매달 파벌 사무총장들이 회합을 열고 의견을 조정했다. 상대방이 확보한 정치 자금 파이프는 서로 존중해줬고, 장관 자리는 파벌 세력을 감안해 분배했다. 권력 분할과 합의를 통한 단합이 자민당 파벌 정치의 기본 정신이었다. 물론 파벌 간 혈투가 없었던 것은 아니다. 검은 정치 자금과 관련된 록히드 스캔들이 발생하자 미키 다케오 총리는 최대 파벌을 거느린 다나카 가쿠에이를 구속했다. 소수 파벌이 최강 파벌에 직격탄을 날린 것이다.

고이즈미 총리도 당내 거사를 했다. "자민당을 까부숴버리겠다"며 케세이카이經世會(구 다나카파)라는 파벌과 혈전을 벌였다. 최대 파벌의 돈줄을 끊기 위해 우편 업무를 하는 우정성을 민영화했다.

자민당 파벌은 싸우면서도 자기 색깔을 냈다. 나카소네는 영국 대처 총리, 미국 레이건 대통령과 함께 신자유주의 정책을 펼쳤다. 이케다 총리는 국민소득 배증倍增 정책, 다나카는 일본 열도 개조론으로 성장의 열매를 국민에게 분배했다. 파벌 대표가 총리에 취임해 다른 정책을 내준 덕분에 총리 교체가 마치 정권 교체 인상을 던졌다. 파벌 간 혈투 속에서도 경쟁자나 경쟁 파벌을 강제 퇴출시키는 제거 공작은 하지 않았다.

자민당을 오랜 기간 담당했던 원로 기자는 이렇게 평가했다. "자민당이 고통스러웠던 것은 바로 이것이다. 파벌 정치에는 자제와 금욕이 절대 필요했다. 여기에 하나를 더 넣으면 인내다." 자민당은 그렇게 60년 이상 장기간 일본을 지배했다. 자제, 인내, 금욕은 보수주의자의 기본 자질이다.

영국 보수당이 200년 장수한 비결도 당내 이질 분자를 포용한 덕분이다. 영국 최초로 여성 의원(낸시 애스터, 1919년)과 여성 총리(마거릿 대처, 1979년)를 배출했다. 영국 사회에서 천대받던 유대인 출신을 총리(디즈레일리, 1868년)로 처음 추대한 곳도 보수당이다. 시대 변화에 맞게 젊은 당원을 계속 영입, 39세의 최연소 총리(데이비드 캐머런,

2010년)를 선출했다.

영국 정치사에 수많은 정파가 있었지만, 아직도 흩어지지 않고 굳건히 뿌리를 내리고 있는 정당은 보수당이 유일하다. 보수당은 당내 여러 갈래의 노선이 지지층을 넓히는 데 도움이 된다고 본다. 선거를 앞두고 일부러 당내 정책 갈등과 내부 논쟁을 노출시키는 전략을 쓰기도 한다. 이런 과정을 통해 '새로운 보수주의', '대처리즘', '온정적 보수주의' 같은 새로운 징강과 징책이 만들어졌다.

일본 자민당이나 영국 보수당은 험한 목소리로 다투다가 마지막 순간에는 단합하고 결속했다. 소수파를 제거하면 정권을 잃는다는 현실주의 사고에 충실했다.

한국 보수 정치는 이런 생존 비법을 터득하지 못했다. 특정 지역 출신의 정치꾼들이 특정 인사를 중심으로 결집해 당파를 만들었다. 경쟁자나 비판 세력은 선거 시즌에 축출한다. 그러다가 우두머리가 화살을 맞고 추락하면 뿔뿔이 흩어져 다른 당파를 만든다.

친박의 컬트 증후군

친박은 종종 집단망상에 빠진 컬트cult, 특정 취향이나 종교를 갖고 뭉친 골수 집단 증상을 보였다. 친박 핵심 인사들은 박근혜를 '대장'이라고 부르며 열광적으로 추종했다. 대장의 명령에는 절대복종했다. 대장이 한번 결정을 내리면 번복 건의를 감히 하지 못했다.

대장은 친박에게는 반말투로 짜증을 내기도 했다. 친한 사이에 허물없이 말하는 습관이 불쑥 드러났다. 외부에서 채용된 수석들에게는 꼬박꼬박 존댓말을 썼다. "자기 식구에게는 터놓고 말하는 분위기 였죠. 난 청와대 안에서 완전히 다른 인종으로 취급받는 기분이었어 요." 박근혜 밑에서 수석비서관을 지낸 인사의 고백이었다.

박정희로부터 물려받은 카리스마를 유지하려고 대장의 일상에 아리송한 베일을 둘러친 뒤 신비로운 분위기를 연출하려고 애썼다. 마치 정치 기적을 일으키는 선천적 초능력을 갖고 태어난 인물로 추켜세우려고 애썼다. 다른 정치인이 범접하지 못할 능력과 매력이 있는 듯 칭송했다. 2006년 선거 유세 중에 커터에 심각한 부상을 당한 뒤 깨어나 "대전은요?"라며 자기 몸보다 당과 선거를 더 걱정했다는 일화를 한마디로 요약해 언론에 흘리는 식이었다.

종교적 컬트가 같은 종교 내 이단異端을 더 증오하듯 친박은 경쟁 정당보다 당내 반대파를 더 미워하며 배척했다. 역사에서 등장했다가 사라진 극단적 정치 컬트에는 미치지 못했지만 돌출적인 컬트 집단의 초기 징후를 읽을 수 있었다.

보수 본류 TK의 사드 반대

친박 중에는 대구·경북 지역이 보수 정치의 본고장이라고 말하는 사람이 많다. TK 출신 대통령의 집권 기간이 40년을 넘었다. 공산당 침략에서 나라를 지켰고, 경제 성장을 이끌었다는 자부심이 없을 수 없다. 하지만 2016년 7월 TK 출신 국회의원들은 보수 정치의 본산이라고 주장하기 쑥스러운 일을 벌였다. 사드THAAD. 고고도 미사일 방어 체계 배치 논란이 한창이던 무렵이었다. 사드는 북한에서 발사되는 ICBM

같은 고성능 미사일을 공중에서 요격, 파괴할 목적으로 미군이 한국 배치를 계속 요청해왔다.

최경환 등 대구·경북 지역 국회의원 25명 중 21명이 성명을 내고 "사드 전자파의 진실을 제대로 밝히라"고 박근혜 정부에 요구했다. 사드 기지에서 나오는 전자파 유해성에 대한 감춰진 진실이 있을 것이라는 항의였다. 이 성명에는 진박 의원이 대거 참여했다. 엊그제까지 박근혜의 성공을 위해서 온몸을 바치겠다던 의원들이 등을 돌렸다. 항의 요지는 하필 경북 지역에 사드를 배치하느냐는 것이었다.

친박이 보수 본류를 자처하려면 국가 안보에 사드가 필요하다고 외치며 '보수의 본고장'에 해달라고 먼저 손을 들었어야 했다. 박근혜는 사드 반대를 외친 친박을 배신자로 찍어 제거하지 않았다. TK 친박의 사드 반대는 권력을 잡기 위해 보수주의 신념이 없는 떠돌이를 긁어모아 정파를 꾸렸다는 증거가 아닐 수 없었다. 성주 사드 기지는 박근혜 시대 결론을 내지 못하고 결국 6차 북핵 실험을 맛본 문재인 정권이 최종 결정을 내렸다.

친박의 뇌세포는 사드 전자파 공포심에 과잉 반응했다. 국가 안보가 걸린 사안에 지역 이익을 내세웠다. 큰 공동체의 이익보다는 작은 공동체 이익을 앞세웠다. 보수 본류를 표방하려면 정반대 선택을 했어야 한다. 친박은 사드로 보수 본류 행세를 할 수 있는 도덕적 자격을 잃었다. 친박 왕국의 영토는 축소될 수밖에 없었고 박정희 정치 가문의 3대 후계자가 떠오를 수 없었다.

문재인 정권의 지지도가 하락하기 시작하자 2020년 총선을 앞두고 친박 세력이 다시 기지개를 펴고 있다. 태극기 부대의 극성스런 집회와 박근혜 동정론을 배경으로 친박 왕국의 꿈을 지펴보려는 듯하다. 그중에는 변태적 성향을 보이는 보수가 적지 않다. 이 때문에 과연 친박의 깃발 아래 보수 세력이 쉽게 단합할지는 의문이다. 온건 보수 세력은 친박 주도의 보수 세력 단합에 선뜻 호응하지 않고 있지 않은가. 이대로 가면 보수 분열과 내전은 종결될 수 없고, 설혹 선거를 위해 손을 잡더라도 곧 분열 양상을 보일 것이다.

04

권력 붕괴의 지뢰밭
: 재벌

2016년 7월 하순, TV조선은 미르재단·K스포츠재단 설립 의혹을 처음 보도하기 시작했다. 헌법재판소 탄핵 결정문 첫 대목에 등장하는 대통령 탄핵의 직접적인 출발점이었다. 많은 사람은 타임머신을 타고 30년 전으로 이동하는 기분이었을 것이다. 일해재단 추억이 흑백 화면 속에서 한꺼번에 튀어나왔으리라.

일해재단은 '일해日海'라는 호號를 가진 군 출신 독재자 전두환이 설립했다. 일명 '전두환재단'이다. 전두환이 대통령 퇴임 후 정치적 영향력을 행사하는 거점으로 활용하려고 설립했다는 해석이었다. 외교부 산하 세종연구소가 일해재단의 자리에 들어선 조직이다.

1988년 2월 노태우가 대통령에 취임하면서 일해재단은 골치 아픈 존재였다. 노태우 측근들은 전두환이 조선 시대 상왕上王 행세를 하려 하는 일해재단을 해체해야 했다. 그해 4월 총선이 끝나자 권력 실세들과 야당이 움직이기 시작했다. 전두환 비리 의혹을 파헤치겠다는 각오는 노태우 세력이나 야당이 똑같았다. 5공 비리 중 여야가 먼저 합의한 이슈가 일해재단 처리였다. 그때까지 재단 설립 과정이나 기금 액수 등 어느 것 하나 공개된 적이 없었다. 비밀에 둘러싸인 재단을 놓고 루머가 쌓이고 있었다.

《조선일보》는 어느 날 총수들이 일해재단에 얼마씩 헌금했는지 액수를 공개했다. 정주영, 박태준, 이건희 회장이 45억 원씩 냈다는 식이다. 재단 창립총회에서 총수들이 각각 무슨 발언을 했는지 서술한 기사도 같은 날 터졌다. 장세동 청와대 경호실장이 모금을 주도하고 국군보안사(지금은 기무사)가 준비 실무 작업을 맡았다고 했다.

《조선일보》 특종 보도로 국회는 청문회를 소집할 명분이 생겼다. 그해 11월 국회에서 청문회가 열려 30대 재벌 총수가 대부분 출석했다. 모금을 총지휘한 장세동은 구속됐다. 전두환은 청문회가 끝나자 백담사로 769일이라는 기나긴 유폐 생활에 들어갔다. 노태우 정권은 전두환 세력을 제거하는 데 성공했다.

전두환재단과 박근혜재단

재벌 돈으로 만들어진 대통령 재단은 2016년 30년 만에 다시 등장했다. 그것이 박근혜의 미르·K스포츠재단이다.

'전두환재단'과 '박근혜재단'은 공통점이 많다. 두 재단은 설립 명분부터 그럴듯했다. 일해재단은 아웅산 사태미얀마에서 전두환 대통령을 수행했던 장차관 17명이 북한의 테러로 사망한 사건로 희생된 장차관들의 유가족을 돕겠다는 '순수한 뜻'에서 출발했다. 한류 확산을 돕고 스포츠 인재를 육성하려 했다는 '박근혜재단'의 순수성과 다를 것이 없다. 순수성을 앞세워 자발적 헌금인 것처럼 위장했다. "지옥으로 들어가는 길은 항상 선의善意로 포장돼 있다"는 말을 떠올리게 하는 대목이다.

둘째, 재벌이 거액을 내는 과정이 똑같다. 전두환 시절에는 전경련 이름 아래 정주영 현대그룹 회장이 주도했다. 이번에도 전경련이 앞장섰다. 재단 설립에 대통령 의중이 강하게 투영돼 심복이 모금에 뛰어든 공통점도 있다. 일해재단은 전두환의 심복 장세동 경호실장이 총지휘했다. 미르재단은 '아내가 짜증 낼 정도로 박근혜를 모시던' 심복 안종범 경제수석이 담당했다.

전두환·박근혜는 임기 말에 접어들어 재단 완성을 부쩍 서둘렀다. 은퇴 후 활동 거점으로 삼으려 했다는 해석이 나올 수밖에 없다. 뒤탈 증상도 30년 전과 후가 다르지 않다. 총수들이 국회 청문회에 불려 나왔으나 순수한 설립 취지에 감동해 자진해 돈을 냈다는 말은 사라졌다. "내라니까 할 수 없이 돈을 냈다"며 강압에 못 이겨 냈다는 주장을 펼쳤다. 처벌을 피하려고 필사적으로 강제 징수 주장을 펴는 모습은 30년 전과 달라지지 않았다.

재단을 설립한 권력자가 비싼 대가를 치른 것마저 똑같다. 전두환은 백담사로 유배 가야 했고 박근혜는 탄핵을 당하고 감옥에 갇혔다. 일해재단은 노태우 세력이 권력을 장악하는 전환점을 제공했다. 미르재단은 문재인 대통령 탄생에 1등 공신이 됐다. 재벌 돈을 마음대로 갖다 써도 된다는 생각이 권력자에게 파멸을 재촉하는 지뢰가 됐다.

청년펀드가 비극의 씨앗

박근혜는 대통령 재단이 정권 붕괴를 촉발하는 폭발물이라는 교훈을 일해재단에서 배웠어야 했다. 재벌과 거리를 어느 정도 둘 것인지 처절히 고민했어야 했다.

비극의 씨앗은 미르·K스포츠재단 설립 이전에 뿌려졌다. 박근혜의 청와대는 2015년 돌연 청년 취업을 돕겠다는 명분에서 '청년희망펀드'를 띄웠다. 명목상으로는 KEB하나은행 청년희망펀드에 대통령이 2,000만 원을 내며 1호 가입자로 가입하는 형식을 취했다. 대통령이 앞장을 서니 따르라는 신호를 보냈다. 청와대는 총수들에게 청년희망펀드에 개인 돈을 내줄 것을 압박했다. 삼성은 이건희 회장 이름으로 200억 원을 냈고, 정몽구 현대자동차 회장은 150억 원을 부었다. 롯데 신동빈 회장은 70억 원을 냈다.

총수들은 개인 돈을 마련하느라고 고생했다. 대통령이 개인 돈을 냈으니 총수도 회삿돈이 아니라 개인 지갑에서 헌납하라고 요청했기 때문이다. 그렇게 1,400억 원이 마련되자 청와대는 안도했다. 재벌상대 모금이 의외로 쉽게 성공하는 것을 체험한 것이다. 청와대는 곧바로 미르·K스포츠재단 만들기에 돌입했다.

그러나 청년희망펀드와 미르재단은 완전히 달랐다. 청년희망펀드는 공개 모집을 했지만 미르재단은 비밀스럽게 모금했다. 청년희망펀드는 청년 일자리 마련을 지원한다는 명분을 앞세웠고, 돈을 관리하는 주체가 공공성이 강한 은행이었다. 미르재단처럼 몇 명의 이사진이 밀실 속에서 멋대로 돈의 사용처를 결정할 수 없는 구조다. 은행

관리에 들어가 있어 비선 실세가 개입할 여지도 없었다.

박근혜와 최순실은 청년희망펀드 성공에서 청와대가 앞장서면 거액을 모을 수 있다고 확신했을 것이다. 미적거릴 이유가 없었다. 부랴부랴 재단 설립을 닦달해 하루 만에 설립 절차를 끝내버렸다. 최순실은 재단 돈을 끌어내 쓸 수 있는 개인 회사까지 동시에 설립했다. 딸을 올림픽 승마 메달리스트로 키우려고 삼성그룹에서 거액을 따로 받아냈다. 권력을 이용해 재벌 돈을 내 돈처럼 쓸 수 있다는 생각이 머릿속을 꽉 채우고 있었다는 증거다.

정치 자금 단체로 출범한 전경련

우리 보수 정치와 재벌이 처음 결속한 계기는 일제가 2차 세계대전에서 패망한 후 한국 땅에 남기고 간 공장의 불하였다. 이승만은 부산에 있던 국내 최대 방직회사를 양아들에게 불하했다. 광주에 있던 전남방직은 김무성 전 새누리당 대표의 아버지에게 넘겼다.

김무성은 언젠가 호남 향우회에서 "나는 전남방직 집 아들"이라며 호남 연고를 강조했다. 김무성의 아버지 김용주는 경남 출신으로 호남 기업을 인수했다. 이승만은 일제로부터 몰수한 공장을 정치적 목적에 따라 불하했고, 불하받은 사람은 정치 자금을 헌납했다. 지금은 사라진 삼호방직, 동양방직, 대성목재, 판본방적, 동명목재, 금성방직, 조선방직 등이 이승만 시대 옛 일본 공장을 불하받아 재벌로 발돋움했다.

방직회사는 섬유 제품을 짜내는 공장이다. 이승만 시대 섬유는 국가 중심 산업이었다. 이들은 공장 확장을 위해 일제 기계류를 수입하고 수입 원면을 경쟁 회사보다 많이 확보하려고 경쟁했다. 수입 허가권을 갖고 있던 정권에 뒷돈을 대야 더 많은 이권을 챙길 수 있었다. 자유당 정권과 재벌 간 유착은 주로 섬유 업종에서 이뤄졌다. 삼성도 이승만 시대 제일모직, 제일제당을 불하받았고 은행 지분까지 확보했다. 당시 거래 금액의 10~20%를 리베이트로 정치권에 제공하는 것은 상식이었다고 한다.

보수 정권이 재벌을 통해 정치 자금을 확보하려는 시도는 끊임없이 벌어졌다. 박정희는 5·16 쿠데타 직후 이승만 시대 큰돈을 번 총수들을 부정부패 혐의로 잡아들였다. 오랜 정경유착에서 만들어진 썩은 환부를 도려내겠다는 개혁 의지가 강했다.

하지만 초심은 오래가지 못했다. 박정희도 정치에는 돈이 필요하다는 현실을 절감했다. 당장 공화당 창당 자금이 고민거리였다. 박정희는 쿠데타 직후 이병철 삼성그룹 창업자를 면담한 뒤 감금하고 있던 기업인을 대부분 석방했다.

이병철은 시중 은행 지분을 헌납했고 기업이 공장을 지으면 지분을 정부에 내놓겠다고 약속했다. 박정희는 이어 총수들 모임인 전경련全經聯, 전국경제인연합회 약칭 설립을 허가했다. 재벌과 보수 정치의 담합이 공개적으로 이뤄졌던 것이다.

전경련은 일본 게이단렌經團連, 경제단체연합회 약칭을 모방해 발족했다. 쟁쟁했던 방직회사 오너들과 삼성 이병철 회장이 설립을 주도했다. 30여 년 전만 해도 전경련 주변에서는 "일본 게이단렌처럼 총수들이 한데 뭉쳐 정권과 대화하려는 목적에서 발족한 것"이라는 해명을 자주 들었다. "산업계를 대표하는 법정 경제 단체로 대한상공회의소가 있는데 친목 단체인 전경련을 왜 따로 만들었느냐"고 기자가 물으면 그렇게 답변하곤 했다. 전경련은 대형 재벌을 위한 정치 단체로 출범했다고 볼 수 있다. 정권에 자금을 대주고 이권을 받으려는 목적에서 만들어졌다는 이야기다. 보수 정치는 그때부터 재벌과 유착이 본격화됐다.

박정희는 신속한 경제 발전을 위해 재벌을 집중 육성했다. 삼성, 현대, LG, 쌍용 그룹이 이 시기에 급성장했다. 박정희는 초기에 수출 전선의 첨병 종합상사를 집중 지원하고 이어 전자, 철강, 조선 산업을 육성했다. 종합상사를 가진 그룹은 나중에 수십 개의 계열사를 거느린 대형 재벌로 성장했다. 경제 개발 5개년 계획이 본격 추진되면서 외국 자본을 낮은 이자로 들여올 때 정부 허가를 받으면 총수들은 일정 비율을 청와대와 정치권에 헌납했다. 달러를 외국에서 들여와 공장을 짓기만 하면 떼돈을 벌던 시절이었다. 외국산 기계 수입을 허가받아도 큰돈을 벌었다.

그 과정에서 정치 자금은 떡시루(정부 인허가 사업)에 당연히 붙어 다니는 콩고물(커미션)로 자리 잡았다. 정치권 실력자에게 사업을 잘 지켜줘 감사하다는 자릿세 납부, 명절 떡값, 방위성금 헌납이 권력과 재벌 사이의 당연한 관행으로 굳어졌다.

선거가 다가오면 집권당의 재정 책임자가 전경련 부회장을 찾아갔다. "이번엔 얼마를 조성해달라"고 액수를 통보하는 일이 다반사였다. 전경련은 각 그룹에게 헌납 금액을 할당했다. 그 대신 정치 자금으로 낸 돈은 세무 조사에서 자금 출처를 따지지 않았다.

재벌 돈=권력자 돈

1세대 보수 정권의 재벌관은 단순했다. "재벌은 모두 우리가 키웠다. 고로 재벌이 벌어들인 돈은 내 돈이다." '재벌 돈=나랏돈=정권의 돈'이라는 생각이었다. 민간 기업 수익을 국가 수익과 동일하게 여겼고, 정권이 마음대로 갖다 쓸 수 있는 돈이라는 인식이다.

재벌 돈을 정권 돈으로 동일시하는 사고방식은 숱한 정치 자금 파동을 불러왔다. 2002년 대선 때는 한 그룹이 2.5톤 트럭에 현금을 가득 실어 한나라당에 건넸다. 당시 보수 정당 후보를 돕던 변호사는 경부고속도로 만남의 광장에서 현찰로 채워진 트럭을 직접 몰고 한나라당으로 가져갔다. 그렇게 '차떼기'라는 금권 정치 용어가 탄생했다.

보수 정권은 재벌이 낸 돈을 야당에도 소액 분배하는 배려를 했다. 노태우를 수사했을 때는 노태우가 대선 때 2,000억 원을 김영삼 후보에게 주었다는 말이 나왔다. 비슷한 시기에 김대중도 노태우로부터 수십 억 원을 받아 썼다고 실토했다.

보수 정권은 선거 때는 물론 필요할 때마다 뒷돈을 요구했다. 2세대 보수 정권도 아버지 세대에서 벗어나지 못했다. 재벌들에게 정권 안정에 필요한 자금 청구서를 내밀었다. 이명박·박근혜는 전경련과 몇몇 재벌 그룹에게 보수 단체를 지원하라고 요구했다. 보수 인터넷 언론에 광고를 주라고 압박하는 일도 자주 발생했다.

박근혜는 아버지 시대로 완전히 회귀하는 양태를 보였다. 전국 주요 도시에 창조경제센터를 건설하라고 주요 재벌에게 할당하더니 청년희망펀드에 갹출금을 요구했다. 급기야 미르재단·K스포츠재단 설립 소동을 벌였다. '재벌 돈=권력자 돈'이라는 생각이 아니고서는 도 저히 할 수 없는 일이었다.

권력자에게는 공식 헌금보다 훨씬 중요한 일이 있었다. 권력자가 마음대로 쓸 수 있는 비자금을 헌납받는 일이었다. 1세대 보수 정권 지도자는 누구랄 것도 없이 검은돈을 따로 챙겼다. 전두환은 일해재단 외에도 수백 억 원을 따로 챙겨 아들들 사업 자금으로 썼고, 명절 날 옛 부하들이 찾아오면 500만 원, 1,000만 원씩 통 크게 나눠주었다. 노태우는 대통령에서 퇴임한 후 집에서 수천 억 원의 현찰 다발이 적발됐다. 노태우는 기자 회견에서 "나중에 좋은 곳에 쓰려고 보관하고 있었다"고 변명했으나, 그걸 곧이곧대로 믿을 사람은 없다. 비교적 깨끗했다던 박정희도 영남대와 어린이회관 등을 자녀들을 위한 개인 재산으로 따로 챙겼다는 주장이 나왔다.

보수 정권 대통령과 대선 후보는 대부분 총수를 독대했다. 대선 후보는 낮에는 지방 유세를 돌다가 밤이 되면 서울 자택으로 올라오곤 했다. 언론에는 집에서 쉬려고 귀가한다고 설명했지만 실은 그날 독대해야 할 총수가 기다리는 일이 잦았다. 짧은 시간의 독대는 비자금을 받았다는 인증을 해주는 절차였다. 일자리 창출을 부탁하거나 투자 확대를 당부하는 절차였다면 비밀리에 독대해야 할 이유가 없었을 것이다.

이명박·박근혜 시대 대통령의 총수 독대가 빈번해졌다. 각 재벌 그룹에는 청와대와 접촉 창구 역할을 맡은 대관對官 담당 사장과 임원이 있다. 이명박 정권 출범 이후 이들이 바빠지더니 박근혜 정권 때는 몰라보게 더 바빠졌다. 그만큼 재벌과 권력 핵심 간에 무대 뒤에서 비밀스런 이야기를 주고받을 일이 늘었다는 반증이었다.

박근혜 재판 과정에서 뇌물 제공 혐의로 기소된 총수들은 아무것도 청탁할 일이 없었다고 했다. 재단 갹출금을 내는 대가로 애로를 해결해달라는 청탁은 없었다고 부인했다. 하지만 업무와 관련 없는 이야기만 오갔다면 무엇하러 비밀리에 독대했다는 것인지 알 수 없다. 청년 일자리 문제나 기후 변화 대책을 협의했다면 왜 일정을 공개하지 않았는지 알 수 없다.

총수 이익과 사원 이익의 불일치

보수 정치와 재벌이 악취 나는 유착 관계를 청산하지 못하는 사이 재벌을 바라보는 국민 평가는 급속 추락했다. 재벌의 사회 공헌도가 뚜렷이 추락했다. 1세대 보수 정권 아래서 재벌은 안정적인 일자리로 중산층을 양산해낸 공로자였다. 창업자 지휘 아래 회사가 성장했고 종업원은 안정된 수입원을 확보해 집과 자가용을 마련했다. 회사 덕분에 자녀 교육도 마쳤다. 회사원들은 정기적인 승진과 정년을 보장받았고 자신과 가족의 성장을 피부로 느끼며 살았다.

그 시절에도 일부 총수들은 범죄, 불륜 같은 일탈 행동을 자주 저질렀다. 그때마다 종업원은 총수 중심으로 뭉쳐야 기업도 살고 가족이 안정된다는 판단을 내렸다. 총수의 반사회적 행동을 용서한 뒤 기업을 더 크게 키우는 방향으로 단합하는 선택을 했다.

그러나 1997년 IMF 위기 이후 분위기가 급변했다. 재벌은 글로벌 시장이 통합되는 세계화 파도를 타야 했다. 혹독한 글로벌 시장 경쟁에서 생존하지 않으면 안 되는 처지에 놓였다. 주식 지분 관리를 잘 못해 경영권을 외국 펀드에 빼앗길 뻔한 위기에 몰리는 대기업도 나타났다. 중국 기업이 싼값에 질 좋은 물건을 쏟아내면서 한국 기업의 설 곳이 줄어들었다. IMF 위기 이전까지 비교적 편안하게 장사를 했던 대기업들은 이제 생존을 위해 싸워야 했다.

비용 절감을 위해 공장을 자동화하고, 정규직 일자리를 줄이는 대신 저임금의 비정규직 채용을 늘렸다. "마른 수건도 짜자"는 구호가 나돌았다. 재벌 기업들의 일자리 제공 숫자는 줄어들었다. 매출은 5~10배씩 늘어났으나 종업원 수는 제자리거나 오히려 줄어들었다. 명예퇴직, 권고퇴직, 정리해고를 통해 직원을 축소하는 구조 조정을 수시로 했다. 재벌이 안정적인 직장을 공급하던 역할은 크게 위축됐다. 직장인들은 하루하루를 불안하게 보낼 수밖에 없었다.

반면 총수와 총수 일가가 챙겨가는 배당금과 연봉은 종업원들의 상상을 초월했다. 주주 배당금은 20년 사이 급증했다. 연봉을 계열사 여러 군데에서 매년 수백 억 원씩 받아가는 총수도 여럿 나왔다. 창업 세대와 달리 편한 삶을 살아온 재벌 2세들은 동물적인 투자 본능을 상실했다. 회사 여유 자금을 사업 확장을 위한 재투자에 쓰던 열정은 어느새 희미해졌다. 재벌 기업의 사내 유보금은 급팽창했다. 이익이 쌓이는 속도에 반비례로 재투자는 더 느려졌다. 그렇다고 사원 연봉을 올려주는 것도 아니었다. 종업원들 눈에 비치는 총수의 모습이 과거와 딴판으로 달라졌다. 사원의 이익과 총수의 이익이 일치했던 시대는 막을 내렸다.

최근 20년 동안 총수 이익과 종업원 이익은 반대로 가기도 했다.

기업이 성장하면 총수도, 종업원도 행복하던 분위기는 산산조각 나 버렸다. '기업 이익=총수 이익=사원 이익'으로 맞아떨어지던 3위 일 체 시대의 종막이다. 과거에는 '현대가족', '삼성가족', 'LG가족'이라는 표현을 사용했지만, 지금은 그런 표현을 입에 담는 대기업 직원을 찾 아보기 힘들다.

총수 3세, 4세의 자질 저하

재벌 그룹 경영권이 창업자 세대에서 2세, 3세, 4세로 넘어가면서 총수 일가의 권위가 무너지는 사태가 두드러졌다. 재벌 그룹마다 형 제간, 부자간 경영권 분쟁이 그치지 않았고, 후계자 총수의 자질이 퇴보하는 증상마저 뚜렷해졌다. 재벌 혐오증이 한국 사회에 널리 자 리 잡을 수밖에 없었다. 2세, 3세 총수의 권위 추락은 한 식구처럼 지내온 보수 정치에도 큰 부담이 됐다.

2세, 3세 총수의 자질 퇴보는 사적 폭력 행사로 나타났다. 한화그 룹이 대표적이다. 한화 2세 김승연 회장은 아들이 폭행을 당하자 용 역업체 직원들을 데리고 나가 아들을 때린 가해자들에게 집단 폭행 을 가했다. 자신도 가죽 장갑을 끼고 폭행에 가담했다. 김 회장 아들 중에는 마약 혐의로 기소된 사람이 있는가 하면 술집에서 주먹을 휘 둘러 구속된 이도 있다. 국내 최대 로펌 김앤장 변호사들 모임에서 술에 취해 추태를 보인 아들은 상습적 일탈의 주인공이다. 잊을 만 하면 한화그룹 총수 가족이 돌아가며 언론에 화젯거리를 제공했다. 그때마다 직원과 국민은 진저리쳤다.

SK그룹 회장의 사촌 최철원 M&M 대표는 시위 근로자를 야구방망이로 팼다. 매질할 때마다 1대에 100만 원씩 계산해 2,000만 원을 주었다. 돈으로 해결하지 못할 일이 없다는 오만이 빚은 풍경이었다. 이 사건은 〈베테랑〉이라는 영화로 발전해 1,300만 명이 넘는 관객을 모았다.

대한항공 조양호 회장의 딸이 저지른 범죄도 같은 유형이다. 그는 스튜어디스가 땅콩 제공 서비스를 잘못했다고 시비를 걸었다. 활주로를 굴러가던 비행기를 막무가내로 되돌려 세웠고, 사무장을 비행기에서 강제로 내리라고 지시했다.

아들이 폭행을 당했거나 시위대가 위법을 했다면 공권력에 처벌을 요청해야 한다. 종업원 서비스가 마땅치 않으면 부사장으로서 그를 징계하거나 사내 교육을 강화했어야 했다. 이들은 공권력이 맡아야 할 일을 마치 자신이 공권력의 주체인 것처럼 행사했다.

재벌 창업자 3세, 4세들은 경영상 작은 권한을 종업원 학대에 악용했다. 종근당 이장한 회장은 운전기사 4명을 학대한 혐의로 수사를 받았다. 현대그룹 정주영 회장의 손자 정일선 사장은 3년간 운전기사 61명을 갈아치우는 유별난 3세로 부각됐다. 정일선의 운전기사에게는 A4용지 140쪽 분량의 매뉴얼을 주었다고 한다. 거기에는 모닝콜을 하는 방법, 초인종을 누르는 방법이 쓰여 있었다. 주차장에서 정 사장을 기다릴 때는 '빌라 내 현관 옆 기둥 뒤'에서 서 있어야 한다는 위치까지 지정돼 있었다.

재벌 2~4세들은 사회가 얼마나 무서운 줄 모르고 자랐다. 돈과 권력을 쥐고 있다는 오만이 그들을 키워낸 자양분이었다. 회사나 사회생활 속에서 견제나 비판을 받은 경험이 없었다. 학교를 졸업하자마자 아버지 회사에서 고속 엘리베이터를 타고 단 몇 년 만에 총수나 2인자 자리에 오르기 때문이다. '나는 다른 사람과 다르다'는 특권 의식과 '무슨 일을 저질러도 회사가 나서서 해결할 것'이라는 생각이 뼛속 깊이 새겨졌다. 그 뒤에는 정치 자금의 대가로 언제든 공권력을 동원해 문제를 해결할 수 있다는 심리가 자리 잡고 있다.

부패 정치의 공범

경영권 분쟁이 끊이지 않은 것도 재벌 혐오증을 키우고 있다. 삼성은 CJ 그룹과 다툼을 절제하지 못했다. 소송을 통한 싸움부터 미행과 CCTV 감시를 통한 감정 대립까지 다양한 전쟁이 수십 년간 이어졌다.

현대, 금호, 한화, 롯데, 태광, 한라그룹이 모두 형제의 난을 치렀다. 경영권 분쟁은 재벌가의 상속 과정에서 꼭 거쳐가야만 하는 필수 코스처럼 되고 말았다. 재벌가의 경영권 분쟁은 주변 눈치를 보지 않고 노골적으로 비방하는 특성이 있다. 법정 다툼을 통해 승부를 내는 외국 재벌과 달리 장외에서 공개 비방전을 삼가지 않는다.

형과 동생이 진흙탕 싸움을 벌인 효성그룹이 대표 사례다. 25건이 넘는 법정 다툼이 이어진 것과는 별도로 경영권을 장악한 형 조현준 회장 측은 경영에서 배제된 동생 조현문을 무능한 불효자식으로 몰아갔다. 증권 시장 주변을 도는 지라시에서 쫓겨난 아들 부부는 무참히 난도질당했다. 효성 측이 인터넷 언론에 동생을 비방하는 글이 실리도록 언론 플레이를 했다는 말이 그룹 내부에서 흘러나왔다. 동생은 부자간, 형제간 인연을 끊겠다는 식으로 대응할 수밖에 없는 처지로 몰렸다.

LG와 GS그룹처럼 적정선에서 타협하고 점잖게 갈라서는 사례는 매우 드물다. 아버지 유산을 반드시 독차지하겠다는 후계자가 다른 형제를 철저히 배척한다. 두산그룹에서는 형제간 다툼에서 소외된 사람이 자살로 항의하는 최악의 선택을 했다.

재벌 일가는 그들만의 세상에서 살고 있다는 인상을 주고 있다. 국민의 눈총은 아예 신경 쓰지 않는다는 오만함이 재벌가 소동 때마다 속속 드러났다. 그들은 비정규직, 실업자, 인턴 같은 2등 국민의 숫자가 전 국민의 거의 절반까지 늘어났다는 사실을 체감하지 못한다. 보수 정권처럼 총수 일가도 세상이 달라졌다는 것을 받아들이지 않는다. 이 때문에 재벌은 민심에서 갈수록 멀어지고 있다.

1세대 보수 정권은 재벌을 육성해 그들에게 보수 권력 내부에서 윤활유 역할을 맡겼다. 재벌이 뿌리는 돈은 정치인, 관료, 수사기관에 단맛 나는 케이크였다. 정치, 관료, 재벌의 3각 편대는 재벌 돈을 매개로 더욱 단단해졌다.

IMF 위기는 이승만 이래 유지돼온 정치, 재벌, 관료 간의 3각 편대를 개편하라는 경고였다. 검은돈을 바치며 기업 성장을 권력에 의존하는 경영을 이제는 멈추라는 말이었다. 권력자가 재벌 돈을 빼내 정치에 사용해서는 안 되고, 정치와 권력 간 유착 관계를 끝내라는 신호였다. 하지만 2세대 보수 정권은 그러지를 못했다. 재벌과 정치, 관료 간의 유착을 깨지 않았다.

2차 세계대전 패전 후 일본인들은 재벌을 전쟁을 부추긴 전범戰犯

으로 보았다. 탐욕스런 재벌이 전쟁을 부추겨 돈을 벌어들인 범죄 집단이라는 시각이었다. '재벌=전범'이라는 불만은 경영에서 총수 일가를 모두 제거하는 것으로 표현됐다. 재벌 해체는 총수 일가의 퇴출 작업이었다.

우리 국민도 재벌 총수를 부패 정치의 공범으로 보고 있다. 재벌의 긍정적 역할을 알면서도 보수 정권의 부패 정치를 키운 당사자라는 시각이 강해지고 있다. 재벌은 정치권에 다가가면 언제든 터질 수 있는 폭발물이 됐다. '박근혜재단'과 최순실 지원 사건이 한국 재벌에 던진 교훈은 크다. 재벌과 정치가 잘못 결합하면 총수의 감옥행 티켓을 예약하는 짓이라는 것을 보여주었다. 재벌 돈이 권력자 돈이던 시대는 갔다. 재벌 돈은 정치에 지옥문을 열어주는 악마의 열쇠가 됐다.

보수 정치와 자본가의 유착

보수주의가 처음부터 자본가와 한편이었던 것은 아니다. 영국 보수당도 1830년 창당 직후에는 귀족과 지주 계층이 주축 멤버였다. 산업혁명이 전개되면서 공장주, 상인, 기업인이 큰 세력으로 등장하자 권력 장악을 위해 그들을 포용했다. 보수 정치가 신흥 부자, 즉 부르주아Bourgeois 세력과 결속한 것이다. 막 등장한 부르주아 세력은 프랑스 혁명 같은 과격한 개혁에 반대했다. 뒤집기 식 개혁으로 애써 쌓아올린 자기 재산과 지위를 잃을 것을 걱정했다. 그래서 보수주의는 쉽게 부르주아의 이념이 됐다.

영국 보수당이 지주 계층의 이익을 대변할 때는 농업을 비롯한 국내 산업을 보호하는 정책을 지지했다. 하지만 부르주아 계층과 손을 잡으면서 상공인들 이해를 반영해 개방주의로 돌아섰다. 자신들 이익이 국회 다수 의석을 통해 확보될 수 있다는 것을 체험했다. 기업인은 자연스럽게 보수 정치의 자금줄이 되기 시작했다. 보수주의가 자본가, 기업인의 이념이 된 이유는 이론적 합리성보다는 현실 정치에서 찾을 수 있다.

18세기 산업혁명 이후 유럽 국가들에서 크게 늘어난 노동자 계층은 사회당, 노동당 같은 진보 정치 세력과 결속했다. 평등, 공정이 그들의 행동 지침이었고, 똑같이 일하고 똑같이 나눠 갖는 공산 사회가 그들의 꿈이었다. 적지 않은 지식인들이 공산 혁명이 일어난 러시아를 마음의 고향으로 여기고 공산주의를 찬양하는 글을 써댔다.

이처럼 사회주의 혁명 열기가 뜨거워지자 기업인, 자본가들은 보수당과 더 가까워질 수밖에 없었다. 우리 재벌이 반공 노선을 추구해 온 보수 정권에 적극 협조하면서 급성장한 것도 같은 이유다.

보수 정치가 자본가 세력을 포용하면서 보수 정치의 부패는 원초적 이미지로 남았다. 미국 정치사에서 공화당 대선 후보가 뉴욕 월스트리트 금융 재벌과 밀실 합의로 결정됐다는 일화는 적지 않다. 일본 총리도 게이단렌이라는 경제 단체가 결정한다는 말이 나돌 정도로 기업인 세력의 입김이 거셌다. 그러나 선진국 보수 정치는 오래전에 불법 자금을 축소하고 떳떳한 후원금을 받는 방향으로 정치 자금 조달 방식을 개혁했다. 부패 이미지를 끊임없이 씻어내야 정치 생명이 연장되기 때문이다.

박근혜는 엉뚱하게 대통령 재단을 만들어 재벌 돈을 갹출해냈다. 아버지 시대까지 통했을 뿐 전두환·노태우 정권하에서 이미 파탄 났던 케케묵은 수법이다. 재벌들은 무엇을 바라고 몰래 돈을 갖다 바쳤던 것일까. 제발 아무런 대가를 기대하지 않았다는 거짓말은 하지 말아야 한다. 보수 정치는 대기업과 좋은 파트너가 될 수 있으나 공범이 되어선 안 된다.

탄핵 불씨를 던진 악동
: 관료

세월호 참사를 다시 한번 더듬어보자. 참사 첫날 해경은 일찌감치 무능하다 못해 한심한 조직이라는 심판이 내려졌다.

2014년 4월 16일, 세월호 참사가 발생한 날 세월호 탑승자 수는 477→459→462→475명으로 최소한 네 번 오락가락했다. 현장 구조를 책임져야 하는 해경은 훈련 미숙이 드러났다. 출동한 해경 경비정은 가라앉는 세월호 주변을 맴돌 뿐이었다. 해양수산부 공무원들은 승객 안전을 사전에 점검해야 하는 의무를 외면했다. 초기 대응부터 관료 조직의 실패가 분명했다.

대형 참사 발생 후 흥분한 여론이 가라앉기까지는 몇 단계 고비를 맞는다. 순조로운 진행 과정은 시간이 지나면 사람들 뇌리에서 잊히는 수순이다. 자연 소멸이다. 하지만 대형 사건의 경우 여론이 가라앉는 듯하다가 정부 실책이 이어지면 중간에 2차 폭발을 일으키며 사태가 복잡하게 꼬인다. 때로는 3차, 4차 폭발로 이어지며 걷잡을 수 없는 방향으로 튄다. 세월호 사건이 전형적으로 그런 양상을 보였다.

정부가 국민 분노를 다스릴 카드는 3가지가 있었다. 1차로 해운 회사 경영진과 담당 공무원을 처벌하는 것은 당연했다. 2차 단계로 해양수산부 장차관, 해경청장을 인사 조처할 수밖에 없었다. 3차로는 총리 교체, 청와대 위기관리 담당 실장과 수석비서관 교체 카드를 써야만 했다. 대통령으로서는 여론을 짚어가며 어떤 카드를 언제 내밀어야 할지 결정해야 한다.

언론계에서는 "YS(김영삼 대통령) 같으면 총리 목부터 잘랐을 것"이라는 농담이 나왔다. 정홍원 총리가 희생양이 되어야 한다는 의견이었다. 해양수산부 장관, 해경청장의 사표는 말할 필요가 없었다. 충격의 강도, 해경의 구조 실패, 관료 조직의 기득권 옹호 생리를 감안할 때 총리는 참사 당일 즉각 사표를 내야 했다. 내각 총사퇴 결의를 거쳤다면 모양새가 좋았을 것이다. 그러나 총리 사퇴 소식은 들리지 않았다. 박근혜의 청와대는 애초 1단계 처벌에서 덮으려 했다. 3단계 카드까지 한꺼번에 내던져야 할 것이라던 여론을 묵살하고 있었다. 청와대와 시중 여론의 격차는 초기 단계부터 확연했다. '세월호 사고는 고속도로상에서 벌어진 자동차 충돌 사고와 비슷한 교통사고'라는 것이 청와대의 인식이었다.

청와대와 친박 쪽에서 들리는 이야기는 사후 수습이 먼저라는 논리였다. 사고를 수습하고 있는 사람을 인사 조처부터 해버리면 누가 수습을 맡느냐는 말이었다. "사고가 크다고 총리나 장관을 바꾸면 총리, 장관 자리가 파리 목숨만 못한 거냐"고 반문했다. 어느 청와대

수석은 "대형 사고 났다고 장관 목부터 치는 정치야말로 구태 중 구태"라고 했다. 참사를 참사로 받아들이지 않는 거부 심리가 처음부터 작동했다. 현실 부정 심리는 언제나 사태를 악화시킨다.

공무원 실패가 청와대와 정권 실패로

세월호 참사는 역사상 가장 생동감 넘치게 생중계됐다. 청와대는 인터넷 시대의 여론이 얼마나 빠른 속도로 형성되는지 둔감했다.

신문 뉴스는 하루 단위, 방송 뉴스도 잘해야 시간 단위로 바뀐다. 인터넷에서는 초 단위로 뉴스가 떴다가 증발되는 속성을 보이고 있다. 이 때문에 인터넷 시대의 사후 대응은 정확한 대응도 중요하지만 될 수 있는 한 빨라야 한다. 가짜 뉴스에 재빨리 대응하지 않으면 순식간에 몹쓸 악당이 되고 마는 세상이 아닌가. 신문·방송이 지배하던 시대에 영화를 누렸던 보수 정권이 인터넷 시대에 적응하지 못하는 양상이었다.

관료 집단이 무능하고 부패했다는 사실은 휴대폰 생중계를 통해 분명하게, 그것도 사건 초기에 판가름났다. 범인이 수사 초기 단계에 지목된 꼴이었다. 모두가 범인을 하루빨리 처벌해주기를 원하고 있었다. 범인이 판가름 나버린 사건에서는 신속한 문책이 사태를 조기에 수습하는 길이었다.

그러나 청와대는 오판했다. 문책하지 않은 채 시간을 끌었다. 무능한 공무원 집단에 수습을 맡긴 꼴이었다. 국민은 화가 부글부글 치미는 듯했다. 제 할 일 못한 관료 세력을 감싸고 있다는 인상을 주고 있었다. 박근혜의 청와대는 시간이 갈수록 책임 소재를 스스로 청와대로 끌어가고 있었다. 공무원 집단의 실패를 청와대의 실패, 정권의 실패로 점점 키워갔다.

뒤늦은 대응이 불러온 의혹

대통령 사과는 문책보다 더 늦었다. 대통령이 사과한 것은 참사 13일 만이었다. 그는 국무회의 자리에서 "죄송스럽다"고 짧게 말했다. 장소를 잘못 골랐고 머리를 숙이는 각도가 어정쩡했다. 국무회의 석상에서 사과할 게 아니라 TV 생중계를 통해 전 국민을 상대로 고개를 숙였어야 했다. 사과할 때 회의 석상에서 메모를 읽을 게 아니라 즉석 발언 형식이었어야 옳았다. 설혹 말이 헛나가도 진심을 담아야 했다. 메모를 읽는 바람에 마지못해 사과한다는 인상을 주었다.

사과 아닌 첫 사과는 진짜 사과 요구를 불러왔다. 야당과 유가족이 사과를 제대로 하라고 나왔다. 사흘 뒤 대통령은 종교 지도자 회합에서 다시 사과했다. 이틀 후 진도 현장에서 또 사과했다. 20여 일지나 TV 카메라 앞에서 눈물로 여섯 번째 사과를 할 때는 민심은 체념하고 벌써 저만치 등을 돌리고 있었다.

"사과 한번 딱 부러지게 못 하나. 구제불능이야"라는 말이 터져나왔다. 원조 친박도 이때는 대통령을 변론하지 않았다. 정권 출범 15개월 만에 청와대가 세월호 뒤를 따라 침몰하고 있었다. 정권은 그날 이후 혼수상태에 빠졌다.

야당이 허술한 틈새를 놓칠 리 없다. 화살은 대통령을 직접 겨냥해 쏟아지기 시작했다. 야당은 국회에서 세월호 침몰 후 대통령이 중앙재난안전대책본부에 나타날 때까지 7시간 동안 무엇을 했는지 추궁했다. 7월 7일 박영선 의원이 국회에서 김기춘 비서실장에게 따진다.

박영선 : 이때 대통령께서는 어디에 계셨습니까?

김기춘 : 그것은 제가 정확하게 알지 못하고 국가 안보실에서 1보를 보고를 드린 것으로 알고 있습니다.

박 : 그러니까 대통령께서 어디에 계셨는데 서면 보고를 합니까?

김 : 대통령께 서면 보고하는 경우는 많이 있습니다. […]

박 : 그럼 대통령께서 집무실에 계셨습니까?

김 : 그 위치에 대해서는 제가 알지 못합니다.

박 : 비서실장님이 모르시면 누가 아십니까?

김 : 비서실장이 일일이 일거수일투족을 다 아는 것은 아닙니다.

이날 이후 대통령의 세월호 7시간 문제는 세월호 참사의 최대 의혹 중 하나로 등장했다. 304명이 희생된 사고였다. 대통령이 그 시각 무엇을 했는지는 국민적 관심사였다. 마침 최측근은 대통령이 어디서 무엇을 하고 있는 줄 몰랐다고 실토했다. 야당과 유가족에게 최상의 공격 빌미를 선물한 꼴이었다.

'비서실장조차 모를 정도의 대통령 일정이란 무엇일까'가 최고의 화젯거리가 됐다. 일본 《산케이신문》이 보도한 정윤회 밀회설도 거기서 확산됐다. 성형 수술설, 보톡스 주사설은 그때부터 만연했다.

청와대는 해명하지 않고 한 달 이상 버텼다. 루머, 괴담이 저절로 사라질 것이라고 낙관하는 듯했다. 8월 중순에야 청와대는 친박 조원진 의원을 통해 참사 당일 21번 서면과 유선 보고를 받았다고 언론에 흘렸다. 야당이 공식 문제를 제기하고 언론이 보도할 정도로 의혹이 커졌다면 비서실장이 공개 해명을 했어야 했다. 야릇한 루머를 막으려면 정면 대처했어야 했으나 청와대는 박스 안에 갇혔다. 각종 루머가 대통령 목줄을 조이고 있었지만 너무 늦은 대응을 감추느라 입을 다물었다. 위기 대응의 총지휘탑이 청와대라는 것을 발뺌하려는 분위기가 역력했다.

언론에서는 세월호 7시간 의혹에 관해 어느 정도 짐작하고 있었다. 대통령은 회의나 공식 행사 일정이 없으면 집무실로 출근하지 않고 있었다. 일정이 없는 날에는 숙소인 관저에 머물며 문서나 전화로 보고를 받고 전화로 지시를 내렸다. 요가나 운동을 하거나 미용 관련 시술을 받는다는 것을 알고 있었다. 그래서 청와대 수석들은 "대통령이 있는 곳이 바로 집무실"이라고 했다. 행사가 없는 시간에는 재택근무하며 몸을 가꾸는 것을 그렇게 설명했다.

박 대통령 취임 초 한 청와대 비서관이 푸념했다. "대통령이 요가하시느라 방에서 통 나오지를 않습니다. 우리는 안채에 서류만 집어넣어요." 직접 대면 보고를 받지 않는다는 이야기였다. 청와대가 7시간 의혹에 입을 다물었던 이유는 비서진 대부분이 문서 보고에 익숙해져 있었기 때문이다. 문고리 권력을 통해 전갈이 내려오지 않으면 비서실장이나 수석이 먼저 움직이지 않았다. 신호가 오지 않으면 반응하지 말아야 하는 습관에 길들어져 있었다. 그래서 아무도 안채에 쫓아 들어가 "대통령님, 큰일 났습니다"라고 경고하지 못했다.

관료 책임과 청와대 책임

태풍, 지진, 대형 사고 등 재난에 대응하는 현장 업무는 공무원이 맡는다. 대통령이 선박 안전을 직접 점검할 수 없고 선출직 공무원이 진도 앞바다 맹골수도에서 구조 작업을 벌일 수는 없다. 재난 대응은 공무원의 기본 업무이므로 직업 공무원은 매년 재난 대비 훈련을 한다. 선거로 공무원이 된 정무직들은 재난 대비 훈련이 되어 있을 턱이 없다. 구조 실패의 책임, 여객선 안전 점검 부실의 책임을 대통령이나 정치인 출신 장관에게 돌려서는 안 되는 이유가 여기에 있다.

대통령이나 청와대 수석, 장관은 정책 결정에 책임을 져야 한다. 뒤처리에 대한 정치적 책임을 져야 한다는 이야기다. 진심 어린 사과, 관련자 문책, 보완 대책 마련을 통해 자신에게 돌아오는 정치적 부담을 줄여야 한다. 그것이 정무직의 임무다. 정치의 영역과 행정의 영역은 그렇게 구별된다.

박근혜의 청와대는 해양수산부, 해경 공무원을 문책하지 않았다. 문책을 최소화하는 것이 자신의 책임을 줄이는 길이라고 잘못 판단했다. 총리, 장관, 해경청장을 바꾸면 장관을 임명한 대통령에게 책임이 돌아온다고 봤다. 공무원에게 책임을 물어야 할 일을 책임이 자기에게 돌아올까 봐 지레 감싸고돌았다. 공무원 문책을 주저하는 사이 정권 지지율은 급속 추락 커브를 그렸다.

여론이 악화되자 대통령은 돌연 해경 해체, 관피아 척결을 약속했고 국가 개조론까지 들고나왔다. 전문가 의견 수렴이나 공식 채널의 건의도 없이 즉흥적이고 졸속적으로 결정됐다. 밀린 숙제를 단칼에 해치우겠다는 의욕만 앞선 약속이었다.

"청와대가 민심을 거꾸로 읽는 데 탁월한 재주가 있다." 그 무렵 어느 비공식 조찬 모임에서 나온 말이다. "민심에 맞추지 못하는 정도가 아니다. 민심에 역주행하는 능력이 뛰어난 정권이다. 이대로 가면 지금 주저앉은 곳에서 일어서기 힘들 것이다." 토론 분위기가 비관론으로 완전히 기우는 것을 들었다.

청와대가 은폐한 관료 실패

박정희·전두환 독재 시절에는 공무원이 국가 재난과 대형 사고가 발생하면 신속히 달려가 피해자를 돌보았다. 공무원이 온 힘을 다해 피해자 가족을 달랬다. 그러나 세월호 참사에서 자발적인 충성심은 터지지 않았다. 공무원들은 청와대만 쳐다보았고 책임을 청와대로 미뤘다.

관료 집단은 뒤로 빠지고 청와대가 정면에서 화살을 받아야 했다. 청와대는 문책, 사과, 해명을 미룬 채 발뺌으로 일관했다. 그러면서 청와대를 향한 화살에 정치적인 반격을 가했다. 청와대는 야당 공세를 맞받아치고 유가족의 무리한 요구를 탓했다. 참사 수습보다 정치적 응전에 더 열심이었다.

방어 전술이 필요한 위기에서 총공세는 큰 실수를 빚기 마련이다. 참사를 해상 교통사고로 격하시키려 한 것은 대표 실수였다. 교통사고 가운데 희생자가 좀 많은 사건으로 축소하고 싶어 하는 발언이 청와대 주변에서 잦아졌다. "교통사고를 왜 자꾸 정치판에서 키우는지 모르겠다"고 불평했다.

청와대는 세월호특별조사위원회 활동을 견제했다. 청와대 상황실 공무원들이 잘못 대처한 것이 공개되면 안 된다고 생각했는지 검찰 수사를 축소하려고 했다. 청와대가 뭔가 덮으려 한다는 인상을 풍겼다. 그럴수록 의혹은 대통령의 7시간 의혹으로 쏠렸다. 관료 집단의 대응 실패에 청와대 은폐 시도까지 겹쳐 대통령에게 직격탄이 됐다.

공무원 실책이 대통령을 타격하는 일은 메르스 사태에서 반복됐다. 세월호 참사 이듬해 5월 발생한 메르스 전염병 창궐 사태는 그해 12월 23일 종결 때까지 38명이 사망한 재앙이었다. 공식 감염 환자는 186명에 그쳤지만 선진국 진입을 앞둔 나라의 전염병 소동치고는 희생자가 많았다. 전국 2,700개 학교가 휴교하고 1만 2,000여 명이 격리 조치됐다. 전 국민이 아침저녁으로 손을 소독하고 외출할 때는 마스크를 착용해야 했다. 유례없는 전염병 창궐 사태는 국제적으로 창피한 일이었다.

메르스 사태를 세계적 뉴스로 발전시킨 1등 공로자는 공무원이었다. 그들은 가장 기초적인 방역조차 제대로 하지 못했다. 복지부 질병관리본부는 세월호의 해경과 조금도 다르지 않았다. 평택성모병원에서 첫 환자가 신고됐을 때 다른 환자들과 격리하지 않았다. 삼성서울병원에서 환자가 대량 발생했을 때도 규정에 따른 방역·격리 조치를 하지 않았다.

초기 단계에서 언론은 메르스 환자가 입원한 병원을 공개하라고 요구했지만 명단을 공개하면 혼란이 커진다는 이유로 거절했다. 삼성서울병원을 보호하려는 정보 차단이었다. 관료들이 삼성서울병원을 감싸는 동안 메르스균은 전국에 뿌려졌다. 메르스 환자가 입원한 병원을 공개하면 해당 병원은 손실을 입지만 메르스 환자는 제한된 몇몇 병원 안에서 갇힐 수 있었다. 병원 명단을 공개하지 않는 바람에 국민은 전국 모든 병원에 메르스 환자가 입원해 있는 것으로 추정할 수밖에 없었다. 몇 개 병원의 손실로 끝날 일이 온 나라를 비상에 빠뜨리는 결과를 빚었다.

청와대 대응 실패도 세월호 때와 똑같이 반복됐다. 대통령부터 메르스 사태의 심각성을 파악하지 못했다. 그는 청와대 수석비서관 회의에서 "보건 역량을 총동원하라"고 지시하는 선에서 어정쩡한 반응을 보였다. 사망자가 2명 발생한 날에는 예정된 스케줄에 따라 여수 창조경제센터 개소식에 참석했다. 별일 없는 듯 일정대로 움직인 것이다. 여수 창조경제센터에서 웃으며 만족하는 표정의 대통령 사진이 공개됐다. 질병관리본부에는 가지 않았다. "전염병으로 2명이 죽었는데 대통령이 웃다니." 이런 불평이 신문사에 쏟아졌다. 관료는 무능했고 대통령은 무감각했다. 아무도 "오늘 여수에 가면 안 됩니다. 당장 질병관리본부로 가야 합니다"라고 말하지 않았다.

"국민이 죽어가는데 대통령은 어디 갔나"라는 말이 터져나왔고 "한가하게 창조경제센터 개소식 파티나 하고 있을 때냐"는 비난이 쏟아졌다. 그날 이후 사망자는 급증했다. 대통령은 당초 예정된 미국 방문을 연기해야 했다.

정권이 유능했으면 무능한 관료 집단을 잘 추슬러 세월호 참사나 메르스 사태를 극복할 수 있었다. 정권이 무능하더라도 관료 집단이 유능했다면 위기를 잘 넘길 수 있었을 것이다. 불행하게도 박근혜 시대에는 청와대나 관료 집단이 모두 무능했다. 그런 소동을 겪고서도 박근혜의 공무원 사랑은 지나쳤다. 메르스 이후에는 무더기로 징계해야 할 질병관리본부에 조직 확대라는 선물을 안겨주었다. 몇 달 동안 조마조마했던 국민의 마음에 상처를 안기는 보상이었다.

관료 집단이 국가 경영에 지뢰밭이 될 수 있다는 사실은 IMF 외환 위기 때 확인됐다. 가장 우수한 공무원이 모여 있다는 재정경제원 엘리트들이 외환 위기가 오는 줄 몰랐다. 경제 관료들은 IMF에 구제 금융을 신청하는 날까지 "우리 경제의 펀더멘털₍기초₎은 건강하다"는 말로 위기 사태를 감췄다. 외환 보유고가 바닥났다는 외신이 들어와도 IMF에 구제 금융을 신청하는 일은 없을 것이라고 큰소리쳤다.

IMF 위기 때 관료 집단의 권위는 완전히 무너졌다. 이승만·박정희가 키워낸 공무원 집단이 국민을 속였다. 2세대 보수 정권은 당연히 공무원 조직부터 손봐야 했다. 공무원 조직을 축소하고 관료 집단의 권한을 줄여야 했다. 공무원 평가 제도를 바꿔 공무원들이 긴장하며 일하게 만들어야 했다.

관료 집단의 배신

"공무원이 완전히 변했다. 경제 여건 변화에 맞춰 정책을 바꾸자고 하면 1분 안에 정책을 바꾸지 말아야 할 이유를 10가지 생각해낸다. 바꿔야 하는 이유는 마지못해 한두 개 정도 말한다."

관료 출신인 어느 경제부총리가 내뱉은 불평이다. 관료 사회가 과거와는 판이하게 달라졌다고 했다. 변화로 얻을 긍정적인 성과보다는 변화를 거부할 현실적 이유를 대는 데 뛰어난 능력을 보인다는 말이다. 1970~1980년대에 고도성장을 지속할 때 우리나라 경제 관료 집단은 가장 앞에서 뛰어가는 행동 부대였다. 성공을 확신하며 '안 되는 일도 되게 하라'는 신조를 따랐다. 긍정 마인드로 무장한 돌격대였다. 그러나 5년마다 대통령이 바뀌고 진보 정권과 보수 정권이 몇 차례 교차 집권하면서 관료 집단의 처신은 변했다. 보신주의가 체질로 굳어졌다. "이대로 가자"는 현상 유지가 공무원 행동 강령 1호가 됐다. 보수 진영에게는 문재인 정권 출범 이후 위로받을 만한 사태가 나타났다. 살충제 계란 소동과 오염 생리대 파동이다. 농림수산부와 식약처라는 부서만 다를 뿐, 세월호나 메르스 사태와 똑같은 과정을 밟아 국민을 공포 속에 몰아넣었다.

유럽에서 처음 살충제 계란이 나왔을 때는 공무원들은 "한국은 안전하다"고 큰소리쳤다. IMF 위기 때 경제 관료들의 무책임한 대답과 똑같다. 퇴직 공무원들이 건성으로 가짜 친환경 인증서를 발급해 준 사실도 드러났다. 관료 집단의 실패가 20년간 반복되고 있었다. 관료 집단이 정권에 비수를 꽂는 사고는 박근혜 시대에서 끝나지 않을 것을 시사하고 있다.

"공무원은 기업인보다 기업을 모른다. 공무원은 은행원보다 금융을 모른다. 공무원은 벤처 기업가보다 벤처를 모른다."

국부國富를 창출하는 사람은 은행원이고 기업인이지 결코 공무원이 아니라는 말이다. 영국의 첫 여성 총리 마거릿 대처는 1979년 집권하자 경제 운용을 공무원이 아니라 기업가, 금융인에게 맡겼다. 공무원에게는 시장에서 공정한 경쟁, 질서 있는 결투가 이뤄지는지 관찰하도록 했다. 문제가 발생하면 그때 가서야 개입하라고 했다. 정부 만능, 공무원 만능, 권력 만능에 의존하지 않았다.

대처는 파업을 일삼는 강성 노조를 격파해 영국 경제를 살렸고, 집권 기간 동안 강력한 미영美英 동맹을 결성해 소련 붕괴를 촉발시킨 '철의 여인Iron Lady'이었다. '정부 간섭은 적을수록 좋다'는 신자유주의 철학으로 무장한 마거릿 대처 총리는 '작은 정부'를 실현하기 위해 공무원 숫자부터 줄였다. 1979년 73만 5,000명이던 영국 공무원 숫자는 대처가 총리직에서 물러나기 직전인 1990년 56만 7,000명으로 감축됐다. 10여 년 사이 17만 명 가까이 줄어들었다. 이어 캐머런 보수당 정권도 공무원을 10만 명 감원했다.

영국 보수당이 공무원을 줄이는 명목상 첫째 이유는 예산 절감이다. 그보다 더 중요한 이유는 공무원을 줄이고 각 부처 조직을 축소해야 규제가 철폐된다고 믿었기 때문이다. 조직이 있고, 담당 공무원이 있고, 예산이 있는 한 규제는 사라지지 않는다. 조직을 없애고 공무원을 내보내고 예산을 삭감해야 규제가 없어진다. 공무원 개혁, 정부 조직 축소로 대처나 캐머런 총리는 모두 경제를 살려냈다. 진짜 보수주의자는 정부 간섭을 싫어한다. 정부보다 시장을 더 신뢰하고, 공무원보다 국민과 기업이 더 현명하다고 믿는다.

일본 자민당 정권도 2000년대 들어 정부의 23개 부처를 13개로 통폐합했다. 작은 정부가 개인의 창의성을 자극하고 민간 기업이 더 활기차게 뛰어놀 수 있는 여유를 제공한다는 신념에 따른 조치다. 한국의 역대 보수 정당은 정반대로 갔다. 시장 위에 정부가 있다고 확신했다. 자유 경쟁 시장보다는 공권력을 신뢰했다. 엘리트 공무원이 글로벌 시장을 누비는 기업인보다 훨씬 현명하다고 믿었다. 어려운 고시에 합격한 우수한 엘리트가 지배하는 한 그 권력을 견제하거나 제한할 필요가 없다고 자신했다.

1세대 보수 정권에 이어 2세대 보수 정권도 공무원 숫자를 늘리고 관청 조직을 확대했다. 대처 총리를 닮고 싶어 했던 여성 대통령의 공무원 사랑은 훨씬 더 심했다. 그는 첫 내각을 구성할 때 17명의 장관 후보 중 8명을 관료 출신으로 지명했다. 공무원 숫자를 2만 명 늘리겠다고 발표했다. 2세대 보수 대통령을 거치는 사이 공무원 숫자는 2006년 91만 명에서 2015년 109만 명으로 무려 18만 명 증가했다.

공무원은 '특급 국민'

보수주의 신념으로 무장한 지도자였다면 그러지 않았을 것이다. 정부 조직을 축소하고 공무원을 감원하며 공무원 조직 내부에 긴장감을 잔뜩 불어넣었을 것이다. '한 번 공무원 되면 죽는 날까지 철밥통을 끼고 살아간다'는 공무원 신분 보장 제도를 폐기했을 것이다.

우리 공무원의 신분 보장은 세계에서 가장 강하다. 사고를 치지 않는 한 60세 정년까지 해고될 위험이 없다. 종일 근무가 보장되는 풀타임full time 근로자 대우를 받는다. 그래서 공무원은 '철밥통'이라는 비판이 나온다.

퇴직 후에는 일반 직장인들의 국민연금보다 평균 2~3배에 달하는 공무원연금을 죽는 날까지 받는 특혜가 제공된다. 자동차, 가전제품을 살 때는 세금 할인 혜택을 받는다. 사망하면 공무원연금공단이 제공하는 값싸고 정중한 장례 서비스를 받는다. 그래서 우리나라 대학생들의 꿈은 '9급 공무원 시험에 합격해 편안하게 사는 것'이다.

공무원 시험에 한 번 합격해 평생 순탄한 인생이 보장되는 나라는 거의 없다. 한국은 공무원 시험에 합격하면 '특급 국민' 신분증을 발급해주는 유일한 나라다. 너도나도 공무원이 되려고 한 결과 9급 공무원 시험의 경쟁률은 보통 100 대 1에 달한다. 대학생 절반이 '공시족'이라는 분석도 있다.

과잉 신분 보장의 온실 안에서 공무원이 열심히 일할 턱이 없다. 아등바등 일하지 않아도 징계받을 큰 실수나 실패를 저지르지 않으면 편안한 오늘과 따뜻한 미래가 확보된다. 승진이 늦어도 인내하면 언젠가 간부 자리가 나올뿐더러 쫓겨날 위험은 제로다. 혹시 공무원 자리에서 밀려난다 해도 걱정할 게 없다. 산하기관이나 유관협회에 낙하산을 타고 내려가 4~10년은 거뜬히 더 근무할 수 있다. 산하기관 월급은 공무원보다 더 많다. 공무원 집단이 무능하고 게을러질 수밖에 없는 이유다.

박근혜는 아버지 시대의 공무원이 어떻게 변했는지 몰랐다. 20년 사이 정권 교체가 네 번 반복되면서 기강이 얼마나 흐트러져 있는 줄 몰랐다. 업무를 외부 단체나 협회에 위탁해버린 뒤 공무원은 자기 업무 파악에 소홀한 현실을 알지 못했다. 대형 사고가 터지면 서로 책임을 미루는 발뺌하기에 뛰어난 능력을 보여주는 달인인 줄 몰랐다. 그러다가 세월호 구조 실패, 전염병 메르스 확산을 막지 못했다. 공무원을 너무 믿었던 것이 화근이었다. 나중에는 정치적 책임까지 몽땅 뒤집어써야 했다.

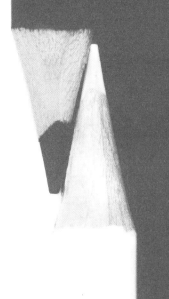

3장

왜, 어떻게 무너졌는가
: 가짜 보수의 10대 실패

'1등 국민'과 '2등 국민'으로 양극화를 부추기다

부자가 '놀부'라는 형과 '흥부'라는 동생을 쌍둥이로 길렀다. 두 아들에게 100억 원씩 똑같이 상속해주었다. 10년 후에 보니 놀부는 재산을 500억 원으로 불렸고, 흥부는 재산을 탕진해버렸다. 출발선에 나란히 서 있던 두 아들은 10년 후 전혀 다른 삶을 살게 됐다.

흥부는 불평했다. "부모가 형을 편애했다. 특목고에 진학시키고 일류 대학에서 가르쳤다." 교육 기회가 불평등해 자산 관리 테크닉은 배우지 못했다는 불평이다. 놀부는 "너는 공부도 하지 않고 매일 디스코 클럽에만 다녔지 않느냐"고 타일렀다. 학업에 게을렀으면서 왜 불평하느냐는 것이다.

흥부는 물러서지 않았다. "형은 좋은 학교를 나온 덕분에 일류 직장에서 연봉을 많이 받고, 유익한 투자 정보를 제공해주는 인맥도 넓지 않느냐." 소득 격차와 기회 불평등을 지적했다. 놀부는 반박했다. "너도 노력하면 얼마든지 고액 연봉자가 될 수 있었지만 빈둥빈둥 놀지 않았느냐. 놀기 좋아하는 사람과 어울려 세월을 보냈으면서 재산이 늘기를 기대하느냐."

홍부는 "형은 IQ가 높게 태어났다"거나 "조상에게 물려받은 유산이 따로 있다"고 불평했다. 놀부는 "지능 지수가 다른 것은 어쩔 수 없는 것"이라며 "불평은 시기심이라는 인간의 나쁜 심성이 발동한 증상"이라고 타일렀다.

불평등을 보는 놀부와 홍부의 시각은, 보수와 진보가 불평등을 바라보는 시각과 크게 다르지 않을 것이다. 진보는 결승선의 평등을 강조하지만 보수는 출발선의 평등을 앞세운다. 진보가 결과의 평등을 말하면 보수는 기회의 평등이 제공되면 그만이라고 본다. 진보는 교육 기회의 평등을 주장하는 반면 보수는 본인의 학습 의욕을 강조한다. 보수는 각자의 노력과 성취가 자기 운명을 결정한다고 믿지만, 진보는 개인이 아무리 노력해도 안 되는 불평등은 국가가 고쳐야 한다고 믿는다.

불평등 탄생설과 백지 탄생설

보수주의는 인간은 애초 불평등하게 태어난다고 믿는다. 높은 학습 능력을 갖고 태어난 아이가 있는가 하면, 통솔력을 갖고 태어난 사람이 있다. 절대 음감을 갖춘 천재 음악가의 바로 옆집에는 음치가 여럿 살고 있다. 인간 사회의 불평등은 태어날 때부터 피할 수 없다. 보수주의자는 '불평등 탄생설'을 모태 신앙처럼 믿는다.

사회, 국가라는 공동체 안에서는 능력이 있는 사람은 반드시 부각된다. 강요하지 않아도 똑똑한 리더가 저절로 노출되는 현상을 목격한다. 리더가 결정권, 지휘권을 행사하다 보면 위계질서가 생길 수밖에 없다. 탄생 때의 불평등한 재능은 자연스럽게 계급을 만들어낸다. 이것이 전형적인 보수주의자의 속마음이다.

불평등 탄생설은 엘리트 계층의 지배를 합리화하고 재산 상속을 당연시 여긴다. 현실에서는 특목고, 자사고를 늘리는 수재 교육을 장려하고 총수 자리를 2세, 3세에게 세습하는 것으로 나타난다. 소득, 재산, 지위, 교육에서 불평등은 인간 사회에서 지극히 자연스러운 현상이라는 시각이다.

진보주의는 인간은 백지상태에서 태어났다고 본다. 갓난아기는 원래 욕심이 없고 평화로운 마음을 갖고 있다는 성선설을 더 믿는다. 말하자면 '백지 탄생설'이다. 탐욕이나 근심, 공포, 폭력은 탄생 후 경험과 교육을 통해 형성된다는 것이다. 이 때문에 반복 교육과 호된 훈련을 통해 얼마든지 인간을 개조할 수 있다고 믿는다. 서양 심리학이 오랜 세월 연구한 빈 서판Blank Slate 이론에 가깝다.

마르크스는 "공산주의 사회를 쟁취하기 위해서는 대중을 공산주의 인간형으로 개조하는 작업이 필요하다"고 했다. 1970년대 중후반 캄보디아에서 대량학살극을 벌였던 좌파 정권 크메르 루주Khmer Rouges, '붉은 크메르'라는 뜻는 "갓난아기만이 순결하다"고 했다. 모두 백지 탄생설 신념에서 나온 말이었다.

인간이 백지상태로 태어났다는 설을 믿으면 성장 과정에서 양육 방식과 교육 환경을 중시할 수밖에 없다. '진보 아우'처럼 같은 수준의 학교에서 공평한 교육 기회를 가져야 한다고 주장하게 된다. 진보 진영이 특목고·자사고 폐지를 추진하고 평준화 교육을 앞세우는 이유는 이 때문이다.

진보 세력은 부자가 재산을 대물림하지 못하게 상속세를 올리고 총수직 세습에 반대한다. 유산이 차이가 나면 백지상태에서 출발한 인간들끼리 공정한 경쟁을 할 수 없다. 같은 출발선에서 시작해도 누구는 고속도로를 달리고 다른 사람은 비포장도로를 달리게 된다. 정부는 불공정한 경기를 허용하지 말고 상속세를 대폭 징수해 같은 재산에서 달리기 시작하도록 해야 한다. 이것이 어느 나라에서든 흔히 마주치는 진보 진영 논리다.

이와는 달리 보수는 유전자DNA를 더 신뢰한다. 탄생 후 양육 방식이나 성장 환경보다는 부모로부터 물려받은 본성과 지적 능력을 더 중시한다. 어느 심리학자가 일란성 쌍둥이를 연구했다. 태어나자마자 헤어진 쌍둥이가 성인이 됐을 때 두 사람 정치 성향을 분석했다. 정치 성향은 62%가량 일치했다. 그는 100%는 아니지만 보수 성향이나 진보 성향까지 DNA를 통해 물려받는다고 했다. 이런 논리가 전형적인 보수주의적 사고다.

'갑질권'까지 상속받는다?

불평등 탄생설과 백지 탄생설 가운데 어느 쪽을 믿든 현실에서 "너는 태어날 때부터 바보였다"는 평가를 반길 사람은 없다. "너는 머리가 나쁘니 일반고나 다녀라"고 할 수도 없다. 대학을 졸업한 사람이 "넌 노예 후손으로 태어났으니 식당 종업원이나 하라"는 충고를 받아들일 리 없다. 현대 사회에서 모태 불평등설을 결코 입 밖으로 내서는 안 되는 논리다.

그러나 우리 보수 진영은 오만에 빠진 나머지 큰소리쳤다. 불평등한 유산 상속과 총수 자리 세습을 당연한 권리처럼 여겼고, 우열반 편성을 IQ 높은 학생의 권리인 듯 주장했다. 최순실의 딸은 "부모 잘 만나는 것도 능력"이라고 했다. 재벌 3세, 4세들은 총수 아들딸로 태어난 것이 하늘에서 갑질할 권한을 받은 것처럼 행동했다. '갑질권'까지 상속된다고 믿는 사고방식이다. 불평등 탄생론을 가진 자의 권리인 듯 주장하면 사회적 저항에 직면한다는 것을 잊었다. 보수 진영은 양극화가 심각해진 현실을 무시했다.

1세대 보수 정권 시절에는 모두가 엇비슷하게 살았다. 닮은꼴 인생이었다. 대부분 농촌에서 태어나 어려운 경제 환경에서 유년 시절을 보냈다. 고등학교나 대학 교육을 마치면 대부분 취직을 했고, 이후 결혼에 이어 가정을 꾸리며 같은 인생 사다리를 타고 올라갔다. 회사에서는 앞서거니 뒷서거니 하면서 승진을 했다. 1960년대 초반부터 1990년대 초반까지 우리나라 직장 풍경이 이랬다.

그러나 1997년 IMF 외환 위기 이후 상황은 급변했다. 정규직은 줄어들고 비정규직, 아르바이트, 인턴 근로자가 해마다 늘어났다. 이러한 가운데 노노차별勞勞差別이 일반화됐다. 노조 활동이 정규직 노조 중심으로 전개되는 바람에 정규직의 복지 혜택은 점점 두터워졌다. '특별 국민' 대우를 받는 공무원의 직장 안정성은 갈수록 단단해졌다. 비정규직은 4대 사회보험의 혜택도 받지 못하고, 임금도 쥐꼬

리만큼 인상됐다. 힘센 정규직 노조가 비정규직을 모른 체하고 임금 인상의 혜택을 독식해간 때문이다. 정규직 노조가 비정규직을 동료로 전혀 인정하지 않은 것은 '근로자 연대' 원칙과도 배치되는 것이었다. 20여 년 시간이 흐르면서 정규직은 '1등 국민'이 됐고 비정규직은 '2등 국민'으로 불평등한 대우를 감수해야 했다.

김대중·노무현 정권은 진보 정권답게 불평등과 사회 양극화 문제를 적극 해결해야 했다. 정규직에게 돌아가는 혜택을 비정규직에게 배분되도록 했어야 했다. 공무원 특혜를 줄이며 하층민을 달래야 했다. 아쉽게도 진보 정권은 몇 가지 기초 복지 정책을 도입하는 선에서 넘어갔다. 문제의 심각성을 파악하지 못했고 어떤 대책이 먹혀들지 몰랐다.

양극화 해소 대책은 2세대 보수 정권에 넘겨졌다. 정권을 잡았으면 보수 정권의 장기인 성장 정책을 통해 양극화 현상을 완화시켰어야 했다. 이명박은 대선 유세 때 매년 7% 성장을 달성해 세계 4대 경제 강대국을 달성하겠다고 약속했으나 구체적인 정책이 없었다. 대운하 사업에서 후퇴한 4대강 토목 공사가 정권의 상징 프로젝트였다. 해외 자원을 개발한다고 법석을 떨었다. 하지만 토목 공사로 성장률을 올리는 정책은 박정희 시대 효험을 보고 약효가 바닥났다. 결국 해외 자원 개발은 아무 성과가 없었다. 7% 성장은 가능하지 않은 계획을 홍보한 허풍에 불과했다.

1세대 보수 정권은 그동안 피자 사이즈를 키워 이익을 배분하는 방식으로 국민 통합에 성공했다. 성장을 통해 얻은 이익을 배분하던 공식은 IMF 위기를 계기로 깨졌다. 오른손에 성장으로 벌어들인 돈을 쥐고 왼손으로는 골고루 나눠주던 시대는 막을 내렸다. 이익금은 공무원과 정규직에게만 배분되고 비정규직에게는 배당금이 줄어들었다. 저성장으로 얻어진 배당금을 정규직이 차지하고 배출가스는 비정규직에게 돌아갔다.

저성장으로 피자 사이즈가 확대되지 않으면 해결책은 하나뿐이다. 더 많은 혜택을 누리는 정규직 몫을 비정규직에게 일부 떼주는 방법밖에 없다. 그런데 적정한 배분 원칙을 정하는 데 진보 정권은 무능했고, 2세대 보수 정권은 이 사태를 방관하고 불평등한 배분을 꼭 지켜야 할 경제 원칙으로 삼았다.

기업들이 글로벌 경쟁 시대에서 살아남기 위해 비정규직 채용을 늘리는 것은 불가피하다. 그렇다고 최소한의 생활비를 못 버는 수준에서 헤매고 있는 비정규직을 그대로 방치할 수는 없는 일이다. 일본은 비정규직이 우리나라만큼 많은 나라다. 아베 정권은 재계에 앞으로 '동일 노동, 동일 임금'의 원칙을 적용하라는 의견을 제시, 비정규직 문제를 해결하는 데 착수했다. 우리나라도 보수 정권이든, 진보 정권이든 앞으로 비정규직 차별 해소에 적극 나서야 한다. 정규직 노조도 자기들만 잘 먹고 잘 살려 하지 말고, 적정선에서 이익을 서로 나눠야 할 것이다.

다시 촛불이 일어나지 않으려면

19세기 후반 빅토리아 여왕 시대 영국 보수당을 중흥시킨 디즈레일리 총리는 "오두막이 편안해야 궁정이 안전하다"는 유명한 말을 남겼다. 하류 계층이 안정된 생활을 해야 상류층이 발을 뻗고 편히 잘 수 있다는 뜻이다. 상위 계층이 이익을 배분하는 책무를 다하지 않으면 언제든 왕궁과 고급 저택이 불길에 휩싸일 수 있다는 경고였다.

그는 복지 정책을 그다지 확대하지 않았다. 정부가 세금을 더 거둬 복지 혜택을 늘리기보다는 가진 계층이 자선 활동을 더 하라며 노블레스 오블리주Noblesse oblige를 강조했다. 사회 통합을 위해 이익을 나눠주거나 자선 활동을 통해 희생하는 모습을 보이라고 상류층에 요구했다. 그는 부르주아 계층을 긴장시키는 법안도 잇달아 만들었다. 노동자 계층의 피켓 시위를 허용하고 근로자 권리를 강화했다.

디즈레일리의 경고를 오늘의 한국어로 의역하면 "비정규직이 편안해야 청와대와 강남 고급 빌라가 촛불 공격을 받지 않을 것"이다. 이명박 정권은 디즈레일리와는 반대의 길을 갔다. 말로는 친기업을 강조하며 법인세를 인하했다. 비정규직이나 실업자를 줄이는 실효성 있는 대책은 내놓지 않았다. 토건업자들을 위해 무려 22조 원의 예산을 쏟아부어 강바닥을 파헤치는 4대강 개발 사업을 벌였다.

가장 치명적인 정책은 고환율 정책이었다. 고환율 정책은 수출 대기업에게는 큰 축복인 반면 내수 기업에게는 치명적이다. 고환율은 원화 가치를 하락시키는 정책이어서 원화로 월급을 받는 국민 모두를 가난하게 만든다.

이명박 정권 초기에 원·달러 환율은 15% 이상 급등했다. 이명박의 고환율 고집은 삼성전자, 현대자동차의 이익을 대폭 늘려주는 결과를 빚었다. 재벌 산하 수출 대기업들만 풍요로운 혜택을 누린 셈이다. 환율을 지나치게 올리면 화폐 인플레이션으로 인해 서민 생활은 더 궁핍해진다는 사실을 깡그리 무시했다.

이명박 정부는 4대강 개발 사업 등 경제 정책을 내놓을 때마다 몇만 개 일자리가 만들어질 것이라고 홍보했으나 청년 실업자는 오히려 증가했다. 계획대로 직장을 만들었다면 외국 인력을 대량 수입해야 할 판이었다.

"일자리는 순식간에 수만 개 만들어졌다가 청와대 회의가 끝나는 순간 1초가 되기 전에 증발한다"는 농담이 나왔다. 이명박 정권하에서는 불평등, 양극화가 더 심각해질 수밖에 없었다.

빈곤의 자기 책임론

보수는 빈곤 문제를 자기 책임이라고 본다. 자기 책임론이란 '자기만 열심히 일하면 먹고살 수 있다'거나 '일할 곳은 많은데 배가 불러 취직을 안 한다'는 식으로 접근하는 논리다. '가난은 나라님도 어쩌지 못한다'는 논리도 자기 밥그릇은 제 손으로 해결하라는 압박이다. 빈곤을 국가가 해결해주기를 기대하지 말라는 말이다. 완전히 틀린 말은 아니다.

그러나 빈곤의 자기 책임론은 고속 성장 시대에는 통했던 철학이다. 그때는 대학을 나오면 번듯한 직장에 취직이 됐다. 고졸 출신도 마음만 먹으면 은행원이 될 수 있었다. 가난한 집 인재는 상고나 공고를 나와 직장에 다니며 야간 대학을 마칠 수 있었다. 기업에서는 월급이 비슷했고, 결혼 후 몇 번 이사 끝에 내 집을 마련했다. 조금만 땀을 흘리면 중산층이라는 온실 입장권을 받았다.

보수 세력은 대부분 고도성장 시대의 주역이다. 그들은 IMF 이후 나타난 새로운 빈곤 현상을 이해하지 못했다. 은행과 대기업이 매년 구조 조정을 실행하고 비정규직을 늘려가고 있는 현실을 받아들이지 않았다. '하면 된다'고 믿었던 세대는 아무리 해도 안 되는 일이 많은 현실을 이해하지 못했다. 그래서 나이 많은 보수들은 걸핏하면 "아직도 중소기업에는 일자리가 넘친다"며 빈둥거리는 젊은이를 타박한다.

고도성장 시대 비정규직 취업자가 지금처럼 많지 않았다. 그 시절을 겪었던 보수 세력은 비정규직의 애로를 알지 못한다. 정규직과 비정규직 간의 신분 격차를 이해하지 못한다.

우리가 주목해야 할 것은 소득 격차보다 더 심각한 자산 격차 확대 현상이다. 노무현 정권 말기에 급등한 부동산 가격은 2008년 글로벌 금융 위기 이후 하향 안정세를 보이다가 박근혜 정권의 대규모 통화 완화 정책에 힘입어 최근 2년간 대폭 상승했다. 특히 수도권이 크게 올라 이제 일반 서민이 서울에서 집을 새로 사는 것은 거의 불가능한 시대가 됐다.

국경이 사라진 글로벌 경쟁 시대이자 창의력이 부富의 원천인 4차 산업혁명 시대를 맞았다. 시대 흐름을 빨리 따라잡은 측과 그렇지 못한 측 간의 빈부 격차가 벌어지는 것은 피할 수 없다. 앞으로 이 격차는 더욱 벌어질 가능성이 높다. 그러나 교육 격차가 소득 격차를 키우고, 또 소득 격차가 보유 자산 격차를 키우는 상황을 방치해서는 안 된다. 광우병 촛불 시위부터 세월호 갈등, 탄핵 촛불 시위까지 요즘 한국에서 벌어지는 갈등이 이러한 빈부 격차 문제와 직결되어 있기 때문이다.

새로운 신분 사회

우리는 2008년 쇠고기 광우병 촛불 시위 때 처음 디지털 네트워크 SNS로 연결된 새로운 세대의 저항 방식을 체험했다. 1970년대 대학생이 반정부 데모를 할 때 돌멩이를, 1980년대 운동권이 화염병을 들었다면 2008년 청년 세대는 촛불을 들었다.

1980년대 이후 탄생한 촛불 세대는 박정희나 전두환이 누구인지 모른다. 대다수가 대학을 졸업했지만 청년 실업률은 아빠 연령층보다 2배 높다. 고교 졸업생 9명 중 1명은 평생 단 한 번도 아르바이트·인턴조차 경험하지 못한다. 취직한 고졸 청년 9명 중 1명은 최저 임금 이하 수입으로 살고 있다.

1997년 외환 위기 때는 아빠가 최대 피해자였다면 2008년 외환 위기 때는 아들딸 세대에 폭탄이 터졌다. 이들에게 한국은 알바 왕국, 인턴 천국이다. 가수들이 벌써 노래로 그들의 우울을 표현했다. "희망은 멀리 사라졌네… 스무 살의 꿈은 사라지고… 잠만 자네."(윤도현) "내일로 가는 마지막 기차를 놓칠 것만 같아요"라고 불안에 떠는 가수(장기하)는 "이 세상은 지옥, 지옥이다"라고 외친다. 세계 1등짜리를 속속 배출하는 세대가 왜 꿈을 잃었다며 지옥의 고통을 호소하는지 보수들은 알지 못했다. 보수는 그들의 가슴속 분노를 외면하며 그들의 파워까지 무시했다. 어느 친박 국회의원의 주장처럼 "바람 한번 휙 불면 촛불은 단번에 꺼진다"고 우습게 생각했다.

빈부 격차는 단지 소득 격차, 재산 격차에서 끝나지 않았다. 신분 격차로 발전했다. 새로운 신분 사회가 온 것이다. 조선 시대의 양반,

상놈은 핏줄로 결정됐고, 사농공상±農工商의 차별은 직업으로 구분됐다. 이 시대의 신분은 직장으로 결정된다.

가장 윗줄에 선 신분은 공무원과 공기업 임직원이다. 가장 밑바닥 신분은 비정규직이다. 정규직 임금 근로자는 중간 자리를 차지했다. 고정 수입, 고용 계약 기간, 정년 보장 같은 조건만이 3개 신분을 분할하는 것은 아니다.

중소기업에 다니거나 비정규직이라면 결혼 시장에서 3류 상품이 된다. 친구끼리 모여도 대기업 사원은 따로 만난다. 중소기업 사원은 사회에서 기본 점수조차 받지 못하는 풍토가 아닌가. 재혼을 중개하는 시장에서도 공무원·교사 출신이 최상급 신랑감이다. 인간에 등급이 매겨지는 사회가 됐다. 보수 진영은 이런 사회 변화에 둔감했다.

덩치 커진 '2등 국민'

오늘날 대한민국에는 두 국민이 있다. 1등 국민은 공무원, 공기업 직원, 대기업 정규직과 그 가족들이다. 2등 국민은 계약직, 비정규직, 일용직을 말한다. 1등 국민은 거대한 조직 안에서 보호받는다. 큰 빌딩에서 편안한 의자, 깔끔한 구내식당을 제공받고 고정급을 보장받는다. 협회, 노조, 조합이 그들의 이익을 지켜준다. 손해보거나 불편한 일이 생기면 언제든 국회로 달려갈 수 있다. 언론도 그들의 동향을 주로 보도한다. 1등 국민끼리는 서로 다투다가도 이익이 크게 걸리면 서로 등을 밀어주곤 한다. 세상을 이대로 유지하고 싶다는 운명 공동체라는 묵계가 있다.

2등 국민은 소득만 적은 게 아니다. 연애가 어렵고 결혼을 할 수 없다. 가족이라는 인간의 원초적인 공동체를 형성하지 못한다. 지친 몸을 기댈 소속 단체도 없다.

제1국민이 입장권을 내밀면 들어가는 곳도 제2국민은 몇 시간 줄을 서야 입장권을 살 수 있는 번호표를 받는다. 취직 전선에는 그 번호표조차 못 받는 등외 국민이 적지 않다.

2세대 보수 정권은 해결책을 제시하지 않으면 안 되는 상황으로 가고 있었다. 폭발 시기가 늦어질수록 불평등, 양극화라는 뇌관이 불러올 핵폭발 위력은 거셀 것이 뻔했다. 2012년 대선 때 '이번에 큰 폭발이 있지 않을까' 하는 분위기가 감돌았다. 박근혜 후보와 문재인 후보가 대결했던 선거였다. 하지만 땅 밑 깊은 곳에서 용암만 부글부글 끓었을 뿐 화산은 끝내 폭발하지 않았다.

박근혜 후보는 경제 민주화, 복지 확대 공약을 내걸었다. 진보 진영의 정책을 받아들인 것이다. 박근혜의 좌향좌 흉내는 2등 국민층의 불만 폭발을 잠시 지연시키는 데 공헌했다.

재집권에 성공하자 돈, 권력, 명예를 가진 보수 진영의 오만한 태도는 그대로 기승을 부렸다. 보수 세력은 70년간 쌓아올린 궁전과 저택을 지키는 데 골몰했다.

박근혜 탄핵을 요구한 촛불 시위는 예전의 촛불 시위와는 다른 모습을 보였다. 거기에는 수많은 비정규직 근로자들이 참여했다. 대학을 졸업하고 직장을 잡지 못한 청년들도 빠지지 않았다. 일부 진보 세력이 자신들이 성공시킨 평화 시위였다고 자랑하지만, 내 눈에는 2등 국민들이 보수 집권층에 분노를 표출한 혁명으로 보였다.

사회 통합과 공동체 안정의 길

보수 세력은 2등 국민의 거사에 대비했어야 했다. 세계화 물결에 휩쓸려 비정규직으로 추락한 중산층 낙오자 집단을 구제하는 일에 열성을 보여야 했다. 재벌 총수는 배당을 자제하고 고액 연봉을 절제했어야 했다.

일본에서는 2차 세계대전 후 맥아더 장군의 명령에 따라 재벌 해체가 단행됐고, 이후 창업자 일가가 경영에서 제거됐다. 회사를 떠맡은 전문 경영인들은 스스로 연봉을 통제했다. 2차 세계대전 발발 이전에는 회사 이익을 총수가 다 챙겨간다는 사원들 불만이 컸다. 총수 일가가 쫓겨난 뒤 전문 경영인들은 사장 연봉을 신입 사원의 평균 9배나 10배 수준으로 책정했다. 그 수준이면 종업원들이 고개를 끄덕일 것이라고 보았다. 일본 최고 경영인의 연봉은 40년 이상 그런 수준에 머물렀다. 미국 경영학자들이 CEO 임금 통제를 보며 "사회주의 국가가 아니냐"고 반문할 정도였다.

일본 보수 세력은 최상위 계층이 이익을 독점하는 현상을 스스로 억제했다. 하청 업체가 자금난에 빠지면 재벌 대기업은 긴급 구제 금융을 제공했다. 대기업이 납품 업체와 고통을 나누는 관행을 만들었다. 종업원 복지 혜택은 회사마다 엇비슷하게 맞췄다. 누군가가 돌출해 이익을 챙기는 인상을 주지 않으려고 애썼다. 그 덕분에 일본인 1억 명은 거의 비슷한 생활 수준을 유지했다. '1억 총중류總中流'라는 단어가 거기서 탄생했다.

보수 정당과 1세대 보수 지도자들은 최소한 비정규직 문제라도 해결하려고 노력했어야 했다. 물론 비정규직 문제 해결이 말처럼 쉬운 것은 아니다.

냉전 시대가 끝나면서 전 세계 노동 시장에는 값싼 근로자가 쏟아졌다. 중국, 동유럽, 동남아시아, 아프리카, 중남미에서 저임금 근로자 20억 명 이상이 전 세계에 넘쳐났다. 한국, 일본에서는 그 집단이 비정규직이라는 이름으로, 유럽과 미국에서는 난민 또는 불법 이민이라는 이름으로 떠올랐다. 글로벌 노동 시장이 하나로 통합되면서 나타나는 현상이다.

글로벌 인력 시장이 변하고 있어 한국 홀로 대책을 세운다고 비정규직 문제가 해결되지는 않는다. 외국 잉여 노동력이 언제든 국내에 들어올 수 있다. 우리가 비정규직을 일체 없애면 중국 동포, 중앙아시아 동포들, 아프리카와 중동의 난민들이 몰려들어 올 것이다. 보수 정권은 1단계로 정규직 우대를 완화하는 조치라도 취할 수 있었다. 정규직과 비정규직을 차별하는 제도를 수정해야 했다. 비정규직 발언권을 높이는 수단으로 비정규직 노조를 단계적으로 허용할 필요가 있었다.

비정규직 문제를 해결한다고 양극화 현상이 금방 사라질 수는 없다. 1등 국민과 2등 국민의 격차는 교육, 복지, 자산 배분, 금융 관행 등 여러 채널에서 접근할 필요가 있다. 리콴유 싱가포르 총리는 2등 국민 계층을 달래려고 공기업 주식을 국민주 형태로 나눠주었다. 영국의 대처 총리도 브리티시 텔레콤 주식을 분배했고, 공공 임대 주택을 입주자에게 헐값에 팔았다. 2등 국민의 거사를 막는 예방 조치가 끊임없이 실행되지 않으면 2등 국민 숫자가 누적될 수밖에 없다.

2세대 보수 정권은 기본 의무를 망각했다. 인간 사회에서 불평등은 불가피한 것이라는 보수주의 한쪽 측면만 잘못 배웠다. 빈곤은 자기 책임이라는 원칙론에 집착했다. 사회 통합이라는 더 중요한 임무를 잊어버렸다. 오만에 빠져 부자 증세 이야기가 나오면 거부감부터 표시했다. "자기 몸 뒤치다꺼리도 못하는 인간들이 약자 행세하며 땀 흘려 돈을 번 계층에게서 돈을 뜯어내려 한다." "가진 사람을 질투하는 얄미운 심보다." 하류 인간들이 상류층을 상대로 심술을 부린다고 보았다. 부자 증세 방안은 가진 자를 향한 빈곤층의 폭력이라는 시각을 보였다.

진정한 보수주의라면 공동체 안정을 위해 2등 국민을 보듬는 정책을 꾸준히 추진했어야 한다. 2등 국민이 거사를 일으킬지 모른다는 경고에 귀를 기울였어야 했다. 2등 국민이 절반에 이르는 현실을 알았어야 했다. 보수 진영은 2등 국민에게 불평등을 운명이라고 말해서는 안 된다. "게으르면 가난하게 살 수밖에 없다"는 말을 해서는 안 된다. 그런 생각이 들어도 입속에 삼켜둬야 한다. 부지런히 일해도 최저 생계비를 받지 못하는 계층이 있다. 공동체 통합을 위해서는 격차가 나는 인간끼리 손을 잡아야 한다.

02

미디어와 여론의
변화를 놓치다

"국민 모두가 기자이자 편집국장이다. 국민 모두가 카메라 기자이고 모두가 PD다. 국민 모두 언론사를 운영할 수 있다." 요즘 기자들이 자주 주고받는 말이다.

기자가 자유인 직업으로 선망의 대상이던 시대는 저물었다. 누구나 카카오톡, 페이스북을 거쳐 자기 자신의 소식을 전파할 수 있다. 인터넷 개인 TV 방송국을 굴리는 사람이 적지 않다. 누구나 유튜브로 뉴스를 발신하고 전달할 수 있다.

IT 혁명으로 미디어 시장이 대폭발하고 있다. 뉴스가 인쇄 매체를 통해 전해지던 시대는 내리막길을 걷고 있다. PC를 통해 전달되는 시대를 거쳐 휴대폰이 뉴스를 현장에서 생중계하는 장치로 자리 잡았다. 회사로 배달되는 신문 1부를 직장 동료들이 돌려보던 풍경은 사라지고 있다. 이제는 지하철에서 각자가 원하는 뉴스를 단어 하나로 검색해 읽는다.

뉴스 발신과 수신이 완전히 달라졌다. 신문사와 방송사가 뉴스를 불특정 다수에게 뿌리던 것이 누구나 인터넷을 통해 얼굴 모르는 뉴스 소비자에게 24시간 공급할 수 있는 체제로 바뀌었다. 가족, 동료가 신문을 공유하고 TV 뉴스를 함께 시청하던 집단적 소비 행태가 퇴조하고, 취향에 맞는 기사를 각자 휴대폰에서 골라보는 개인적 소비 행태로 바뀌어가고 있다. 뉴스와 정보 전달 체계가 개인화하고 있는 현상이다.

휴대폰으로 생중계된 세월호 참사

세월호 참사는 한국전쟁이나 박정희 시해 사건, 성수대교 붕괴, 500명 넘는 희생자를 낸 삼풍백화점 붕괴와는 전혀 다른 비극이었다. 국민들 두뇌와 가슴을 자극하는 방식이 달랐다.

침몰 장면은 TV로 생중계됐다. 휴대폰 생중계를 시청한 사람이 훨씬 많았다. 배 안에서 단원고 학생들이 찍은 휴대폰 영상이 가족을 통해 나돌았고, 휴대폰을 통해 확산됐다. 죽어가는 순간에 부모와 친구들에게 발송한 문자가 감성적인 울림을 키웠다. "구해달라"는 애타는 절규가 온 국민에게 실시간으로 타전됐다. 수백 개의 문자와 동영상이 쏟아졌다. 그동안 한번도 겪어보지 못한 방식의 참사 생중계였다.

그동안 우리의 참사 체험은 참사가 신문, 방송을 통해 전해지던 간접 체험이었다. 휴대폰이라는 신종 미디어 덕분에 비극이 곧바로 자기 자신이 겪는 직접 고통으로 변환되는 현상을 느꼈다. 그래서 온 국민은 마치 자신이 세월호와 함께 침몰하는 기분을 느꼈을 것이다. 모두가 구조되지 못하고 짜디짠 바닷물에 잠겨가는 맛을 체험했다.

희생자가 수몰되는 과정을 가족에게 실시간으로 전하는 문자 생중계는 한둘이 아니었다. "누나, 사랑해. 엄마한테도 전해줘" "언니가 기념품 못 사올 것 같다"는 유언이 있었고, "애들아, 진짜 내가 잘못한 것 있으면 다 용서해줘. 사랑한다"는 작별 인사를 연극부 후배에게 남긴 학생도 있었다. "살아서 만나자"고 희망을 북돋운 문자도 돌았다. "지금 걸어갈 수 없어. 복도에 애들 다 있어서, 그리고 너무 기울어져서"라고 전해준 동영상이 나왔다.

오랫동안 함께 지낸 가족이 보내는 현장 정보는 얼굴 모르는 제3자인 언론사 기자가 전해주는 정보와 다를 수밖에 없다. 뉴스 수신자의 두뇌 속에 각인되는 감촉과 현장감이 딴판이다.

세월호 참사에서 희생자와 그 가족이 모두 현장 기자였고 동시에 생중계 시청자였다. 온 국민이 촬영 장비를 갖춘 영상 기자가 되고, 생중계 아나운서가 됐다. 기자·아나운서·앵커라는 전문 직업인을 통하지 않고 누구든 자신의 메시지를 불특정 다수에게 발송하고 수신할 수 있다는 것을 체험했다.

미디어 빅뱅Bing Bang, 대폭발은 인간 두뇌를 극적으로 자극한다. 뉴스와 정보가 시간과 장소를 가리지 않고 쏟아진다. 적도 위를 나는 비행기 안에서 북극의 오로라를 실시간으로 관찰한다. 매미 소리가 시끄러운 작은 호수 낚시터에서 플로리다를 덮치는 허리케인을 동시에 경험한다. 다른 사람의 비극과 환호를 같은 시각에 체험할 수 있다.

글자 매체신문, 소리 매체라디오, 영상 매체TV가 따로따로 작동하던 시대가 갔다. 이제는 글자, 소리, 동영상이 한꺼번에 오감을 자극한다. 정보 전달의 파괴력은 엄청나다. 글자만으로 살인 현장의 정보를 받는 독자가 소리와 영상을 곁들인 정보를 동시에 받으면서 현장에서 전해지는 자극의 강도는 강해질 수밖에 없다.

보수 진영은 인터넷 등장 이후 미디어 대폭발 물결을 절감하지 못했다. 포털이 등장한 지 20년이 넘었고 휴대폰이 보급된 후 10년이 흘렀지만 보수는 인터넷 여론 시장, 휴대폰 여론 시장에서 참패했다. 사이버 세계에서 보수·진보 진영 간 격차는 아예 비교하지 못할 수준이다. 40세 이하 젊은 층에서는 휴대폰 뉴스가 여론을 좌우하는 현실에 깜깜했다. 이명박·박근혜 정권이 국정원과 군을 동원해 댓글 공작을 전개한 것은 이 때문이다. 사이버 여론 시장에서 밀리는 열등감을 극복하려는 몸부림이었다.

미디어 폭발이 몰고 온 여론 시장의 변화를 알지 못해 박근혜 정권은 국민 다수가 왜 세월호 희생자와 유가족을 그토록 동정하는지 실감하지 못했다. 참사가 왜 남의 불행이 아니라 자신의 비극이라는 동질감을 다수 국민이 느끼는지를 알지 못했다.

박근혜의 비뚤어진 언론관

박근혜 정권은 미디어 대폭발에 무지한 것이 전부가 아니었다. 박근혜의 유별난 언론관은 언론을 적으로 만들었다. 언론 친화적 태도는 찾을 수 없었다. 정권에 도움이 되지 않는 언론은 적대시했다.

민주 사회에서 언론은 감시견 역할을 맡아야 한다. 감시견 역할이란 권력을 감시하고 고발하고 견제하는 기능을 말한다. 하지만 우리나라에는 감시견에 충실한 언론보다 호위견guard dog이나 반려견Lap dog이 되고 있는 언론이 많다. 공영 방송과 국영 통신사, 공기업 언론사가 그들이다. 건설 회사가 소유한 지방 언론사들도 마찬가지다.

박근혜는 언론이 정권의 반려견이나 호위견에 충실하기를 원했다. 정권에 호의적으로 조언하고 충고하는 유도견Guide dog 역할을 하려는 것을 싫어했다.

쓴소리로 감시견 역할을 하려 하면 무차별 공격을 가했다. 보수 인터넷 언론에는 검사같이 사냥개 역할을 맡기며 정권에 비판적인 언론인을 마구 물어뜯도록 했다. 사냥개 언론에는 재벌과 전경련을 통해 광고·협찬금 같은 따뜻한 먹이를 선물했다.

박 대통령은 취임 후 공식 기자 회견을 하지 않았다. 언론 인터뷰도 없었다. OECD 국가 중 최고 지도자가 취임 10개월이 넘도록 기자 회견 한번 하지 않은 유일한 나라였다. 해를 넘겨 2014년 1월 6일 취임 316일 만에야 첫 기자 회견이 열렸다. 국정원 댓글 공작, 채동욱 검찰총장 퇴진, 야당의 정권 퇴진 운동 같은 국민 관심사가 많았다.

기자 회견은 민심을 돌려세울 만한 내용이 없었다. 실망스런 회견이었다. 역대 대통령이 연두회견에 앞서 내놓던 발표문은 늦게 배포됐다. 다른 대통령이 하루 전이나 늦어도 몇 시간 전에 배포했던 것과는 딴판이었다.

회견이 끝나자 뒷말이 무성했다. 기자 회견 질문과 답변이 사전에 유출됐다는 것이다. 질문과 답변이 회견이 끝나기 전에 인터넷을 통해 공개됐다. 질문 순서와 질문 담당 기자, 답변 내용이 유출된 것이다. 한마디로 각본 회견이었다. '불통 대통령을 돕는 언론'이라는 조롱이 인터넷에 굴러다녔다.

출입 기자가 많은 청와대 기자실은 대통령 회견 질문 기회를 놓고 서로 질문하겠다고 경쟁한다. 기자단에서 종합지와 지방지 간에 질문 숫자를 배분하고 외신 기자에게 질문을 안배할 필요가 있다. 질문 내용이 겹치지 않게 서로 조정하곤 한다. 그렇다고 질문지가 그대로 청와대 홍보수석실에 전달되고, 거기에 답변서가 보태져 인터넷에 올라오는 상황은 비정상이다.

들러리가 된 기자들

2015년 똑같은 일은 반복됐다.

그해 연두 기자 회견은 정윤회 씨 문건 파동, 세월호 참사 같은 엄청난 파장을 불러일으킨 사건을 대통령이 설명해야 하는 자리였다. 국민은 사후 수습책을 기대했지만 대통령은 김기춘 실장과 문고리 3인방에 무한 신뢰를 보냈다. 대통령과 민심 사이에 메울 수 없는 큰 격차가 드러났다.

이번에는 대통령 회견을 실시간으로 조롱하는 트위터 문자가 인터넷에 올라왔다. '다음 질문도 맞혀볼까요?' 질문과 답변을 다 알고 있다는 조롱이었다. 기자 회견의 주연이 돼야 할 청와대 기자단은 회견에 찬조 출연한 들러리에 불과했다.

이날 회견에서는 대통령이 기자에게 핀잔을 주는 장면이 노출됐다. 기자가 "국무위원들로부터 대면 보고를 더 자주 받아야 하는 게 아니냐"는 취지로 묻자, 대통령은 장관들 쪽으로 몸을 돌리며 "그게 필요하다고 생각하세요?"라고 되물었다. 장관들은 긍정도 부정도 하지 못한 채 어색한 표정을 지었다. 대통령은 "청와대 출입하시면서 내용을 전혀 모르시네요"라고 기자를 몰아세웠다. "기자 따위가 뭘 안다고…" 그런 투였다. 대통령이 출입 기자를 어떻게 보는지 알 수 있었다. 2016년 연두 기자 회견도 끝나기 전에 인터넷에 예상 질문과 답변이 또 올라왔다.

청와대 출입 기자에게는 3가지 즐거움3樂이 있다고 들었다. 기자실이 있는 춘추관은 구내식당 음식이 싸고 맛있다. 여기에 춘추관 지하실 사우나를 즐길 수 있고, 잘 가꾼 청와대 정원을 구경하는 즐거움이 보태진다.

하지만 박근혜 시대 청와대 기자는 3가지 고통3苦을 호소했다. 청와대 비서진은 기자의 취재 전화를 받지 않고, 만나주지 않으며, 만나도 아무 뒷이야기를 못 듣는다는 불평이었다.

청와대는 출입 기자를 춘추관에 가둬놓았다가 필요할 때 불러 들러리를 세우는 식이었다. 심지어 청와대 조직도와 담당자, 휴대폰 번호를 기자에게 제공하지 않았다. 개별 접촉을 말라는 취재 금지 조치였다. 대통령 담화를 발표할 때는 TV 화면을 찍기 위해 객석에 기자들을 앉혀놓고 질문을 받지 않았다.

대통령 간담회에 취재 기본 도구인 노트북과 녹음기를 갖고 오지 못하게 금지한 일도 있었다. 군부독재보다 더한 사상 최악의 언론 통제였다.

언론 배제와 탄압

원래 청와대와 언론 간에는 비공식 대화가 잦다. 비공식 대화에서는 시중 화제가 솔직하게 전달된다. 루머, 괴담을 주고받는가 하면 정치권 동향을 놓고 서로 다른 해석을 교환한다. 청와대가 미처 파악하지 못한 사회 문제를 제기하는 기회가 된다.

권력이 부패하지 않으려면 핵심 인사는 기자 몇 명과 터놓고 지낼 필요가 있다. 기자는 여론과 사태를 요점 정리해 말하는 능력이 다른 직업인보다 뛰어나다. 복잡하게 얽혀 있는 사건을 핵심 사안 위주로 단순명료하게 요약하고 핵심 인물을 정확히 뽑아낸다. 당국자로서는 해결의 실마리를 쉽고 빠르게 찾을 수 있다.

더구나 기자는 상대가 누구든 눈치 보지 않고 거리낌 없이 말한다. 이런 직업 성향을 권력자가 잘 활용하면 시중 여론을 쉽게 진단할 수 있다. 비공식 대화에서는 언론계가 어느 방향으로 여론을 움직일지 짐작하는 기회를 잡을 수 있다. 역대 정권은 언론인과 비공식 대화를 통해 중요한 여론을 수집했다.

반면 박근혜 정권은 기자와 담을 높게 쌓았다. 비공식 대화는 거의 끊겼다. 마음에 들지 않는 기사가 나오면 소송을 걸었다. 《세계일보》를 비롯한 언론사 세무 조사를 삼가지 않았다.

비판적 언론인에게는 사생활을 뒷조사했다. 때로는 검찰 수사에서 얻은 허위 정보를 언론에 흘리는 공작으로 매장하는 보복을 가했다. 언론에 대한 보복은 빠르고 분명했다. 박정희·전두환 시대로 복귀한 언론 통제였다.

청와대의 홍보수석과 홍보특보는 "대통령을 대신해 대통령 뜻을 설명하려 들지 말라"는 지침을 끝까지 고수했다. "비서는 입이 없다"는 말이 입버릇이었다. 권력 내부의 뒷이야기를 발설했다가 정보 누설죄로 대통령의 레이저 눈빛을 맞거나 친박 집단에서 쫓겨난 에피소드가 여럿 나돌았다. 언론이 정권과 국민을 소통시키는 필수 통로라는 인식은 찾기 힘들었다.

역대 보수 정권은 대를 이어 언론을 탄압했다. 이승만은 취재원을 밝히지 않는다고 《조선일보》 홍종인 주필을 구속했다. 《동아일보》 고재욱 주필 겸 편집국장도 정부 전복 음모를 꾸몄다는 엉뚱한 혐의로 연행하고 《동아일보》에 무기 정간 처분을 내렸다. 정권 말기에는 《경향신문》을 폐간시키는 난폭성을 과시했다.

박정희는 쿠데타에 성공하자 부패 언론 일소 명분 아래 신문사를 통폐합하고 기자를 대거 구속했다. 정권 말기 박정희는 아홉 번의 긴급조치를 통해 정권을 비판하는 기사를 내지 못하게 막았다. 중앙정보부가 걸핏하면 기자를 연행해 폭행하고 고문했다. 언론 자유를 요구하는 《조선일보》와 《동아일보》 기자들을 집단 해고하라고 온갖 협박을 일삼은 끝에 성사시켰다.

전두환도 박정희를 본받아 1980년 말 44개 언론사를 통폐합하고 172개 신문 잡지 등록을 취소했다. 기자 1,700여 명이 직장을 잃었다. 시위 전과가 있거나 자유언론선언에 앞장선 기자가 맨 먼저 희생자 명단에 들어갔다. 언론사에 매일같이 '이 건은 쓰지 말라', '저 건은 크게 보도하라'는 식의 보도 지침을 내려보냈다. 기사 통제, 편집 관여, 기자 연행 등은 끊이지 않았다.

1세대 보수 정권의 언론관은 스탈린, 히틀러를 닮았다. 보도·편집의 자유보다 책임을 강조했다. 겉으로 국익을 중시하라고 요구했지만 정권에 협력하라는 지시였다. 정권 안정에 기여하는 게 언론의 최우선 사명이라고 요구했다. 한마디로 충견 역할을 강요했다. 모든 언론을 정권 통제 아래 두고 싶어 했다. 보수 정권은 언론을 충성심 높은 호위 부대 역할을 맡기려 했다. 언론의 자유로운 비판 기능이 공동체 내부 통합을 더 굳건하게 해주는 길이라는 것을 무시했다.

진보의 언론 공작

진보 정권이라고 해서 언론을 가만히 놔뒀던 적은 없었다. 김대중은 보수 언론으로 통하던 《조선일보》 등 3개 주요 신문사 사장을 구속했다. 구속 영장에서는 탈세와 배임 혐의를 씌웠으나 대북 햇볕 정책을 비판한 데 대한 정치 보복이었다.

김대중이 민주화 운동을 하던 시절 《조선일보》·《동아일보》·《중앙일보》는 김대중의 정치적 성장을 도왔다. 하지만 그는 예상을 깨고 조중동에 등을 돌렸다. 공영 방송에는 그와 코드가 맞는 인사를 낙하산으로 내려보냈다.

노무현은 안티 조선 운동에 앞장서서 참여했다. 인터넷 언론에 많은 배려를 아끼지 않았다. 노선이 맞지 않는 언론은 공개적으로 적대시했다. 언론계가 본격적으로 진보·보수 간 진영 대결의 전쟁터로 변한 시기도 이때부터다.

노무현은 임기 말 정부 부처의 기자실을 폐쇄하는 극단 조치를 취했다. 그는 청와대에 국정 철학을 홍보하는 사이트를 개설해 자기 글을 올렸다. 기존 신문·방송의 보도가 성에 차지 않는다고 청와대 직영 인터넷 뉴스 사이트를 운영한 것이다. 공영 방송을 장악해 방송 편집에 개입한 것은 말할 필요가 없다.

진보 진영이 언론 장악에 집착한 이유가 있었다. 진보 정치 세력은 1990년대 중반 이후 보수 진영과 비교해 우호적인 언론이 너무 적다고 판단했다. 기존 신문과 방송이 진보 진영을 전혀 도와주지 않는다는 것을 실감했다. 열등감을 극복하는 방안으로 기존 언론계 판도를 바꾸려고 시도했다.

김대중 세력은 기존 언론과 그런대로 우호 분위기를 유지하려고 애썼다. 그러나 386 운동권 출신 진보 인사들은 기존 언론에 적대적이었다. 기존 언론을 가해자, 자신을 피해자로 인식했다. 독재를 비판하지 않고 옹호했다는 시각에서 기존 언론을 배척했다.

노무현 세력의 적대감은 견제·비판을 넘어 자기들에게 우호적이지 않은 언론을 제거하려는 방향으로 발전했다. 잘못된 언론관은 노무현의 안티 조선 운동으로 표출됐다. 조중동이라는 표현도 진보 언론인이 신문 중심의 기존 언론계를 향한 적개심에서 창작된 말이다.

진보 정권은 신문 시장의 열세를 만회하기 위해 2가지 언론 정책에 골몰했다. 첫째, 신문 여론 시장이 보수 진영에 기운 것을 방송 시장에서 보완하려고 했다. 컬러 TV 보급으로 1990년대부터 TV의 영향력이 급격히 커지자 KBS, MBC 경영권부터 장악했다. 진보 코드에 맞는 인사를 낙하산으로 공영 방송 사장 자리에 앉혔다. 공영 방송 사장 임명을 놓고 보수·진보 간 마찰이 심각해지기 시작한 시점은 진보 정권 시절이었다.

두 번째 실행한 작업은 진보 인터넷 매체를 집중 지원하는 일이었다. 김대중은 국영 언론사인 《연합뉴스》를 통해 기사를 포털에 헐값에 지원해주도록 했다. IT 붐을 일으킨다는 명분을 앞세워 네이버, 다음 같은 포털 뉴스 시장 육성에 치중했다. 《오마이뉴스》 같은 진보 인터넷 매체에 독점 인터뷰를 제공하고, 진보 매체의 청와대 출입을 전면 허용했다. 정부 광고를 늘려준 것은 말할 필요조차 없다.

진보 세력은 자유 언론을 수호하는 것처럼 말하지만 실상은 1세대 보수 정권과 별로 다르지 않았다. 노무현은 언론 자유보다 책임을 강조하는 언론기본법을 국회에 제출했다. 심지어 보도 피해의 당사자가 아닌 삼자가 언론사를 상대로 소송할 수 있는 법안을 내놓았다. 신문의 영향력을 축소하려고 시장 점유율을 통제하려 했다가 위헌 판결을 받았다.

진보 정권은 비판 신문에 증오를 표시했다. 동시에 인터넷 언론과 공영 방송을 장악해 진보 메시지를 발신했다. 신문 시장의 열세를 방송과 인터넷 시장에서 만회하겠다는 시도였다.

문재인 정권이 들어선 후 KBS·MBC·YTN을 비롯 국영 방송과 통신사에서 벌어진 온갖 경영진과 주요 프로의 MC, 출연자 교체 소동도 기본 성격은 똑같다. 여론 형성 시장이 보수 쪽으로 기울어져 있는 것을 진보 쪽으로 전환시키겠다는 일념뿐이다. 진보 이념 확장을 위해 미디어를 장악하려는 싸움이지, 언론 자유를 신장시키려는 몸부림은 결코 아니다.

보수 정권이 댓글 공작으로 '보수판 관제 여론'을 조성하려 했다면 진보 정권은 '진보판 관제 여론'을 만들려 하고 있다. 관제 여론의 피해자는 1차적으로 기자이고 2차적으로 독자·시청자인 국민들이다.

2세대 보수의 언론 공작

그럼에도 불구하고 보수 정권이 진보 정권과 똑같이 행동하면 도덕적 우월성을 확보할 수 없다. 언론 장악이나 관제 여론은 자유 언론을 중시하는 보수주의의 기본 철학과 정면 배치된다.

2세대 보수 정권은 언론 자유를 더 활성화시키는 조치를 취했어야 했다. 다양한 목소리가 멋대로 분출되도록 놔두면 언젠가 여론이 모인다는 느긋한 언론관을 포기하지 말았어야 했다. 언론을 장악하기보다 언론을 자기편에서 활용하는 테크닉을 연마했어야 했다. 그러나 2세대 보수 정권은 진보 정권과 똑같은 언론 공작을 고수했다. 사이버 여론 시장의 열세를 만회하려고 보수 인터넷 언론을 적극 지원했다. 보수 인터넷 사이트들이 경쟁하듯 청와대 반려견으로 등장해 꼬리를 흔들었다. 또 공영 방송과 국영 언론사 사장 임명과 편집에 권력자가 개입했다.

이명박은 정권 출범 직후 쇠고기 광우병 촛불 시위로 큰 타격을 입었다. 시위대의 청와대 진격을 막으려고 광화문 광장에 대형 컨테이너 박스가 설치됐다. 소위 '명박산성'이었다. 대통령은 청와대 뒷산으로 올라가 촛불 시위대를 관찰했다. 배짱 두둑한 대통령이라면 청와대 뒷산으로 가지 않고 컨테이너 박스 위에 올라섰을 것이다. 돌팔매를 각오하고 촛불 군중 앞에서 "광우병 환자가 발생하면 책임지겠다.

대통령직을 걸고 맹세한다"고 나섰을 것이다.

그는 정면 승부에 실패했다. 촛불 시위가 노무현 세력의 음모라는 시각에 사로잡혀 대응을 그르쳤다. 검찰을 동원해 광우병의 피해를 과장 보도한 MBC 방송사 PD를 수사했다.

언론 보도는 틀리거나 왜곡된 내용이 포함되는 수가 있다. 취재원의 거짓말, 취재 부족, 팩트를 옮기는 과정의 실수, 데스크의 편향성, 편집자의 왜곡 등 원인은 다 헤아리기 어렵다. 전체 흐름을 보지 않고 기사 한 줄, 단어 하나를 놓고 따지면 법의 잣대에 걸리지 않을 기사는 없다. 하지만 이명박의 검찰은 몇 군데 하자를 적발해 무리하게 기소했다. 대법원은 MBC 〈PD수첩〉에서 발견된 몇 가지 오보를 지적했다. 다만 광우병 위험성은 언론으로서 충분히 문제 제기를 할 만한 논평이었다는 취지의 판결을 내렸다. 과장·허위 사실은 있으나 고의성은 없다는 판결이었다.

이명박 정권이 〈PD수첩〉 보도에 검찰 수사로 대응한 것은 졸렬했다. 광우병 위험을 과장한 보도에는 여러 방식의 해명이 가능했다. 고급 쇠고기부터 광우병 쇠고기까지 진열해놓고 헐값에 판매하는 영국 슈퍼마켓의 모습을 보여줄 수 있었다. 언론 보도를 뒤집을 홍보 전략을 세웠어야 했다. 대응에 실패한 이명박은 공영 방송 사장 교체 등 방송 장악으로 반격했다. 진보 정권에 뒤지지 않으려는 듯 입맛에 맞는 인사를 공영 방송 이사장, 사장, 이사에 지명했다.

2세대 보수는 진보 진영에 비해 인터넷 여론의 중요성을 늦게 깨달았다. 광우병 쇼크에 혼비백산한 나머지 국정원과 군 사이버사령부를 동원했다. 시대에 맞지 않는 한심한 관제 언론 공작이었다.

문재인 정권 치하에서 일부 보수 논객들이 유튜브를 통해 제법 그럴듯한 게릴라전을 전개하고 있다. 보수 세력은 거기서나마 위안을 받으며 세력 단합의 분위기가 무르익기를 기대하고 있다. 하지만 자잘한 보수 유튜브들이 장기간 생존하며 고객층을 넓힐 수 있을지는 미지수다. 세력 단합에 기여할지는 더욱 낙관하기 어렵다. 게다가 유튜브를 비롯한 보수 언론 내부도 보수 정치권처럼 조각조각 분열돼 있지 않은가.

보수주의 본래의 언론관

보수주의 원조 에드먼드 버크가 활약하던 18세기 말 영국에는 신문이 막 보급되고 있었다. 여론이 대중의 목소리와 동일시됐다. "전쟁 중에서도 가장 중요한 전쟁은 바로 여론 전쟁"이라고 버크는 강조했다. "신문에서 1년 내내 아침저녁으로 어떤 한 사람 이야기를 한다면 그는 곧 우리들의 지배자가 되고 말 것이다."

20세기 초 라디오와 영화가 발명됐을 때 신종 미디어를 정치에 가장 잘 활용한 정당은 영국 보수당이었다. 라디오가 정치인 연설을 생중계하면 잡음이 많았다. 시청자에게 정확하게 전달되지 않았다. 음성 전달 기술이 형편없던 시절이었다. 보수당 후보들은 방송국에 직접 출연해 공약을 설명했다. 선거 공약은 영화로 제작됐다. 기간 중 보수당 영화 트럭은 전국을 돌았다. 신종 미디어 덕분에 보수당의 공약은 유권자 귀에 박혔다. 영국 보수당은 신종 미디어의 파괴력을 권력 장악에 활용했다.

언론은 공동체 내부의 핵심 소통 수단이다. 보수주의가 미디어를 중시하는 이유는 진보(또는 사회주의) 세력과 다르다. 진보(또는 사회주의) 세력은 언론을 통해 당黨의 통치 이념을 주입식으로 퍼뜨린다. 대표 사례가 공산당이 아직 집권하고 있는 중국, 북한의 언론이다. 당 기관지나 관영 방송이 여론 시장을 완전히 장악하고 있다. 시진핑 중국 주석은 몇 년 전 언론사를 순방한 자리에서 "언론은 당과 같은 성姓을 써야 한다"고 했다. 당 지시를 그대로 받아쓰라는 명령이다.

보수주의는 언론을 진보 진영과 다른 의미에서 중요시한다. 인간은 약점투성이라 서로 의지하며 살 수밖에 없다. 티격태격 싸우다가 어깨를 기대고 살아야 한다. 공동체 구성원마다 좋아하는 음식이 다르고 흰 장미를 보고 느끼는 감정도 제각각이다. 공동체는 인간이 서로 다른 점을 확인하면서 유지해야 한다. 공동체 안에서 다른 의견들 사이에 의사소통을 담당하는 필수품이 언론이라는 게 보수주의 언론관이다.

진정한 보수주의는 자유 언론을 중시한다. 공동체 안에는 너무나 다양한 인간이 존재하기 때문에 여론을 단 하나로 통일시키려고 하면 의사소통이 제대로 될 수 없다. 다양한 사람이 다른 목소리를 내는 사회가 더 낫다. 다양한 매체가 다른 주장을 펼치도록 놔두는 것이 사회를 건강하게 지탱하는 힘이라고 진짜 보수주의자들은 믿는다.

2세대 보수는 관제 여론을 형성해보려고 했다. 언론 장악에 골몰하고 정보기관을 동원했다. 쓴소리하는 비판 언론에는 가차 없이 보복의 칼을 휘둘렀다.

탄핵 사태를 몰고 온 언론의 국정 농단 보도는 평지에서 우연히 발생한 토네이도가 아니다. 보수 정권이 평상시 언론을 대하는 시각, 기자를 깔보는 태도가 언론계의 집단 반발을 자초했다. 박근혜는 마음에 들지 않는 언론인에게 가차 없이 복수했다. 그런 권력자에게 언론이 보낸 비싼 답례품이 국정 농단 보도였다.

03

여성 혐오 집단을
자처하다

2016년 5월 서울 강남역 부근 식당 화장실에서 20대 여성이 살해됐다. '강남역 묻지 마 살인 사건'이다. 젊은 여성이 조현병 환자로부터 공격을 받아 살해된 비극이다. 사건 장소는 강남역과 직접 관계가 없다. 정확한 장소는 강남역과 신논현역 사이의 식당 건물이다. 이 식당 화장실은 남자와 여자가 함께 이용하는 공용 화장실이었다. 몇 시간 만에 붙잡힌 법인은 정신질환자였다. 입원을 네 차례 했으나 범행 직전 2개월 가까이 약을 복용하지 않았다.

인터넷 언론은 처음부터 여성 혐오 범죄로 분위기를 띄웠다. '여혐 살인'이라는 단어가 인터넷상에서 자리 잡았다. 범인은 "여자들이 항상 나를 무시해 여자를 죽이려고 화장실에 숨어 있었다"고 했다. 화장실에서 남성 4명을 그냥 지나치고 여성을 기다렸다가 범죄를 저질렀다. 여성을 노린 것이 사실이다.

그는 나중에 "여성에 대한 반감은 없다"고 했다. 법정 진술은 오락가락했고, 변호사 도움을 거절했다. 종잡기 힘든 중중 정신질환자 증상이었다.

여성 혐오 살인

인터넷에서 마초Macho 남성이 젊은 여성을 노렸다는 시각이 널리 퍼졌다. 여론은 금방 달아올랐다. 자기가 믿는 사실이 진실이라고 확신하는 이 시대 젊은 층의 탈진실Post-truth 현상이 뚜렷했다. 진짜 범행 장소와 꽤 떨어진 지하철 강남역 입구에 피해자를 동정하거나 위로하는 포스트잇이 나붙었다. 강남역은 '여성 혐오' 투쟁의 성지가 됐다.

여성 혐오Misogyny 개념은 선진국서도 진보 세력이 보수층의 여성 비하 행태를 공격할 때 애용하는 틀이다. 보수 인사나 보수 정권의 여성 혐오 행각에 당했다는 점을 부각시켜 반격을 가하는 기법이다.

보수 진영 투사들이 진보 진영의 공격 방식을 모를 리 없다. 아니나 다를까 이번에는 보수 인터넷 언론이 반격에 나섰다. 보수 인터넷 언론 회원들은 강남역 현장을 찾아가 피해자를 감싸는 포스트잇을 떼어내고 불태웠다. 정신질환자의 우발 범죄를 왜 여성 혐오주의자 소행으로 과장하느냐는 항의였다. 이들은 현장에 있던 여성 혐오 투쟁가, 진보 활동가, 단순 참가자들과 충돌했다. 인터넷 싸움이 현실 세계로 번지고 말았다. 현장 폭력 사태는 발전을 거듭했다. 여성 살인 사건 하나로 진영 간 다툼이 심각해진 것은 처음이었다.

과거에는 정신질환자의 살인 범죄는 언론이 보도를 기피했다. 정신질환자의 우발 범죄는 경찰이나 가족이 미리 막을 수 없지 않은가. 돌연 발생하는 재앙이라는 해석이 우리 사회를 지배했다.

하지만 이제 우발 범죄에 여성 혐오 살인이라고 의미를 부여하는 집단이 나타났다. 그것이 진영 대결로 번지는 현상은 우리가 처음 겪는 일이었다. 진보 진영이 여성 혐오의 틀을 제시한 배경에는 한국 여성이 남성보다 대우를 받지 못하고 있다는 집단 차별 의식이 있다. 남성 우위 사회에서 여성 전체가 피해자라는 인식이다.

유교 뿌리가 강한 우리 가정에서는 전통적으로 여성은 애를 낳아 가문의 대를 이어야 기본 임무를 다하는 것으로 되어 있다. 직장에서는 평균 연봉이 남성보다 낮고 승진과 보직에서 불이익을 받는다. 강남역 살인 사건은 이런 불평등 의식을 예민하게 자극했다. 가정, 직장 등에서 당하는 것도 서러운 판에, 식당에 여성용 화장실이 없어 살해당해야 하느냐는 피해 심리가 확산된 것이다.

이는 남녀 간 차별 철폐를 주장하는 미국·유럽의 진보주의 이념이 우리 사회에 유입되고 있다는 증거다. 진보 진영이 차별받는 집단을 옹호하며 우군을 늘리는 방향으로 가고 있다는 이야기다. 고작 친미·반공의 틀에서 진보를 바라보던 보수 입장에서는 받아들이기 어려운 새로운 현상이다.

강남역의 진보 정치인

강남역 여성 혐오 논쟁은 보수 진영이 일방적으로 밀리는 싸움이었다. 피해자가 20대 여성인데다 가해자는 정신질환자였다. 피해자는 말이 없고 가해자 진술은 오락가락했다. 피해자를 옹호하는 진보는 논쟁이 가열될수록 득점했지만, 가해자 쪽에 서야 했던 보수는 갈수록 점수를 잃었다. 싸움판이 기우는 것을 직감한 정치인들이 현장을 찾기 시작했다. 강남역 10번 출구는 진보 정치인들의 단골 방문 장소가 됐다. 모두가 여성 혐오를 거론하며 피해자를 애도했다.

정치인 문재인도 현장을 찾았다. 그는 트위터에 "다음 생엔 부디 같이 남자로 태어나요"라는 포스트잇의 문장을 인용해 띄웠다. 거기에 '슬프고 미안합니다'라는 문장을 보탰다. 여성이라는 피해자 입장에서 감성적인 동질감을 표시하며, 남성으로 한 번 더 살아보라고 기원했다. 성차별에 피해 의식이 강한 여성 집단을 겨냥한 메시지였다.

진보 정치인들은 너도나도 남녀 공용 화장실을 없애고 여성이 편하게 화장실을 들락거리게 해주겠다고 공약했다. 국회에 법안을 제출한 의원도 여럿 등장했다. 이들은 장소를 잘못 찾아갔다. 가려면 강남역 10번 출구가 아니라 살인 현장, 즉 식당 공용 화장실로 가야 했다. 공용 화장실이 어떻게 되어 있길래 살인 사건이 발생했는지 살피는 게 옳았다.

그들이 살인 현장 대신 포스트잇이 덕지덕지 붙은 지하철 입구로 몰려간 이유가 있었다. 진보 세력이 '여성 혐오'를 내걸고 집회하는 장소가 바로 그곳이었기 때문이다. 진보 측이 보수를 상대로 싸우는 싸움터가 강남역이었다. 보수 정치인은 강남역에 가지 않았다. 공용 화장실 폐지에도 적극적이지 않았다. 진보는 여성 유권자 표를 흡수하는 데 투자했지만 보수는 정신질환자의 범행이라고 외면했다. 보수 정치인은 지나치게 무시했다. 승부는 보수 진영의 완패였다.

솔로 여성의 불안감

그 결과 보수 진영은 2,500만 여성의 밤길 걱정을 외면하는 집단이 되고 말았다. 여성의 공포심을 보살펴주지 않는 매정한 인상을 주었다. 불안감을 공유하던 젊은 여성들은 냉담한 보수 정치권을 보며 정나미가 떨어졌을 것이다. 게다가 보수 인터넷 회원들이 강남역에 몰려가 충돌을 일으켰다. 과잉 행동이었다. 보수 진영이 여성을 무시하고 홀대한다는 이미지를 만들기에 충분했다.

보수 진영은 인구의 절반인 여성의 고민에 무관심했다. 여성 혼자 사는 솔로 가구가 2017년 현재 전국에 무려 276만 명에 달하는 현실을 무시했다. 서울시의 경우 혼자 사는 여성 가구가 60만 명에 달하고 그중 40%가 20대, 30대 미혼 여성이다. 솔로 여성은 어두운 화장

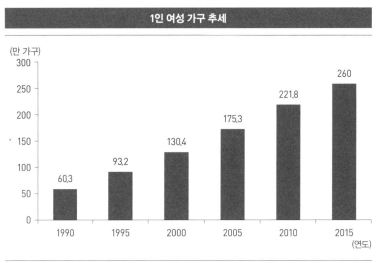

1인 여성 가구 추세

(만 가구)

출처 : 통계청. 연도별 인구 센서스 통계

실을 찾거나 한밤중에 택배 배달원이 올 때 불안해하며 경계할 수밖에 없다. 그들은 자기들끼리 안전 정보를 교환하는 데서 그치지 않고 안심할 수 있는 대책을 세워달라는 청원을 제기하고 있다.

강남역 여성 혐오 논쟁은 솔로 가구가 급증한 시대 상황이 증폭시킨 현상이다. 보수 세력은 솔로 여성의 안전 문제가 사회 현안이 되고 있는 흐름을 알지 못했다. 보수 세력이 여성 집단의 고민을 무시한 증상은 이때가 처음이 아니었다.

쇠고기 광우병 촛불 시위에 엄마들이 유모차를 끌고 나오자 이명박 측은 '동원된 시위꾼'이라고 공격했다. 유모차 시위대 중에는 광우병 정보가 부족해 진심으로 아이 건강을 걱정하는 엄마가 적지 않았다. 그들의 하소연이 담겼다는 것을 무시했다. 반대로 정권에 저항하는 집단이라는 의심을 감추지 않았다.

무상 급식 논쟁에서 참패

2011년 무상 급식 논쟁에서도 보수 정치가 얼마나 여성의 불편을 몰라주는지 드러났다. 무상 급식, 무상 보육 논쟁은 단순한 복지 논쟁이 아니었다. 그것은 누가 여성에게 잘 해주느냐는 배려의 경쟁이었다. 거기서 진보는 젊은 엄마들이 가장 불편해하는 일을 해결하려는 모습을 보인 반면 보수는 '퍼주기 식 복지'라고 반대하는 이미지를 남겼다.

무상 급식 논쟁에서 부상한 상징적인 인물이 오세훈 서울시장이다. 2006년 지방선거를 두 달 앞둔 4월 초만 해도 오세훈은 한나라당 서울시장 후보가 아니었다. 이명박 당시 서울시장은 맹형규 전 의원을 후임으로 밀고 있었다. 야당에서는 강금실 전 장관이 떠올랐다. 여론 조사에서 맹형규 후보는 강금실 후보 인기를 감당하지 못했다. 보수 진영 다른 후보들도 모두 강금실에 밀렸다. 대통령 자리를 노리는 이명박 시장으로서는 난감한 일이었다. 서울시장 자리를 야당에게 빼앗기면 2007년 말 대선에서 서울이 흔들릴 게 뻔했다. 어떻게든 보수 진영이 서울시장 자리를 지켜야 한다는 각오였다.

이명박이 고려대 후배 오세훈에 그다지 호감을 갖고 있지 않다는 이야기가 들렸다. 한나라당 서울시장 후보가 맹형규로 굳어지던 어느 날 《조선일보》가 오세훈을 넣어 여론 조사를 실시했다. 결과는 강금실 43.1%, 오세훈 41.3%였다. 최종 결과를 아무도 장담하지 못하는 근접 수치였다. 다른 후보들은 강금실과 대적하지 못할 지지율을 기록했다.

이 여론 조사 덕분에 "정치가 적성에 맞지 않는다"고 은퇴를 선언했던 오세훈은 정치에 복귀했다. 오세훈은 2010년 6월 지방선거에서 한명숙 후보를 누르고 서울시장에 가까스로 재선됐다. 여성 유권자층 지지가 굳건하다는 평가였다. 활달한 성격에다 젊다는 강점이 그를 서울시장에서 대선 후보감으로 키우고 있었다.

그의 출세 엘리베이터에 급브레이크를 밟은 것은 무상 급식 논쟁이었다. 오세훈이 서울시장에 재선된 선거에서 야당인 민주당은 무상 급식과 무상 보육을 공약으로 내걸고 서울시 의회 3분의 2를 장악했다. 서울시 의회는 전면 무상 급식을 결의했다. 오세훈이 거부하자 다음 해 무상 급식 실행을 강제하는 조례까지 만들었다. 오세훈은 끝까지 무상 급식을 거부했다.

2011년 8월 드디어 배수진을 쳤다. 대통령 선거 불출마를 선언하고, 무상 급식 찬반 여부를 주민 투표에 부치겠다고 발표했다. 주민 투표에서 패배하면 시장직을 사퇴하겠다고 했다. 대선 불출마 선언은 "이명박 대통령의 후계자가 되려고 무상 복지를 거부하는 투사처럼 싸운다"는 여론을 의식한 선제공격이었다.

보수 세력은 무상 복지와 홀로 대결하는 오세훈을 전폭 지지했다. "공짜 복지와 싸우는 오세훈이야말로 다음 대통령감"이라는 말이 나돌았다. 소수 보수층의 격려에 고무된 나머지 그는 시장직을 걸고 주민 투표를 감행했다. 결국 주민 투표 투표율은 25.7%로 개표를 할 수 있는 투표율 33.3%에 미치지 못했다. 오판이 빚은 참패였다.

오세훈의 오판은 개인 인기에 도취한 결과였다. 인기에 취해 무상 급식과 무상 보육을 공약으로 내건 민주당이 서울시 의회를 완전히 장악한 현실을 받아들이지 않았다. 무엇보다 젊은 엄마들이 무상 급식과 무상 보육을 얼마나 간절히 원하는지 몰랐다.

그는 보수 정치인들의 롤 모델role model인 영국 대처 총리를 닮고 싶었는지 모른다. 대처 총리는 교육부장관 시절 공립학교 무상 우유 급식을 중단했다. 복지에 예산을 과잉 지출하기보다는 교실을 현대화하는 데 돈을 쓰자고 했다. 그 덕분에 대처는 일약 전국적 인사로 부상했고 4년 뒤 총리직에 올랐다. 당시 영국에서는 2차 세계대전 이후 늘려온 과잉 복지가 영국병을 초래했다는 여론이 비등했었다. 재정 형편이 좋지 않았고 경제가 침체했다. 과잉 복지에 반발감이 극대화하고 있었다. 이제야 복지 혜택이 늘고 있는 한국과는 전혀 달랐다.

오세훈은 일부 극성 보수 진영이 자신을 지지하는 것을 보며 무상 복지 반대 여론이 엄청나다고 오판했다. 자신은 공짜 복지와 싸우는 외로운 검투사가 된 듯했으나 죽음의 골짜기로 가고 있었다. 서울시민은 무상 급식이 주민 투표를 해야 할 사안이 아니라는 결론을 내렸다. 무상 급식은 정부와 지자체가 당연히 해야 할 행정 서비스라는 메시지였다.

무상 급식은 2009년 김상곤 교육부 장관이 경기도 교육감 출마 때 내걸어 성공한 공약이었다. 논리는 아이들이 학교에서 눈칫밥을 먹어서야 되겠느냐는 것이었다. 교실에서 누구는 돈을 내고 점심을 먹고 누구는 돈을 내지 않고 먹으면 가난한 집 자식은 부잣집 자식의 눈치를 볼 수밖에 없다. 있는 집, 없는 집을 편 가르기 하는 교육을 해서야 되겠느냐는 말이다. 가난한 집 아이도 부잣집 아이와 똑같이 사람답게 살 권리가 있다는 주장이다. 차별 철폐를 중시하는 진보 진영이 진보 철학에 투철한 공약이었다.

무상 급식, 무상 보육, 무상 의료, 무상 교육 같은 다양한 무상 복지 프로그램은 진보 이념 차원에서 만들어진 공약만은 아니다. 불평등을 억지로 해소하려는 포퓰리즘 발상에서 나온 것으로만 해석해서도 안 된다. 현실은 인구 구조의 변화, 여성의 경제 활동 증가, 저소득층의 증가, 가구 형태의 변화가 무상 복지 수요를 폭발적으로 증가시키고 있다.

우선 맞벌이 부부가 20년 사이 급증했다. 500만 가구에 달한다. 그 중 맞벌이하며 따로 떨어져 사는 기러기 부부가 50만을 넘는다. 맞벌이 급증은 젊은 엄마들이 자녀 도시락 준비를 하거나 아침저녁으로 어린이집, 보육원에 데리고 다닐 수 없게 됐다는 뜻이다. 무상 급식,

무상 보육 요구가 강해질 수밖에 없다. 특히 직장에서 한창 일해야 하는 30대, 40대 주부는 급식과 보육을 정부가 책임지기를 바란다.

맞벌이·비정규직 급증

비정규직도 급증했다. 비정규직 부모는 본능적으로 비정규직 신분이 자녀 교실에서 노출되는 것을 꺼린다. 교실에서 자녀가 급식비를 내지 않는 아이로 따돌림당하면 큰 충격을 받을 것이다. 비정규직은 직장에서 한 번 눈물 흘리고, 아이 학교에서 한 번 더 눈물을 흘려야 한다. 비정규직에게는 감당하기 힘든 가혹한 현실이다.

진보 세력은 이런 시대의 변화를 민감하게 받아들여 무상 복지 공약을 집중 마케팅했다. 보수 진영은 이런 변화를 모른 채 무상 복지 요구를 공짜를 좋아하는 거지 근성이 발동한 것이라고 보았다. 젊은 엄마들이 급식과 보육에 얼마큼 예민한지 무시했다. 30대, 40대 주부들의 불안을 헤아리지 못한 것이다. 공짜 복지를 말하면 나라 재정을 거덜내는 무책임한 인사로 몰아세웠다.

"이건희 회장 손자까지 무상 급식을 받는다는 게 말이 되느냐." 공짜 급식 논쟁이 한창일 때 보수가 진보를 공격하는 상징적인 문장이었다. 맞는 말이다. 이건희 손자 손녀들은 사립 학교에 다녔다. 사립 학교에서는 모든 학부모가 똑같이 급식비를 내야 한다. 선진국에서도 대부분 사립 학교에는 정부가 공짜 급식을 제공하지 않는다.

보수 진영은 무상 복지 이야기가 나오면 즉각 "무슨 돈으로?"라고 반문한다. 공짜 복지가 많아지면 세금 부담이 늘어날 것이라는 걱정은 설득력이 있다. 하지만 인구 구조가 변하면서 공짜 복지 수요가 늘어나는 현상은 막을 수 없다.

영국 보수당의 여성 편애

영국 보수당은 여성의 보수주의적 사고방식에 주목했다. 여성은 현상 유지를 바라는 기대치나 안정을 추구하는 성향이 남성보다 강하다. 보수당은 여성만 한 든든한 지지 집단이 없다고 보고, 일찌감치 여성 참정권을 확대하는 일에 앞장섰다. "여자는 판단력이 약하고 정치에 무관심하다"는 당내 반대를 눌렀다. 여성 의원을 처음 탄생시킨 정당도 보수당이었다. 그 덕분에 보수당의 여성 당원 숫자는 경쟁자인 노동당보다 몇 배 많았다. 당내에서도 여성 당원 숫자가 남성을 웃돌 때가 자주 있었다.

보수주의는 원래 인간 사회의 원초적인 공동체인 가정, 가족을 중시하는 정치 이념이다. 가족과 가정을 지키는 중심은 바로 엄마이자 아내다. 진실한 보수주의자라면 여성을 우리 사회의 보배이자 보수 정당의 지지층으로 존중해야 마땅하다.

우리 보수층은 그렇지 않았다. 아내는 가사일만 해야 하고, 육아에 전념해야 하고, 남편을 따라 투표하는 종속적 존재로 보았다. 여성 정책은 우선순위가 밀리곤 했다. 이명박 정권은 한때 정부 조직에서 여성부를 없애려고 시도했었다. 여성 다수가 원하는 무상 복지를 무작정 포퓰리즘이라고 공박했다. 역대 보수 정권은 국가가 제공하는 복지만 옳다고 했다. 아래서 위로 올라오는 복지 수요를 옳지 않다고 거부했다. 국가가 국민에게 위에서 아래로 내려보내는 시혜성 복지만 받으라고 하기에는 인구 구조가 너무 변했다. 맞벌이 가구, 비정규직 가구, 여성 1인 가구, 다문화 가정 등 다양한 패턴의 가족이 형성됐다. 밑바닥 국민이 요구하는 복지를 정책에 반영해야 하는 시대를 맞았다.

무상 복지 프로그램에 무조건 반대하는 구닥다리 보수는 생명력을 가질 수 없다. 사회 변화를 깡그리 무시하겠다는 옹고집에 불과하다. 국민의 절반과 적대 관계를 맺어도 좋다는 오만한 태도로는 정권을 잡을 수 없다. 우리나라 보수 정치 세력도 영국 보수당, 독일 기민당, 일본 자민당처럼 실용적인 정책을 적극 채택해야 한다.

04

인간의 약점을
야비하게 후벼 파다

예일대 사회심리학자 스탠리 밀그램Stanley Milgram이 '복종 실험'이라 불리는 유명한 실험을 했다. 인간이 얼마나 권위와 명령에 취약한지 알아보려는 테스트였다. 그는 평범한 나치 군인들이 그토록 유대인 집단 학살에 가담한 이유를 탐색하려 했다.

우선 교사 역할을 맡을 사람으로 대학 주변 동네에서 우체부 교사, 세일즈맨 등 지극히 평범한 시민을 골랐다. 실험 대상 학생을 전기 고문 의자에 앉히고 고문받는 역할을 맡겼다. 명령을 내리는 감독관이 문제를 내면 학생이 대답해야 한다. 답변이 틀리면 교사 역할을 담당한 보통 시민이 학생이 앉아 있는 전기 고문 의자에 전압을 올린다. 대답이 틀릴 때마다 전압을 15볼트씩 높이며 최고 450볼트까지 고문 강도를 올리도록 했다. 375볼트를 넘어서면 학생에게 '위험·격렬한 쇼크가 갈 것'이라고 경고하고, 425~450볼트 구간에는 'X

××' 표시로 더 하지 말라는 경고까지 해뒀다. 실제라면 매우 위험한 실험이었다.

밀그램 교수는 고문 강도가 높아지면 몸부림치고 벽을 때리며 살려줄 것을 호소하는 연기 훈련을 받은 사람을 전기 의자에 앉혔다. 고문받는 학생이나 전기 고문 의자는 가짜였다.

밀그램의 잔혹 실험

실험 결과 보통 시민 40명 가운데 65%인 26명이 최고 전압 450볼트까지 전압을 올렸다. 300볼트까지는 40명 전원이 전압을 올렸다. 감독관이 "실험을 계속하자", "다른 선택이 없다", "반드시 계속해야 한다"고 지시하면 대다수가 전압을 올렸다. 고문받는 척하는 연기자가 발을 구르고 문을 두드리며 살려달라고 호소하는 것을 듣고서도 전압을 올렸다.

밀그램은 원래 성선설을 믿었다. 실험 전에는 시민 가운데 0.1%만이 최고 수준까지 올릴 것이라고 예상했다. 결과는 정반대로 65%나 나왔다. 그만큼 인간이 권위에 굴복하고 명령 또는 지시에 복종하며, 죄 의식 없이 극악해질 수 있다는 결론에 도달했다.

보수주의 인간관은 《성경》에 나오는 대로 '사탄의 유혹으로 타락하고' '죗값으로 죽을 자'로 요약된다. 밀그램 실험에서 나타난 인간의 본성을 받아들인다. 인간이란 욕망에 가득 차 있고 성공을 갈망한다. 거짓말을 마다하지 않는다. 체중을 2kg 줄이면 내일 100만 원을 받을 기회를 포기하고 오늘 초콜릿을 잔뜩 먹는 비이성적인 존재다.

장래의 큰 이익보다 당장의 쾌락을 추구한다. 어제 내뱉었던 거짓말을 오늘 진실이라고 우기며 변덕을 부린다. 멀쩡한 인간이 얼마든지 이럴 수 있다는 게 보수주의 인간관이다.

보수주의는 인간을 불안정한 생물이자 몸 색깔을 바꾸는 카멜레온 같다고 본다. 미완성 동물은 서로 몸을 기대며 살아갈 수밖에 없다. 피를 흘리며 싸우다 보면 모두 공멸하는 길밖에 없기 때문이다. 그래서 보수주의는 서로 상대의 약점을 감싸주며 공존하는 공동체를 꿈꾼다. 진정한 보수주의자는 자신이 약점이 많다는 전제 아래 다른 사람을 접촉한다. 내가 종종 실수한다는 것을 인정하고 상대방의 실수를 받아들인다. 타인의 일탈을 감싸주는 관용이 베풀어지지 않으면 공동체가 분열하기 때문이다. 아량과 관용이 없으면 사회는 험악한 싸움터로 변하고 말 것이라고 걱정한다.

채동욱 찍어내기

그러나 웬일인지 우리 보수 진영은 인간을 완벽하고 청결한 동물로 보고 있다. 걸핏하면 실수하고 유혹에 빠지는 나약한 존재라는 것을 인정하지 않는다. 감싸주기는커녕 약점이 드러나면 가차 없이 날카로운 칼로 상처를 후벼 판다. 인간의 이성과 합리성을 믿는 진보주의 인간관을 닮았다.

2013년 9월 《조선일보》가 채동욱 검찰총장에게 혼외자가 있다는 특종을 보도한 날 처음 떠오른 생각은 "드디어 청와대가 칼을 뺐구나"였다. 검찰총장에 대한 박근혜의 불만이 기어코 터졌다는 것을 직감했다. 혼외자는 우리 사회 관행상 용인되지 않는다. 공인이라면 더욱 보호받기 힘든 사생활이다. 남의 죄를 티끌까지 파고드는 검찰총장의 경우에는 더더욱 항변하기 힘든 사생활이다.

기사 속에는 정보 제공자를 묻지 않아도 될 만큼 충분한 정보가 있었다. 단정적인 표현이 좋은 판단 재료였다. 단정적 묘사는 기자가 확실한 소스(뉴스원)를 통해 확인했다는 것을 뜻한다.

하지만 국정원 댓글 공작을 파헤친 '정의의 검찰'을 《조선일보》가 공격하는 데 앞장섰다는 비판이 고민거리였다. 채동욱이 영리하게 대응하면 《조선일보》는 팩트 확인을 하지 못하고 누명을 뒤집어쓸 수 있었다.

최악의 시나리오는 채동욱이 혼외자를 부인한 뒤 총장직을 자진 사퇴하는 카드를 들고나오는 경우였다. "물의를 빚어 죄송하다"는 한마디에 "혼외자는 사실이 아니다"며 그냥 물러나면 DNA 검사를 할 수 없었다. 법무부가 감찰하거나 강제 수사를 하지 못했을 것이다. 여기에 "댓글 공작 수사가 청와대 입맛에 맞지 않게 나왔다고 《조선일보》를 앞세워 퇴진 공세를 펼칠 줄은 몰랐다"고 반박했다고 치자. 혼외자 여부는 확인되지 않고 언론이 권력과 결탁해 정보기관의 불법 선거 운동을 적발한 검찰총장을 매장시켰다는 비난을 피하지 못했을 것이다.

채동욱이 선택할 수 있는 또 다른 카드는 혼외자를 인정하고 사퇴하는 카드였다. 청와대 공세 강도를 볼 때 사퇴는 불가피했다. 그럴 바에야 "혼외자를 부인하는 비겁한 아빠가 되기 싫다"면서 "아이를 잘 키우겠다"고 깨끗이 인정할 만했다. 그러면서 '채동욱 찍어내기'에 정치 공세를 펼칠 수 있었다. 가족들로부터 양해를 얻어야 가능한 카드였다.

예상과 달리 채동욱은 계속 자충수를 뒀다. 정정 보도를 요구하고, 언론중재위원회에 제소하겠다고 정면 대응했다. DNA 검사를 받겠다며 강하게 나왔다.

며칠 뒤에는 혼외자 엄마 이름으로 쓴 편지가 《조선일보》에 도착했다. 이 편지가 패배의 출발점이었다. 아이 엄마가 보낸 편지는 자신과 채 총장의 관계를 '가게 사장과 손님의 관계'로 설정했다. "(아이가 장래) 채 총장 같은 (호방하고 존경할 만한) 사람이 됐으면 좋겠다는 생각에 그 이름을 함부로 (아들 학교의 학적부에) 빌려 썼다." 엄마의 편지는 알리바이가 아니라 혼외 관계를 인정하는 편지로 해석됐다.

권력을 휘두르는 데 익숙한 사람은 자신이 공격받을 때 물러설 줄 모른다. 채동욱은 평생 다른 사람을 벌주기만 했다. 칼을 거침없이 휘둘렀을 뿐 누군가의 칼이 자신을 덮치는 상황을 상상해보지 못한 듯했다. 그는 법무부 감찰을 거부하며 최고 권력자에게 항전을 거듭했다.

그가 싸워야 할 상대는 언론이 아니라 대통령과 청와대였다. 그의 칼에 당한 국정원은 정권 편에서 그의 몰락에 힘을 보태고 있었다. 그를 돕는 사람은 윤석열 검사(현재 검찰총장)를 비롯한 특수부 출신 검사 몇 명이었다. 최고 권력자의 눈 밖에 나버린 검찰총장은 이빨과 발톱을 제거당한 힘없는 늑대에 불과했다.

그가 최종 사퇴한 것은 혼외자와 함께 살았던 가정부가 TV조선에 집안일을 증언한 뒤였다. 채동욱이 친필로 서명해 가정부에게 보낸 감사 카드까지 나왔다. 결국 채동욱은 버티지 못하고 쓰러졌다. 아이 엄마는 다른 사건으로 기소됐다.

　나중에 확인됐지만 국정원 댓글 공작 수사가 끝날 무렵 청와대는 벌써 채동욱 사생활 뒷조사를 시작했다. 국정원은 서초구청에서 기본 자료를 수집했다. 청와대 고용복지수석실은 국민건강보험공단을 통해 혼외자 엄마가 어느 병원에서 어떤 진료를 받았는지 샅샅이 조사했다. 교육문화수석실은 서울 강남교육청을 통해 혼외자의 학생 생활기록부를 조회했다. 청와대가 보복성 뒷조사를 했다는 사실은 부정할 수 없었다.

　안타깝게도 혼외자는 생물학적 아빠로 보이는 인물로부터 "내 자식 아니다"라는 공개 통보를 받았다. 그 후 여러 인터뷰에서 채동욱은 혼외자 문제를 솔직하게 언급하지 않았다. 문재인 정권이 들어선 후 자신의 약점은 감추고 박근혜 정권의 잔혹한 보복 대상이 됐다는 점만 부각시키고 싶은 듯했다. 진보 좌파 언론은 박근혜 정권의 피해자라는 명분을 앞세워 그를 무작정 영웅화했다. 공직자로서의 올바른 처신을 했는지, 순수한 의도로 댓글 수사를 시작했는지 등은 온데간데없었다.

　에드먼드 버크는 보수주의 원조로 통하는 인물이다. 그는 1789년 프랑스 혁명의 과격하고 무례한 양상을 비판하는 것으로 보수주의 깃발을 올렸다. 그가 프랑스 혁명에서 최악의 꼴불견으로 꼽은 것은 루이 16세의 왕비 마리 앙투아네트 침실까지 혁명군이 쳐들어 간 광경이었다. 오스트리아 제국의 황녀였던 마리 앙투아네트는 사교에 뛰어나고 연극·음악·미술에 조예가 깊어 '유럽의 작은 요정'으로 통했다. 버크는 시민 혁명군이 여왕의 내밀한 침실까지 파헤친 행태를 '기사도의 시대가 가고 궤변론자의 시대가 왔다'고 비판했다. 매너, 에티켓이 사라지고 미개한 사회로 후퇴했다고 한탄했다. 아무리 인간이 미워도 누구나 안고 있는 취약한 사생활까지 공격해서는 안 된다는 말이었다.

진정한 보수주의 정권이라면 '나쁜 사람'이라고 할지라도 막다른 벼랑에서 밀치지 말았어야 했다. 검찰총장의 사생활을 파헤쳐 길거리에서 돌팔매질을 당하게 하지는 말았어야 했다. 적절한 시기에 다른 명분으로 사표를 받으면 그만이었다. 하지만 박근혜 정권은 가장 아픈 상처에 소금을 부었다. 정보기관을 가동해 사생활을 불법 추적했고, 그 사생활 정보를 언론에 유출해 매장시키려 했다.

채동욱 찍어내기는 밀그램 교수가 전기 고문 의자 전압을 450볼트까지 올린 실험처럼 인간의 극악한 모습을 보여주었다. "정권에 도발하는 부하는 이렇게 처단당한다"는 것을 과시하는 듯했다.

박근혜가 '나쁜 사람'이라고 지목해 제거한 공무원은 채동욱 외에도 노태강 문화체육부 차관 등 문화체육부 직업 공무원들이 있었다. 그들은 영문 모르고 강제 퇴출됐다. 정윤회 문건과 연루된 조응천 청와대 공직기강비서관을 비롯 민정수석실 공무원들은 모두 쫓겨났다. 그중 1명은 자살로 생을 마감해야 했다.

그나마 1세대보다는 나아진 게 그 모양이다. 이승만은 경쟁자로 떠오른 진보당 조봉암(초대 농림부 장관)을 간첩으로 몰아세웠다. "무죄아니면 사형을 달라"고 했던 그는 구속 1년 반 만에 사형이 집행됐다. 52년 후 대법원은 무죄를 선고했으나 생명을 되살리지는 못했다. 박정희는 대선 경쟁 상대였던 김대중을 일본에서 강제 납치했다. 납치 후 동해에서 수장시켜 살해할 계획이었으나 미국 CIA의 개입으로 포기했다. 거추장스러운 사람은 약점을 잡아내 용서 없이 복수하는 권력의 난폭성이 박근혜 시대에 되살아났다.《산케이신문》지국장도 그 피해자였다.

《산케이신문》 오보

《산케이신문》 서울지국장 가토 다쓰야는 2014년 여름 한국 근무가 말년에 돌입하고 있었다. 두 달 뒤 도쿄 본사 편집위원으로 귀환할 예정이었다. 그는 서울을 떠나기 바로 직전, 작은 오보로 자신의 가치를 최상급으로 끌어올렸다.

가토 지국장이 쓴 기사는 "박근혜 대통령 여객선(세월호) 침몰 당일 행방불명… 누구와 만났을까"라는 내용이었다. 의문의 세월호 7시간 동안 정윤회를 만났을지 모른다는 내용이었다.《산케이신문》 인터넷판에 실린 것이어서 처음에는 도쿄에 주재하는 한국 특파원조차 보지 못했다. 청와대가 발끈하자 그때서야 특파원들은 검색하느라 법석이었다. 기사는 대통령과 정윤회 간의 남녀 관계, 밀회를 암시하고 있었다. 삼류 주간지에나 쓸 만한 내용이었다. 쓰더라도 믿거나 말거나 하는 투로 우물쭈물 써야 했다. 그날따라 도쿄 본사에서 특파원 기사를 검토하는 데스크가 적절한 제동 장치를 가동하지 않았던 모양이다. 위험한 기사가 폭주한 꼴이었다.

청와대는 가토 지국장이 오보를 냈다는 약점을 파고들었다. 팩트가 틀렸으니 혼나야 한다고 했다. 정체가 뻔한 청와대·국정원 주변 시민 단체가 고발장을 내자마자 검찰은 기다렸다는 듯 수사에 착수했다. 출국 금지가 결정되더니 곧 소환 통보를 받았다. 일본 외무성은 이해할 수 없다는 반응을 보였다. 일본 검찰이 좀체 피의자를 출국 정지하지 않은 채 수사하는 관행에 비춰보면 우리 검찰의 출국 금지는 놀라운 일이었을 것이다. 오보 기사 하나 때문에 언론인을 출국 금지한다는 것을 일본에서는 상상하기 힘든 일이다.

홍보 전문가는 이런 오보를 겪으면 몇 단계 세련된 대응을 한다. 첫 단계는 비공식 접촉이다. 먼저 언론사의 아는 루트를 통해 보도 배경을 탐문한다. 고의가 없다는 사실이 확인되면 적당한 방식으로 후속 보도를 통해 해명 기사를 실어줄 것을 부탁한다. 두 번째 단계는 공개 정정 보도 요청이다. 고의성이 뚜렷하거나 해명 보도를 거부하면 공개적으로 오보라는 점을 밝히고 정정 보도를 요청하는 것이 좋다. 세 번째 단계는 민형사 소송을 시사하는 것과 동시에 사과와 재발 방지를 요구하는 방안이다. 네 번째 단계는 진짜 소송에 돌입하는 순서다. 언론사가 오보에 아무 조치를 하지 않을 때는 소송을 통해 얼마든지 기사를 정정할 기회를 잡을 수 있다.

모든 사전 접촉이 원만하지 않으면 마지막 단계는 전면전이다. 해당 언론사를 상대로 인터뷰, 취재를 거부하고 광고를 중단할 수 있다. 오보 언론사를 비난하는 광고를 경쟁 언론사에 낼 수 있다. 각 단계를 넘어설 때마다 언론사와 권력기관 사이에는 틈틈이 협상이 가능하다.

그러나 박근혜의 청와대는 가토 지국장을 단숨에 막다른 코너로 몰아세웠다. 정정 보도 요구나 사과, 사후 재발 방지 조치 같은 예비 단계를 거치지 않고 검찰 수사로 직격탄을 날렸다.

검찰 소환 날짜가 언론에 공개된 직후 검찰 고위층과 저녁을 했다. 검찰의 고민을 읽을 수 있었다. 청와대 하명 사건을 거부하겠다는, 취임 약속을 지킬 수 없는 사정을 설명했다. 가토 처벌 요구가 워낙 강하다는 시사였다. 김기춘 비서실장의 요구인지, 대통령 본인의 뜻인지는 말하지 않았다.

권력 핵심의 처벌 의지가 뚜렷하다는 사실은 분명했다. "그러면 사소한 오보 하나가 큰 외교 분쟁으로 굴러가겠네요"라는 말이 절로 튀어나왔다. 그 자리에서는 수사를 지연시키며 청와대 분노 지수가 가라앉기를 기다리라고 했다. 검찰 고위 인사는 난감한 표정이었다.

수사가 진행되는 동안 《산케이신문》은 연일 가토 지국장을 자유 언론 투사로 만들어갔다. 다른 일본 언론도 언론 자유 주장을 펼치기 시작했다. 수사에서 '세월호 7시간' 동안 대통령이 정윤회를 만나지 않았다는 사실이 드러났는데도 산케이는 정정 보도를 하지 않았다. 《산케이신문》은 오보 수정을 거부하고 가토를 언론 자유 투사로 자리매김하기로 작정한 듯했다.

가토 지국장이 기소된 후 재판장은 "기사 내용이 허위임을 전제로 재판을 준비해달라"고 했고, 가토는 자기 신문에 "(이런 재판부의 판단에) 이의를 제기할 생각이 없다"고 받아들였다. 그러면서도 정정 보도나 사과를 하지 않았다. 가토는 수사와 재판을 받는 8개월 사이 고향 땅을 밟지 못하게 구금한 미개국 한국과 맞서는 투사가 됐다. 오보를 정정하지 않고 언론 자유만 주장하는 일본 언론도 우스웠지만 오보 하나로 처벌을 밀어붙인 청와대는 제정신이 아니었다.

가토가 귀국할 때 공항에서는 인기 연예인을 맞이하는 것과 똑같은 장면이 펼쳐졌다. 박근혜의 레이저 폭격에 무참히 언론 자유를 침해받은 영웅을 인파가 맞아들이는 분위기였다. 아베 총리가 가토를 총리 관저로 초대해 45분간 배려 깊은 대화를 나눴다. 가토는『나는 왜 한국에 이겼는가』라는 책으로 큰 상을 받고 일본 전국을 돌며 강연회를 했다. 한국 법원은 가토 지국장에게 무죄를 선고했으나 두 나라 외교 관계는 최악으로 치달았다.

가토는 팩트를 생명으로 여겨야 할 기자로서 써서는 안 되는 기사를 썼다. 하지만 가토나《산케이신문》보다 더 우스꽝스러운 곳은 청와대였다.《산케이신문》은 일본에서《요미우리신문》,《아사히신문》에 부수부터 권위, 영향력이 한참 미치지 못하는 극우 신문이었다. 더구나 인터넷판에 실린 것이 아닌가. 무시하고 웃어넘기면 아무도 관심을 갖지 않을 기사였다. 작은 오보 하나 엄벌한다고 해서 세월호 7시간 의혹이 깔끔하게 해소될 리가 없었다. 가토가 정정 보도하고 사죄한다고 해서 루머가 사라질 수도 없었다.

수준 미달의 작은 기사에 정색하고 덤비는 바람에 외교 분쟁으로 발전했다. 모기 한 마리 잡으려고 미사일을 발사한 격이었다. 무슨 약점이든 걸리면 아량을 베풀지 않고 반드시 보복한다는 인상을 주었다.

말 안 듣는 공무원도 무관용

채동욱 퇴출이나 가토 기소는 박근혜 정권의 무관용 정신을 보여주었다. 약점을 헤집고 상처를 더 크게 만드는 공격을 끝까지 멈추지 않았다. 배신자, 비판자, 명령 불이행자를 겨냥한 인간 사냥이나 마찬가지였다. 과잉 반격이었다. 그때마다 병든 보수의 일그러진 심리가 진하게 묻어나왔다.

채동욱의 낙마는 몇 년 뒤 고액 변호사로 성공하는 발판이 됐다. 가토의 오보는 일본의 반한 감정을 최고조로 올리면서 스타 기자가 되는 디딤돌이 됐다. 정윤회 문건을 작성했다는 이유로 청와대에서 쫓겨난 공직기강비서관은 국회의원이 됐다. 문화체육부의 '나쁜 사람'은 국장에서 쫓겨난 뒤 문재인 정부에서 차관으로 승진해 복귀했다. 대통령 심기를 건드린 죄인들은 권력자의 뜻과는 반대로 인생에서 좋은 전기를 잡았다.

진짜 보수주의자는 용서와 관용으로 남의 실수와 결점을 너그럽게 덮어준다. 자신도 약점을 갖고 있어 다른 사람들로부터 보호받고 싶어 한다. 박근혜는 그런 보수주의자다운 아량을 팽개치고 복수의 큰 칼을 휘둘렀다.

밀그램은 전기 고문 실험으로 인간이 한없이 극악무도한 짓을 할 수 있다는 사실을 증명했다. 밀그램은 극단적 심리 실험을 했다는 이유로 학회에서 1년간 자격 정지 처분을 받았다. 밀그램이 한국 보수 정권의 행태를 관찰했더라면 그런 극단 실험을 해보기 전에 인간의 잔인성에 관한 논문을 썼을 것이다.

05

블랙리스트로 문화 예술인들을
편 가르다

　레이건 대통령(임기 1981년 1월~1989년 1월)은 미국 현대사에서 가장 성공한 정치인 중 한 명이다. 미국 보수 진영에서 레이건이 차지하는 자리는 넓고 깊다. 레이건 이후 공화당 대선 후보 토론회는 반드시 레이건기념관에서 열린다. 공화당 후보들은 레이건 발언을 단골로 인용한다. 민주당 후보도 레이건을 좋아한다. 민주당 출신 클린턴 대통령은 레이건의 많은 정책을 모방했다. 그는 레이건의 정치 아들이라는 농담을 들었다.

　레이건은 원래 영화배우 출신이었다. 그는 영화를 비롯 음악, 미술, 문학 등 문화 예술의 정치적 영향력을 믿었다. 역사책, 이념 서적으로 보수주의 가치를 설명하기보다는 영화, 음악, 스포츠를 통해 전달하는 게 낫다고 봤다. 문화와 스포츠를 정치 자산을 키우는 수단으로 생각했다.

미국 보수 진영은 권력 중독자라는 핀잔을 듣는다. 그들이 정권을 잡으려는 전략은 일상적으로 전개된다. 민주당과 싸우는 큰 전쟁터는 대선과 중간 선거다. 선거전에서 진보 진영과 대결은 전면전 양상을 보인다. 평상시에는 영화, 음악, 스포츠, 문학 현장에서 싸운다. 진영 싸움의 주력 전선은 정치판이지만 평소에는 문화, 예술, 스포츠를 통해 고지 쟁탈전을 벌인다. 일상의 고지 쟁탈전에서 밀리면 선거라는 큰 전쟁터에서 패한다는 것을 미국 보수 진영은 잘 알고 있다.

마이클 잭슨과 마이클 조던의 보수주의

미국 보수는 생활을 하는 가운데 보수주의 가치가 인간에게 편하고 이롭다는 점을 알린다. 스포츠, 음악, 영화를 즐기며 가족이 중요하고 국가를 지켜야 한다는 인식을 심어준다.

트럼프는 얼마 전 국가가 연주될 때 한쪽 무릎을 꿇는 미식축구 선수에게 욕설을 퍼부었다. 국가가 연주되면 경건하게 합창하라는 보수 특유의 행동 방식을 강조했다. 진보 진영에서는 트럼프의 욕설에 반발했지만 보수층의 마음을 대변했다. 트럼프가 일부러 도발한 것이다. 이것이 미국 보수 정치가 지지자를 결집시키는 방식이다.

마이클 잭슨은 레이건 시대 세계를 열광시킨 가수였다. 현란한 춤은 단번에 세계 공연 시장을 사로잡았다. 잭슨의 노래에는 평화와 화합이 자주 등장하고 사랑을 강조한다. 보수주의 가치관을 담은 단어다. 잭슨 이전 비틀즈, 밥 딜런은 그 시대의 정치 기류에 저항하는 노래로 팬을 끌었다. 그들은 전쟁 반대를 외쳤지만 잭슨은 레이건 보수 이념에 맞는 노래로 시장을 장악했다.

레이건 정권은 가족을 중시하는 '가족이 먼저다Family first' 슬로건을 내걸었다. 공동체의 도덕을 파괴하는 마약 퇴치에 열성이었다. 잭슨의 히트곡 〈Beat It도망쳐〉은 마약 퇴치용 캠페인 음악으로도 사용됐다. 레이건은 잭슨에게 휴머니즘상을 시상했다. 보수 정치가 보수의 가치를 살포하기 위해 문화와 손을 잡은 모양새다.

미국 보수 세력이 중시한 것은 음악뿐 아니다. 농구 황제 마이클 조던은 레이건·부시 시대 NBA 프로농구 붐을 일으킨 최고 공로자이자 농구 영웅이다. 조던의 전성기 CF에는 가족이 출연했다. 부인, 아버지가 나온다. 가족을 중시하는 보수주의와 맥을 같이하는 광고다.

마이클 조던은 소파에 앉아 있다. 무대에 아버지와 아내가 등장하며 대화를 시작한다. 미국 유명 의류 브랜드 헤인즈Hanes 광고였다.

아버지 : 마이클, 이거 네 헤인즈(팬티)냐. 이걸 입는 이유가 있느냐.
조던의 아내 : (옆을 지나치다 대답을 가로채고 단호하게 말한다) 물론이죠.
아버지 : 내가 이걸 입으면 네 엄마가 좋아할까?
조던 : (쑥스럽게 웃으며) 아마 그럴걸요.

마지막 장면에 노래가 나오며 성우의 음성이 메아리치고 흘러나온다. "(엄마가) 헤인즈 (팬티) 입혀드릴 때까지 기다리세요." 조던의 말에 맞장구치듯 성우는 "물론이죠"를 반복한다. CF는 가족적인 분위기를 밝게 연출했다. 한 흑인 가족의 따뜻한 스토리가 짧은 CF에 담겼다.

조던은 모범적인 가장으로 등장했다. 시아버지와 며느리, 아들이 속옷을 놓고 대화하는 가족은 미국 보수주의가 추종하는 중요한 목표다. 대기업 광고주가 보수주의 스포츠 스타를 등장시켜 보수주의 철학에 맞는 광고를 만들었다.

조던은 나이키, 코카콜라, 맥도날드, 시보레 등 주요 대기업 광고를 싹쓸이했다. 그가 농구 영웅으로 떠오른 과정에서 보수 정치권과 보수 기업인들이 합작해 흑인 스타를 키운다는 해석이 미국 언론에 종종 보도됐다. 조던은 언제나 겸손하고 절제된 생활을 하는 모범생 이미지로 언론에 묘사됐다. 가족에 헌신하는 모습이 자주 보도됐다. 가족의 가치를 지키며 공동체에 헌신하는 보수 흑인을 대변했다.

조던은 그 시대 보수의 상징이었다. 미국 보수 세력은 스포츠 영웅을 통해 보수주의자는 착하고 보수주의는 편한 것이라는 메시지를 발신했다. 생활 보수 세력을 확보하려는 기법이다.

그러나 우리나라 보수는 문화를 정치판의 액세서리로 여긴다. 영화배우, 탤런트, 개그맨, 스포츠 스타를 청와대 홍보 이벤트나 선거 유세장의 군중 동원에 이용하고 만다. 미국 보수 진영처럼 보수 철학을 전파하는 특급 매개체로 대우하지 않는다.

궁정동 만찬장과 블랙리스트

상징적인 장면이 1979년 10월 26일 밤 현직 대통령이 시해당한 현장이다. 궁정동 만찬장에서 여성 가수 1명과 모델 1명이 술자리 시중을 맡았다. 가수, 모델이 한낱 권력자 만찬장의 접대부쯤으로 취급받았다. 연예인을 깔보는 하대 의식은 39년 세월이 지났는데 조금도 변하지 않았다. 이명박·박근혜는 문화계, 예술계, 스포츠계와 등을 지는 결정적인 패착을 뒀다. 불이익을 줄 인물 명단인 블랙리스트black list 파문이 그것이다. 문성근·김여진 같은 배우, 김제동·김미화·김규리 같은 연예인을 권력자 뜻대로 방송에서 제외시켰다. 김연아·손연재라는 스포츠 스타를 정부 행사에 강제 동원해 1회용으로 사용했다. 연예인과 스포츠 영웅을 권력자의 노리개 정도로 여겼다.

2세대 보수 정권이 문화계와 스포츠계를 어떻게 폐허로 만들었는지 살펴보자. 먼저 영화판을 보자. CJ그룹은 삼성그룹에서 독립하면서 영화, TV 산업에 본격 진출했다. 할리우드 스타 감독과 손을 잡았다. 10년 이상 투자 끝에 노무현의 변호사 시절을 그린 〈변호인〉, 〈광해〉 등 몇 개 히트 작품을 내놓았다. 대개 사회 부조리를 고발하거나 소외된 이류, 삼류들 인생을 그린 작품이었다.

박근혜의 청와대는 CJ가 좌편향 영화로 큰돈을 벌고 있다고 보았다. 좌편향 영화가 젊은이를 사상적으로 오염시키고 있다는 불만이 팽배했다. 2013년 정권이 바뀌자 이재현 CJ 회장은 곧바로 구속됐다.

청와대는 경제수석을 앞세워 영화 사업을 벌인 이미경 부회장을 경영에서 강제 퇴출토록 요구했다. 민정수석은 공정거래위원회에 CJ그룹을 고발하라고 압력을 넣었다. 영화가 마음에 들지 않는다고 공정거래위를 동원한 기상천외한 정권이었다. 좌편향 영화를 히트시킨 죄라는 해석이 영화판에 나돌았다. CJ는 〈명량〉 등 애국심을 고취하는 영화로 분위기 반전을 노렸지만 정권의 분노를 잠재우지 못했다.

방송계, 문화계 블랙리스트는 2세대 보수 정권이 문화 예술인을 노골적으로 박해했다는 증거가 되고 말았다.

이명박의 대통령 취임 초부터 좌파 성향을 가진 가수와 개그맨, 탤런트의 TV 출연을 막는다는 이야기가 나돌았다. 공영 방송에 압력을 넣어 프로그램을 없애거나 해당자 출연을 막았다. 광우병 쇠고기 파동 이후에는 출연 금지 조치가 본격 진행됐다. 청와대와 국정원이 출연 금지 명단을 방송사에 통보한다는 말이 돌았다.

김제동이 대표 사례였다. 이명박 대통령 취임식 사회를 봤지만 노무현 장례식 노제 사회도 맡았다. 김제동은 노제에 참석하지 말라는 국정원의 요청을 받았지만 거절했다. 그 후 방송 출연이 금지됐다.

이명박 시절에는 블랙리스트 명단 관리를 선별적으로 했다. 연예인이 좌편향 발언을 하거나 진보 진영 이벤트에 출연하면 그때마다 한두 명, 서너 명씩 제거하는 방식이었다.

박근혜 정권의 블랙리스트는 문화체육부를 통한 종합 관리 방식이었다. 2016년 가을 공개된 문화계 블랙리스트는 언론계가 처음 보는 것이었다. 블랙리스트 실체가 드러나는 순간까지 언론은 깜깜했다. 청와대와 국정원이 명단 관리에 그토록 깊숙이 개입하고 있는지도 몰랐다. 수천 명의 문화인에게 '너는 반보수' 혹은 '너는 진보' 딱지를 붙이고 '당신은 진보니까 예산을 지원 못한다'는 식이었다.

블랙리스트는 청와대·국정원 주도로 작성됐고, 문화체육부가 실행 역할을 맡았다. 최고 권력기관이 총동원됐다. 청와대 정무수석실이 블랙리스트 업무를 맡았다는 것은 문화계의 좌편향을 정치적 목적에서 견제하려 했다는 말이다. 그런 의도를 알면서 문화체육부 관료 집단은 블랙리스트를 거부하지 않고 협조했고 일부 공무원은 적극 앞장섰다. 보수 정권에서 그동안 길러진 관료 집단의 보수 체질이 작동했다는 것을 짐작할 수 있다.

1966년부터 1976년까지 중국 전역은 문화대혁명 바람에 휩쓸렸다. 홍위병은 마오쩌둥의 권력 장악을 위해 다른 색깔을 보이는 지식인과 당료에게 '반혁명' 팻말을 목에 걸도록 했었다. 수십만 명이 반혁명 분자로 낙인찍혀 농촌으로 추방되거나 학살당했다. 스탈린과 히틀러도 국민을 권력의 기준에 따라 멋대로 분류해 수백만 명을 처형했다. 블랙리스트는 어느 나라든 어느 시대든 극단적 파시즘 증상이다.

2세대 보수 정권은 정치 목적에 따라 예술 작품을 평가하고 자기편이 아닌 인물과 작품을 배척했다. 권력에 집착하는 보수 정권은 언제나 과격주의에 빠지기 쉽다는 것을 증명했다.

문화 예술계 진보성에 대한 과민 반응

문화 예술계의 진보 성향은 새삼스러운 흐름이 아니다. 미국, 유럽, 일본에서도 영화인, 예술가는 대체로 진보적이다. 할리우드 주변은 민주당 지지가 절대다수다. 할리우드에서 민주당 후보를 위한 정치 자금 모금은 언제나 성황을 이룬다. 우리 문화계가 진보 성향의 작품을 만드는 것은 한국 특유의 현상이 아니다.

오늘의 큰 흐름을 거부하며 다른 발상을 하는 사람은 어느 나라에나 있는 법이다. 그런 진보 성향 인사가 있어야 장래 우리나라에서 어떤 예상하지 못한 일이 일어날지 한 번쯤 고민해볼 기회가 생긴다. 진보적 예술 작품은 다중 채무자의 고통과 비정규직의 한 맺힌 직장 생활, 검찰 권력에 당한 피해자의 이야기를 통해 우리 사회의 응어리를 풀어주는 역할을 맡는다. 주류 인맥에서 생각하지 못했던 발상으로 새로운 자극을 준다.

역대 보수 정권은 문화인이 맡고 있는 이런 긍정적인 역할을 받아들이지 못했다. 도리어 '삐딱한 ×들'이라거나 '좌빨'이라고 적대시했다. 권력에 항거한다는 이유에서 싸워 물리쳐야 할 적군으로 보았다. 그런 생리적 적대 의식은 문화 예술인을 상대로 복수와 보복을 낳았다. 청와대가 걸개그림 전시와 〈다이빙벨〉 상영을 막는 데까지 개입한 것이다.

2014년 여름 광주비엔날레에서 초대 작가인 홍성담의 대형 걸개그림이 논란이 됐다. 걸개그림 〈세월오월〉은 박근혜 대통령과 김기춘 실장을 조롱한 작품이었다. 주최 측 지적이 있자 홍성담은 허수아비를 닭 모양으로 바꿨다. 청와대 압박이 지속되자 주최 측은 전시를 유보했고 몇몇 작가는 반발하며 작품을 철수했다. 개막식은 썰렁해졌다.

처음에는 주최 측과 작가들이 다투는 줄 알았다. 거기에 최고 권력이 개입했다는 사실은 나중에 드러났다. 당시 김영한 민정수석의 수첩에는 청와대 분위기가 고스란히 적혀 있었다.

우병우 팀, 허수아비 그림(광주), 애국 단체 명예 훼손 고발
홍성담 배제 노력, 제재 조치 강구, 사이비 예술가 발붙이지 못하도록 해야

청와대가 그림 하나에 발끈해 보수 단체를 동원해 작가를 수사 선상에 올렸다. 화가 홍성담은 그 덕분에 유명해졌다.

처음부터 무시해버렸다면 걸개그림이 그토록 화제가 될 턱이 없었

다. 평가가 뛰어난 작품도 아니었다. 언론계에서 "청와대가 홍성담을 키우려고 일부러 저러는 것 아니겠냐"는 냉소적인 농담이 오갔지만 박근혜의 청와대는 진지하기만 했다. "감히 국가의 지존至尊을 욕보이다니!" 이런 시각이었다.

청와대 간섭은 거기서 끝나지 않았다. 세월호 참사를 다룬 〈다이빙벨〉(2014)이라는 영화가 부산국제영화제에 출품됐다. 도저히 우수 다큐멘터리라고 할 수 없는 작품이었다. 다큐멘터리의 필수 조건인 팩트가 없었다. 다이빙벨은 세월호 희생자들을 구조할 때 사용했다가 실패한 구조 장비다. 맹골수도처럼 조류가 거센 바다에서 다이빙벨은 아무짝에 쓸모없었다. 실패로 입증된 다이빙벨을 최상의 구조 장비인 것처럼 옹호하던 종편 TV 방송은 방송통신위원회로부터 중징계를 받았다.

그것을 영화로 만든 것은 박근혜 정부의 세월호 구조 실패를 공격하려는 정치 공세였다. 작품 수준이 낮아 청와대가 무시하면 아무 관심을 끌지 못할 터였다. 하지만 청와대가 발끈하는 통에 〈다이빙벨〉은 부산영화제의 화제작이 됐다. 쓸데없는 간섭이 영화 제작자의 당초 목적을 달성하도록 도왔다.

보수 정권이 문화계의 편향성이 문제라고 판단했다면 다른 접근 방식을 선택했어야 한다. 먼저 문제를 공개 제기하고 토론회를 열었어야 했다. 예산 지원이 진보적 작품이나 진보 문화 단체에 편중되어 있다면 그 실태를 공개하고 여론을 수렴했어야 했다. 편향 실태를 공개한 뒤 국민이 '세금이 아깝다'고 판단을 내리면 그때 보조금을 조정하는 행동에 들어갔어야 했다. 몰래 블랙리스트를 작성해놓고 아무 설명 없이 보조금을 끊으면 누가 납득하고 받아들이겠는가.

트럼프처럼 공개 설전을 벌이는 방식도 좋다. 2017년 1월 골든글러브 영화상 시상식 때의 일이다. 할리우드 스타 여배우 메릴 스트립은 "경멸은 경멸을 불러오고, 폭력은 폭력을 불러온다"며 트럼프의 인종주의 과격 발언을 겨냥했다. 이에 트럼프는 트위터에 곧바로 대응했다. "메릴 스트립은 할리우드에서 가장 과대평가된 여배우 중 한 사람"이라고 반박했다. 무대 뒤에서 비겁하게 공격하지 않고 미디어를 통해 공개 대응을 한 것이다.

한 달 뒤 아카데미 영화상 시상식에서 메릴 스트립이 다시 화제가 됐다. 코미디언 사회자가 메릴 스트립에게 "과대평가된 연기자"라고 호칭하며 "드레스가 멋있네요. 이방카(트럼프의 장녀 이름으로 판매되는 의류 브랜드)인가요"라고 농담을 건넸다. 폭소와 박수가 터진 것은 말할 것도 없다.

할리우드 영화인들은 권력자를 조롱하며 동료 의식을 확인하고 있었다. 2017년 아카데미 영화상 시상식은 반이민 정책을 밀어붙이는 트럼프를 한껏 비웃었다. 하지만 트럼프도 최고 스타를 상대로 하는 과격 발언으로 지지층에게 자신의 신념을 각인시켰다.

할리우드의 보수 감독

감독 겸 배우 클린트 이스트우드는 보수주의자로 유명하다. 오랜 공화당 지지자로서 보수주의 가치관을 영화로 녹여내는 재주가 뛰어나다. 클린트 이스트우드는 〈아메리칸 스나이퍼American Sniper〉(2014)에서 보수 영화의 진정성을 보여주었다. 이 영화는 이라크 전쟁에 참전해 공식 기록으로 160명을 사살한 미군 역사상 최고 저격수의 실화를 바탕으로 만든 작품이다. 전쟁 영웅을 통해 맹목적 애국심을 조장한다는 비판을 들었던 보수 영화다.

영화 주인공은 가장 강력한 라이벌, 무스타파를 끝까지 추적해 죽이는 데 성공하지만 많은 것을 잃어버린다. 자신은 네 번의 참전 후유증으로 가족과 멀어지고 정신과 치료를 받는다. 게다가 전쟁에서 얻은 정신질환을 치료받던 상이군인의 총에 목숨을 잃는다. 신념에 따라 전쟁에 출장하고 혁혁한 공을 세운 영웅이 됐지만 그가 치러야할 희생은 엄청났다.

보수 감독이 영화를 통해 보여주고 싶었던 것도 이것이었을 것이다. 신념은 때로 모든 것을 포기하라는 비싼 청구서로 돌아온다. 영화는 '이런 팽팽한 긴장감을 갖추고 살아야 진짜 보수주의자를 자처할 수 있지 않을까'라는 화두를 던지고 있다.

할리우드에는 전쟁 영화를 통해 애국심을 마케팅하는 감독이 적지 않다. 영화 속 대통령의 무용담과 전쟁 영웅을 통해 보수주의 가치를 발산한다. 보수 진영의 투자자는 이런 영화 제작을 지원하며 흥행 성공에 힘을 보탠다. 보수 언론이 호평하며 흥행을 돕는다.

미국의 보수 진영은 진보 진영 배우나 감독, 가수를 배척하지 않으면서 작품으로 이념 전쟁을 전개한다. 우리 보수 진영도 진보 문화인을 퇴출시키는 데 권력을 행사할 것이 아니라 보수주의 감독, 보수주의 배우, 보수주의 스포츠 영웅을 키워내야 한다. 선거판에서는 복지, 재벌 개혁, 성장과 분배, 안보, 양극화 이슈로 치열한 논쟁을 벌이면서 문화와 스포츠 현장에서는 배우, 가수, 스포츠 스타를 통해 진보와 맞서야 한다.

정치판이 핏대를 세우며 다투는 딱딱한 전쟁Hard War이라면 문화·예술·스포츠에서는 깃털 스치는 듯 부드러운 싸움Soft War을 전개할 수 있다. 한쪽이 논리 대결이라면 다른 한쪽은 감성 대결이다. 어느 전쟁터에서도 밀리지 않아야 한다.

보수 진영은 연예인, 스포츠 스타를 '아랫것들'로 보는 버릇부터 고쳐야 한다. 그들은 웬만한 정치인보다 훨씬 많은 추종자를 거느리고 있다. 그들의 임기는 5년으로 끝나지 않고 평생을 간다. 그들이 인간 두뇌와 가슴에 남긴 메시지는 좀체 지워지지 않는다. 그들을 적대시하고 배척하는 것은 전쟁터에서 최강의 지원 부대를 잃는 것과 같은 실책이다. 일상생활에서 벌어지는 부드러운 전쟁에서 패배한 뒤 돌연 딱딱한 선거판에서 이기기는 힘들다. 유세장의 전광판보다 중요한 전쟁터가 극장 스크린, 스포츠 경기장이다.

러시 림보Rush Limbaugh는 미국 라디오 호스트 가운데 최고 영향력을 과시하는 스타다. 연봉이 무려 8,400만 달러(924억 원 상당)에 달한다. 재산은 5억 달러 이상(5,500억 원 상당)이라는 보도가 있었다. 러시 림보는 보수주의자로서 라디오 토크 쇼를 만들어 전국 라디오 방송국에 배급하고 있다.

레이건 대통령은 그를 "미국 보수주의에서 최고의 목소리"라고 칭송했다. 그가 진보 진영의 행태와 민주당 정책을 비판하는 프로를 5분 이상 청취하는 인구는 1,325만 명에 달한다. 그의 보수 철학을 담은 책은 베스트셀러 목록에 올라가곤 했다. 그의 프로에는 보수적인 시청자들이 대거 참여한다. 매주 림보 덕분에 보수 진영의 잔치판이 열리고 있다.

우리나라 보수 진영은 이런 스타를 키우지 못했다. 보수주의 영웅을 키우기보다 김제동·김미화 같은 재담꾼의 TV 출연을 막는 데 열중했다. 치사한 발목 걸기다. 블랙리스트 파문으로 보수 진영은 한쪽 전선을 잃는 치명상을 입었다.

06

'닥치고 반공'에
집착하다

1984년 시인 박노해의 「노동의 새벽」이라는 시가 수록된 동명의 시집이 처음 나왔다. 문단에서는 그의 본명이 박기평이라는 사실을 몰랐다. 그가 실제 인물인지를 놓고 왈가왈부했다. 시인은 정체가 드러나지 않는 허구 인물로 9년을 살았다. 땀범벅, 피범벅인 그의 시에는 '분노', '오기' 같은 직설 표현부터 '단결'이라는 구호까지 들어 있었다.

우리 국민은 박정희·전두환 군부 독재 아래서 잔뜩 움츠리고 살았다. 박노해의 시는 갑갑증을 다소 풀어주었고, 노동 현장에서 근로자를 결속시키는 역할을 했다. 진원지는 《노동해방문학》 잡지였다.

1987년 6월 항쟁 이후 노조 결성과 임금 인상을 요구하는 노동계의 파업은 하루가 멀다하고 발생했다. 노사 분규로 인한 재계의 위기의식이 청와대에 전달됐다. 상습 노사 분규를 끊어야 한다고 결단을 재촉하는 보수 진영 내부 경고가 강해졌다. 드디어 1989년, 안기부와 검찰이 압수 수색을 했다. 시인 김사인이 주도한 《노동해방문학》은 정간 처분을 받았다. 김사인은 2년여 도피 생활을 했다.

베를린 장벽 붕괴 후 박노해 체포

보수 정권은 《노동해방문학》만 수사한 것이 아니었다. 남한사회주의노동자동맹(사노맹)이라는 단체를 겨냥했다. 《노동해방문학》을 사노맹의 거점 중 하나로 보았다. 사노맹은 출범 선언문에서 "북한의 조선노동당과 소비에트연방 공산당 동지들에게 남한 땅에도 마침내 남한사회주의노동자동맹이 출범했음을 뜨거운 감격으로 보고드린다"며 "부패 타락한 지배 체제의 한복판을 뚫고 이 땅에서 태어나 자본가 계급과의 투쟁 속에 성장해온 혁명적 사회주의자들이 그 모습을 온 세상에 당당히 드러냈다"고 했다.

검찰은 사노맹이 자생적 혁명 모의 단체라고 했다. 사노맹 핵심 지도부는 1984년 서울대 학도호국단 총학생장 백태웅(가명 이정로)과 노동 시인 박노해로 알려진 박기평이라고 했다. 이들이 사회주의 혁명을 지도할 노동자당 결성에 합의, 140여 명을 규합했다고 발표했다.

다음 해 봄 '얼굴 없는 시인' 박노해가 체포됐다. 그가 체포된 시기는 냉전의 상징이던 베를린 장벽이 붕괴되고 구소련이 해체되는 과정에 돌입한 때였다. 냉전 시대가 막을 내리고 사회주의 혁명 열기가 지구상에서 사라지고 있었다. 새 시대가 열리고 있을 때 시대 흐름을 거슬러 올라간 체포극이었다. 공산 국가는 북한밖에 남지 않아 공산주의 위협은 사라졌다. 사회주의 혁명이 무서웠다기보다 노동 운동을 억압하려는 단속이었다.

무기 징역형을 선고받았던 박노해는 김대중 정권의 사면으로 풀려났다. 석방 후 언론에 등장한 박노해는 중국식, 소련식 사회주의에 관심이 없었다. 그저 고달픈 노동자의 삶이 인간다운 모습으로 바뀌었으면 좋겠다고 했다. 베를린 장벽이 무너지는 것을 보고 전향했다는 취지였다. 박노해가 인터뷰(《조선일보》 2014년 2월 8일 자)에서 내놓은 설명은 이랬다.

> 투옥 후 사회주의가 붕괴했다. 호송차를 타고 오가다 만난 주사파들은 '소련이 망한 것이지, 김일성의 주체사상은 건재하다'고 했다. 좀 있다가 '스탈린Stalin이 망한 것이지, 레닌주의Leninism는 옳다'고 했다. 6개월 지나니 '레닌주의가 잘못됐지, 마르크스Karl Marx는 옳다'고 했다. 그러더니 '후기 마르크스는 틀렸지만, 초기 마르크스는 맞다'고 했다. 그런 모습을 보면서 제가 믿었던 진리를 처절하게 성찰했다. 사회주의는 잘못된 것이었다. 그래서 국가 정치 체제로서의 사회주의는 아니지만, 그것이 견지한 비판 정신은 계승하겠다고 했더니 변절자라고 한다. […] 저는 좌도 아니고 우도 아니고 중도도 아니다. 어느 쪽인지 현실에서 표현할 말이 없다.

박노해는 무기 징역형을 받을 만큼 사회주의 혁명가가 아니었다. 그런 조직을 이끌 리더가 아니었다. 사노맹은 무장봉기를 결행한 죄로 반국가 단체로 지정됐지만 나라를 뒤집을 정도가 되지 못했다. 조직 결성부터 혁명 시나리오, 무기 준비까지 엉성하고 부족했다.

많은 사노맹 회원은 위장 취업하고 있었다. 현장에서 근로자를 결속시키고 노조 결성을 주도하거나 노동 운동에 앞장섰다. 그런 선에 머물러 있었다. 보수 정권은 그것을 국가 전복을 노린 쿠데타 음모 세력으로 몰았다. 국가 전복 음모를 꾸몄다던 사람들이 지금은 국회에 수십 명 진출해 있고, 장관과 광역자치단체 시장·도지사를 지내고 있다. 반공 정권 아래서는 이적 행위이자 용공 행위로 간주됐지만 지금은 민주화 운동으로 인정받고 있다. 보수 정권이 노동 운동 억압에 반공 노선을 악용했다는 것을 역사가 증명하고 있다.

386 운동권의 전향

박노해나 사노맹은 군부 독재가 낳은 시대의 산물이었다. 권리 주장을 제대로 하지 못하는 노동자를 대변하는 노조 운동을 했다. 그런 노조 운동 세력이 반공 보수 정권에서는 사회주의 혁명을 꿈꾸는 반국가 집단이 됐다. 그들은 잘해야 고도성장 과정에서 소외된 근로자 계층의 불만을 대변한 현장 운동가였다. 독일, 일본의 적군파赤軍派처럼 과격 비밀 테러 단체로 발전하지 못하고 그저 지하에 잠입해 있었다.

386 운동권 중 일부는 북한 주체사상을 추종했다. 북한 공작금을 받은 사람도 있었다. 1989년부터 일어난 동유럽 공산 국가의 연쇄 붕괴, 공산주의 종주국인 소련의 해체, 1990년대 본격화된 중국의 자본주의 실험과 경제적 성공을 지켜보면서 그들은 변했다. 사노맹 멤버를 비롯한 수많은 386 운동권이 냉전 종결과 함께 생각을 바꿨다.

박노해 부인 김진주는 이렇게 말했다(《조선일보》 2016년 5월 11일 자).

굳게 믿었던 사회주의가 무너지는 걸 지켜보면서, 모든 걸 다시 생각했죠. 사람 관계가 계급으로만 나눌 수 있는 건 아니구나. 운동도 예전과 같은 방식으로는 안 되겠구나. 혁명적 계급 투쟁 말고 문화적으로 할 수 있는 운동이 있겠구나….

좌파나 운동권 인사들은 공산 혁명이라는 거대한 실험극 무대가 끝났다는 정세 인식이 확실했다. 사회주의 방식으로는 프롤레타리아의 궁핍한 처지가 바뀌지 못한다는 것을 깨달았다. 성찰 끝에 386 운동권 주축 세력은 정치권에 진입해 여럿이 국회의원이 됐다. 조국 서울대 교수 같은 사노맹 조직원은 청와대 민정수석을 맡았다.

계파에 따라 다소 차이가 있지만 386 운동권은 냉전 체제 종식 이후 공산주의나 사회주의를 이상향으로 보지 않는다. 그중에는 보수 진영에 귀순해 뉴라이트 집단에 참여한 사람이 적지 않고, 심지어 극우 단체에서 활약하는 인물까지 나타났다.

안병직 전 서울대 교수나 이영훈 전 서울대 교수, 김문수 전 경기도 지사가 대표 사례다. 그들은 서울 상대에서 안병직 사단을 꾸린 핵심 인물이다.

안병직은 서울 상대 운동권의 멘토였다. 처음에는 좌파 성향 시각에서 한국 경제론을 강의했다. 그의 강의실에는 다른 학과 학생들까지 몰렸다. 전두환 정권 아래서 안병직은 스타 학자였다.

안병직은 자본주의 세상은 반드시 망한다고 가르쳤다. 그러나 교환 교수로 2년간 도쿄대를 다녀와 생각이 180도 바뀌었다. 자본주의는 망하지 않고 번창할 것이라고 깨달았다. 무엇보다 일제 시대를 보는 눈이 달라졌다. 일제 식민지 시대 억압 속에서 한국 경제가 성장했다는 것을 주장하기 시작했다. 식민지 근대화론은 어느 순간 박정희의 개발 독재를 미화하는 방향으로 발전했다.

일본에서는 당시 박정희가 재평가받고 있었다. 중국은 개혁 개방 정책을 본격화하고 있었다. 일본 경제학계는 일제 식민지 지배가 한국 경제에 긍정적 역할을 했다는 연구 결과가 적지 않았다. 안 교수는 그런 일본 분위기에서 연수 생활을 했던 것 같다.

안병직이 일본에서 바뀌어 돌아온 뒤 수제자 격인 이영훈 교수가 그를 뒤따랐다. 스승의 전향을 말리던 제자였지만 스승을 따라갔다. 그들은 2000년대 젊은 보수파들이 결성한 뉴라이트의 이념적 기둥이 됐다.

몇 년 사이를 두고 안병직의 제자 격인 노동 운동가 김문수도 방향을 틀었다. 스승을 변절자라고 비난하던 김문수는 보수 정당을 표방하던 민자당에 입당했다. 박정희가 사망할 때 김문수는 큰 장애물이 제거돼 한국에서 사회주의 혁명이 가속화될 것이라 믿었다고 한다. 하지만 미국 정부의 초청을 받아 자본주의 총본산 미국을 1개월 시찰한 뒤 박정희를 존경하고 새마을운동을 찬양하기 시작했다.

좌파 운동권은 1990년대 들어 앞서거나 뒤서거니 전향했다. 공산주의 종주국인 소련의 붕괴가 1980년대 운동권에게 던진 충격은 그만큼 컸다. 개혁 개방으로 성공한 중국의 부상은 그런 흐름을 가속화시켰다. 그들은 사회주의 본산이 무너지는 반면 자본주의 본산은 더 큰 파워를 갖는 풍경을 1990년대 내내 지켜봐야 했다. 냉전의 승패가 한국 운동권을 직격했다.

진보 진영의 전략 전환

1991년 세계를 놀라게 한 공산주의 종주국 소련의 붕괴는 사회주의 혁명을 포기한 전향자를 양산해낸 데서 머물지 않았다. 진보 진영이 북한을 보는 눈을 바꿔놓았다.

진보 진영에서는 한동안 군부 독재 치하에서 살아가느니 차라리 김일성·김정일 체제가 낫다는 반발 심리가 강했다. 막연하게 평양 체제를 동경하는 사람이 적지 않았다. 북한 주민이 물질적으로는 우리보다 부족하게 살지만 마음은 훨씬 편하게 사는 것 같다고 말하는 진보 인사가 흔했다. 무상 교육, 무상 의료 등 복지 혜택의 경우 국가가 전적으로 책임지므로 북한이 한국보다 더 낫다고 부러워했다. 북한을 '가난하지만 편하게 사는' 유토피아로 설정한 대화가 진보 진영에서 오가는 것을 여러 번 목격했다.

그러나 사회주의 혁명 파도가 끊긴 이후에는 완전히 달라졌다. 중국까지 자본주의 정책을 실행하는 것을 보았다. 북한의 공산 혁명 노선은 고립되고 있었다. 세계화 물결 속에서 자본주의 국가들은 더 번영을 구가했다. 진보 진영이 북한 체제를 동경하던 분위기는 비누 거품처럼 증발했다.

이제 진보 인사 입에서는 북한 체제를 동경하는 말이 나오지 않는다. 일당 독재, 권력 세습을 두둔하지 않는다. 북한을 추종하는 극소수 인사가 있기는 하지만 영향력은 거의 소멸했다. 김정은 체제가 들어선 후 고모부 장성택을 고사포로 처형하는 식의 공포 정치에 진보 진영은 또 한번 큰 충격을 받았다.

진보 진영의 전략은 사회주의 혁명의 꿈을 팽개치고 통일이라는 민족의 염원을 달성하려는 방향으로 바뀌었다. 민족 통일이 진보의 상징 브랜드가 됐다. 대북 전략도 전환했다. 통일이라는 목적지로 가는 과정에서 남북 충돌을 완화하기 위해 대화 노선을 선택했다. 대화 노선은 개성공단 운영, 인도적 지원, 금강산 관광 사업을 추진해 긴장을 완화하고 북한의 성장을 도우려는 것이다.

정면 대치로는 한국이 안전할 수 없다고 보고 북한을 다독거리는 대화 노선으로 리스크$_{risk}$를 줄이는 전략이다. 남북 간 군사력, 경제력, 문화력 경쟁은 오래전에 끝났다고 전제하고, 한국의 리스크 관리 목적을 더 중시하는 전략이다. 반공 노선을 앞세워 정면 대치하는 보수 정권과는 다른 선택이다.

진보 진영의 방향 전환이 좋은 결실을 맺을지는 아직 불확실하다. 김정일은 김대중·노무현 정부와 대화하면서 다른 한편에서는 핵 개발을 했다. 김정은이 진행한 핵 실험과 ICBM 실험은 그 연장선에 있다. 북한은 잠시 핵실험을 중단하고 한국, 미국과 대화 노선을 채택한 듯하지만 대화 노선이 얼마나 지속될지는 누구도 장담할 수 없다. 미국과 북한 간에 화해 분위기가 이어진다고 해도 김정은 정권이 핵무장을 포기한다는 증거는 어디서도 찾아보기 힘들지 않은가. 문재인 정권이 과연 한반도 평화에 전기를 마련할지는 더 지켜봐야 한다.

다시 드러난 간첩 조작

진보 세력은 방향을 선회한 반면 보수 세력은 여전히 냉전 시대에 머물러 있다. 이념 전쟁에서 이겼다는 승리에 도취해 지금껏 냉전 사고를 버리지 못한다. 냉전 두뇌를 버리지 못하고 있는 대표 증거가 간첩 조작 사건이다.

국정원은 이명박 정권 말기인 2013년 1월 서울시청에 근무하던 탈북 공무원 유우성이 간첩 활동을 했다고 발표했다. 그가 서울시 공무원으로 특채돼 탈북자 200여 명을 관리하면서 명단과 신상 정보를 북한에 넘겨주었다는 혐의였다. 검찰은 국정원 조사를 토대로 그를 긴급 체포해 기소했다. 국가보안법 위반 혐의였다.

국정원의 간첩 체포에 보수 진영은 안도했다. "국정원이 이제야 제 역할을 한다"고 했다. "진보 정권은 간첩 한 명 안 잡더니 보수 정권은 간첩을 잡아내지 않느냐"는 칭찬이 보수 진영 모임에서 빈번하게 오갔다. 탈북자가 3만 명에 달하는데 그 속에는 간첩이 많을 것이라고들 했다. 유우성 재판이 열리자 보수 진영의 평가와 달리 간첩 사건은 코미디가 돼갔다. 오빠의 간첩 활동을 자백했다는 여동생부터 말이 달랐다. 국정원 수사관이 회유와 협박을 반복하는 바람에 오빠 간첩 활동을 허위로 자백했다고 나왔다.

공소장에 유우성이 북한에 잠입했다고 기록된 날 그가 중국 내 다른 곳에서 찍은 사진이 나왔다. 탈북자 명단을 받았다는 중국 내 컴퓨터는 한글을 읽어내지 못했다. 국정원과 검찰이 간첩을 조작했다는 것이 뚜렷했다. 법원은 1심부터 무죄라고 판결했다. 여권법 위반, 사기 등 다른 혐의에만 실형 선고가 떨어졌다.

재판 과정에서 국정원 간부가 증거 서류를 조작한 사실까지 드러났다. 국정원이 중국 당국으로부터 받아 법원에 제출한 여러 출입국

기록이 가짜로 판명 났다. 1심에서 무죄가 선고되자 항소심에서 유죄 판결을 받아내려고 서류를 조작해 법원에 제출했던 것이 들통났다. 어처구니없는 서류 조작이었다. 이번에는 서류를 조작한 국정원 간부들이 재판에 넘겨졌다. 간첩을 잡았다고 큰소리치던 정보기관이 자기 발등을 찍은 꼴이었다.

간첩 조작은 이승만·박정희 정권 이래 보수 정권의 '특허 상품'이다. 죄 없는 재일 동포 유학생을 여럿 간첩 혐의로 기소해 감옥살이를 시켰다. 무고한 섬 주민들은 간첩으로 몰려 평생 고생했다. 간첩으로 몰려 사형대에 오른 피해자가 조봉암 혼자는 아니었다.

이승만은 공산주의를 "자유 인민의 적이요 인류의 적"이라고 했다. 박정희는 혁명 공약 1호로 "반공을 국시의 제일의第—義로 삼고 지금까지 형식적이고 구호에만 그친 반공 태세를 재정비 강화한다"고 선언했다.

1세대 보수 정권이 간첩 색출에 열성적이었던 것을 나무랄 수만은 없다. 북한이 내려보낸 진짜 스파이가 있었기 때문이다. 북한이 무장 공비를 침투시키는 테러 사건도 반복됐다. 군사 정권이 채택한 반공 노선이 잘못된 것은 아니다. 우리나라와 북한이 체제 경쟁을 날카롭게 벌이고 있던 상황에서는 사회 안정을 위해 필요했다.

반공 노선은 게다가 1960~1990년대 우리에게 경제적 이익을 보너스로 선물했다. 누구보다 미국이 공산주의, 사회주의와 싸우며 한국을 도왔다. 미국 공화당은 한국전쟁을 계기로 반공 노선을 중시하며 글로벌 세력을 결집했다. 장제스의 대만, 리콴유의 싱가포르, 스카르노의 인도네시아가 한국과 함께 미국의 반공 항공 모함에 동승했다.

그 대가로 아시아 국가들은 미국으로부터 수출 시장과 자본, 기술, 에너지를 제공받았다.

일본 자민당은 1965년 한국과 국교를 맺으면서 유상, 무상 원조금을 내놓았다. 식민지 지배를 보상한다고 했으나, 실은 미국이 소련과 대결에서 이기려고 뒤에서 한일 국교 수립을 재촉했다. 미국이 흔드는 반공 깃발 아래서 아시아 국가들은 '보수 카르텔'을 형성한 것이다. 그것이 지역 안정과 경제 번영으로 이어졌다. 한국, 일본, 대만, 싱가포르는 미국의 군사력에 의존해 국방비 부담을 덜고 경제 성장에 집중 투자할 수 있었다.

반공 노선에서 얻는 이득이 많다고 해서 간첩을 조작하는 범죄를 저질러가며 반공 의식을 고취시킬 필요가 있었을까. 가짜 간첩을 잡아야 국정원의 존재 가치가 인정받는 것일까. 진술과 문서를 조작해 가짜 간첩을 처벌하는 행태는 역대 보수 정권의 유전병이다.

최근 법원은 1세대 보수 정권이 가짜 간첩을 만들어 처벌했던 판결을 뒤늦게 뒤집고 있다. 1964년 인혁당 사건을 비롯해, 1982년 오송회 사건 등 당시 주목을 끌었던 가짜 간첩 사건의 피해자 가족은 수십 년 뒤 국가로부터 피해 보상금을 받았다. 근거 자료가 없어 아예 보상 신청을 하지 못하는 이름 모를 피해자가 더 많을 것이다.

2세대 보수 정권은 아버지 세대가 저지른 간첩 조작 사건의 판결이 뒤집히는 것을 보면서 간첩을 또 조작했다. 피를 속이지 않고 살겠다고 작심하지 않고서는 저지를 수 없는 범죄다.

맹목적 반공은 국정원이나 검찰만의 잘못은 아니다. 걸핏하면 "저 사람 빨갱이 아니냐"고 몰아세우는 보수 진영 전체의 사고방식이 출발점이다. 노동 운동 현장, 사드 배치 반대 집회, 길거리 시위에서 튀는 발언을 하면 좌익 빨갱이로 모는 습성이 사라지지 않고 있다. '닥치고 반공'을 외친 국가 보수 체제의 그늘이다.

미국 보수의 전략 수정

미국과 유럽의 보수 진영은 반공 노선을 버리고 반反이슬람, 반테러 정서로 뭉치고 있다. 공산 혁명 국가는 거의 몰락했고 현실의 적敵은 테러를 일으키는 이슬람과 실업률을 높이는 불법 이민자들이다. 유럽과 미국 사람들은 중동과 멕시코, 북아프리카에서 몰려온 이민자가 일자리를 위협한다는 데 위기의식을 느끼고 있다. 극우 정당들이 제2, 제3정당으로 발돋움해 유색 인종의 입국을 막겠다는 캠페인을 벌이고 있다. 미국 트럼프 대통령은 멕시코 국경에 거대한 장벽을 건설하겠다고 선언했다.

일본 보수 세력은 공산주의 위협이 사라진 지금 중국의 위협을 앞세운다. 중국은 세계 2위 대국으로 부상했다. 중국이 군사력을 매년 강화하고 있는 것을 주목하고 있다. 일본 보수 진영은 센카쿠 열도다오위다오를 놓고 중국과 대치하면서 단결하고 있다. 북한 핵 위협까지 일본 보수를 뭉치게 만드는 양념이 되고 있다.

반면에 우리 보수 세력은 사회주의 혁명 열기가 소멸되면서 감각이 무뎌졌다. 무엇보다 북한을 어떻게 다뤄야 할지 갈피를 잡지 못하고 있다. 연평해전, 천안함 폭침이 이어지면서 그저 1세대처럼 강경 노선에서 해답을 찾는 단순 대응에 그치고 있다. 달라진 시대에 맞는 대북 정책을 펴지 못하고 뜬구름 잡는 구상을 발표하곤 했다.

여전히 북한 핵 위협은 계속되고 있고, 한반도에서 전쟁 위험은 상시로 존재한다. 북한 주민의 궁핍한 생활과 세습 독재 체제는 언제 북한이 붕괴될지 모른다는 불안감을 주고 있다. 그렇다고 한국이 남침 위협을 받고 있는 것은 아니다. 북핵은 미국, 중국, 일본이 큰 관심을 갖고 압박하고 있다. 전쟁이 발발하면 큰 피해가 예상되지만 군사력·경제력 격차를 종합해보면 패전할 가능성은 매우 낮다.

남북 간 경쟁에서 첫째, 이념 전쟁은 냉전이 종말을 고한 1989년에 이미 끝장났다. 우리나라 젊은이가 빨간색으로 물들지도 모른다는 주체사상의 위협도 사라졌다. 취업이 어렵고 살림이 팍팍해지면서 통일을 싫어하는 젊은이 세력이 오히려 커지고 있다. 우리도 먹고 살기 힘든 상황에서 예산이 북한 주민에게 배분되는 것은 곤란하다는 이유다.

둘째, 국력 격차로 패전 가능성이 매우 낮다. CIA의 2017년『월드 팩트북World Factbook』에 따르면 구매력 기준 한국의 GDP는 북한의 48배에 달한다. 체제 경쟁은 끝났다.

핵미사일 공격은 한민족의 종말이지만 국지전, 무장간첩 파견 같은 한정된 범위 안에서 발생할 부분적 위협은 우리가 충분히 대처할 수 있다. 여론 조사를 보면 대다수 국민, 젊은이들까지 북한 체제를 부정적으로 인식하고 있다. 국민 머릿속에서는 단지 핵, 세습 독재, 가난, 불결한 위생, 폐쇄성이 문제가 되고 있다. 반공 노선으로 국민을 결속시키던 시대가 끝난 셈이다.

보수 진영은 국민을 결속시킬 마땅한 외부 위협 요소를 찾지 못하고 있다. 일본처럼 중국과 정면 대적할 수 없고, 미국·유럽처럼 이슬람 테러나 이민자 집단과 대결하지 못한다. 만약 미국과 북한 간에 화해 분위기가 더 무르익으면 보수 진영의 반공 구호는 한 번 더 힘을 잃을 것이다.

보수 진영은 공동체를 단결시킬 새로운 연료나 접착제를 찾아야 한다. 냉전 체제가 해체되고 한 세대가 흘렀건만 반공에만 매달려 있을 수 없다. 새길을 찾지 못한다고 언제까지 가짜 간첩을 조작할 것인가.

IMF 이후 고정 지지층의
몰락을 무시하다

IMF 외환 위기가 닥치기 직전, 한국인의 국민소득은 1996년 1만 2,000달러를 넘어섰다. 올림픽을 성공적으로 개최한 이후 경제가 성장을 지속했다. 중진국에 진입했다는 평가가 이어졌다.

김영삼은 1994년 오스트레일리아 시드니에서 국정 운영 방향을 세계화Globali zation라고 제시했다. 어눌하고 서툰 영어로 글로벌라이제이션이라는 단어를 겨우 읽어 내렸다. 대통령부터 잘 알지 못하는 미지의 세계로 빠져 들어가고 있었다. 정부는 세계화 슬로건에 맞춰 OECD를 선진국 클럽이라고 치켜세우며 가입을 서둘렀다.

OECD 가입은 금융, 외환 시장, 노동 시장, 서비스 시장의 대폭 개방을 뜻했다. 정부는 낙관론에 빠져 정확한 가입 조건을 따져보지 않았다. OECD가 미국의 시장 개방 논리에 따라 운영된다는 것을 제대로 몰랐다.

외무부는 청와대 재촉에 못 이겨 선진국 클럽 회원증을 빨리 받으려고 협상을 서둘렀다. 가입을 서두르다 보니 아무 대비책 없이 협상이 끝났다. 준비 부족은 크게 2가지였다. 당장 정부 부처부터 준비가 되지 않은 상태였다. 경제기획원과 재무부가 통합된 재정경제원의 엘리트 경제 관료들조차 OECD 실체를 파악하지 못했다.

경제 관료들은 금융 시장과 외환 시장을 언제 얼마쯤 개방할지 치밀한 개방 계획을 설정하고 사전에 시장 개방의 여파를 점검해보지 않았다. 한마디로 청와대 압박, 외교부 재촉에 밀려 덜컥 과감한 개방안을 채택했다. 한국 여건에 맞지 않은 개방 일정을 받아들다 보니 외환 시장 관리가 정상적으로 되지 않았다. 달러 부족 사태가 닥치면 어디서 긴급 자금을 구해야 할지 대비하지 않았다. 그저 잘 넘어갈 것이라는 낙관론이 정부 내에 만연했다.

정부 부처만 준비 부족이 아니었다. 정치권, 경제계, 노동계 등 사회 전체가 아무 사전 준비를 하지 못한 채 OECD 가입을 선진국 자격증으로 착각했다. 모두가 지금까지 해오던 대로 가면 된다고 굳게 믿고 있었다. OECD 회원국은 세계화 파도 위에서 아슬아슬 서핑을 하는 고난도 기술을 갖춰야 하는 줄 알지 못했다. 청와대가 밀어붙이면 따라가야 하는 하향식 세계화 정책은 결국 IMF 외환 위기로 숱한 부작용을 낳을 수밖에 없었다.

세계화와 OECD 폭탄

1980년대 들어 시작된 세계화 물결은 미국, 영국, 일본이 선도했다. 세 국가에서는 보수 정당이 일제히 정권을 잡아 유례없는 보수 합동 정치가 펼쳐졌다. 신자유주의를 신봉하는 미국 레이건 대통령, 영국 대처 총리, 일본 나카소네 총리가 주역이었다. 신자유주의 선봉장은 미국이었다.

막바지 냉전 시대였던 이 시기에 미국은 세계의 경찰로서, 세계의 금고로 군림했다. 세계 정치 수도는 워싱턴, 경제 수도는 뉴욕이었다. 워싱턴 정책 당국과 월스트리트의 거대 금융 회사들 간의 긴밀한 협조 노선(워싱턴 컨센서스Washington Consensus)이 세계를 움직이고 있었다.

1971년 닉슨 대통령이 달러화 금태환金兌換 정지를 선언한 이후 미국은 자국 경제를 살리기 위해 달러를 마구 찍어내 과잉 달러가 지구상을 뒤덮었다. 국제 무역을 대부분 달러로 하는 달러화 지배 체제가 열렸다. 글로벌 시장은 점점 미국 방식대로 재편되고 있었다.

OECD는 2차 세계대전 후 미국이 마셜 플랜Marshall Plan을 통해 부흥 자금을 원조한 독일, 프랑스, 영국 등 서유럽 국가들을 중심으로 결성됐다. 원조받은 국가들이 성장을 거듭해 미국의 시장 역할을 하고 있었다. OECD 뒤에는 미국의 힘이 작동하고 있는 구조다.

한국은 OECD 가입 후 미국 논리대로 국내 시장을 활짝 열어야 했다. 금융·외환 시장을 미국 투자 은행과 거대 은행에게 열어줬다. 좁은 국내 시장에서 싸우던 국내 금융 회사들이 세계 규모 회사와 경쟁이 될 턱이 없었다. 한일, 상업, 제일, 외환, 서울, 국민은행은 속절없이 밀려났다. 그 결과 5대 시중 은행 간판은 IMF 위기를 거친 뒤 모두 사라졌다. 어린애 같은 수준이던 국내 금융·외환 시장은 초토화됐다. 사전 대비 없이 금융 시장을 개방한 청구서 금액은 어마어

마한 수준으로 올라갔다.

금융뿐 아니라 국내 재벌은 벌거벗은 채 글로벌 시장에서 싸워야 했다. 좁은 안방에서 정부 보호 아래 싸우던 대기업들이 글로벌 강자와 정면 경쟁해야 했다. 권력의 보호 속에서 살아남는 재주는 뛰어났지만 다국적 기업과의 싸움에는 훈련되지 않았다. IMF 후 30대 재벌 가운데 절반이 가까스로 살아남았다. 재벌도 세계화 물결이 몰고 올 파장을 모른 채 OECD 폭탄을 맞은 꼴이었다.

한보그룹은 건설업에서 출발해 문어발식 기업 확장을 거듭한 전형적인 한국형 재벌이었다. 금융 회사 돈을 빌려 건설부터 금융까지 문어발 확장을 거듭했다. 총수 경영 능력이 뛰어나거나 우수한 전문 경영인이 있는 것도 아니었다. 총수 개인의 사업 감각과 로비에 의존하는 경영을 했다. 전혀 생소한 철강 업종에 뛰어들었다가 손실이 눈덩이처럼 늘어나자 심각한 자금난에 빠졌다.

글로벌 경쟁에서 살아남으려면 최고경영진의 리더십과 전문성이 필수적이다. 총수 개인 능력으로 감당하지 못하는 환경이 1990년대 초반부터 기업 경영 현장에 닥쳤다. 창업자의 동물적 감각에 의존하던 시대는 끝나고 시장에서 단련된 전문가가 필요해진 것이다.

세상은 변했지만 총수들은 혁신을 거부했다. 시장은 글로벌 규모로 확장됐고 계열사도 급증했으나 총수들은 개인 지배를 강화했다. 전횡과 독주를 일삼는 총수가 급증했다. 무역업부터 건설, 광고, 섬유, 전자, IT까지 모든 것을 총수 혼자 결정했다. 총수들은 여전히 정치 권력에 줄을 대고 있었다. 1등 제품, 최고 기술로 생존하는 전략은 없고 창업자 시절부터 해오던 대로 권력 의존형 경영을 고수했다.

신기술 개발보다는 로비를 중시하는 경영이었다. 권력 유착 경영은 IMF 위기 때 한계점에 도달했다는 이야기다.

IMF 위기 때 한국 경제가 왜 무너졌는지를 분석한 책은 여럿 나와 있다. 투기성이 강한 국제 자금을 탓하는 음모론은 꽤 그럴듯하게 퍼졌다. 미국 클린턴 정부는 당시 북한 핵 개발 저지를 위해 북한 폭격을 검토했다. 이에 맹렬히 반대한 김영삼 정권을 클린턴이 길들이려 했다는 시각도 있다. 모두 부분적으로 일리 있는 분석이다.

그러나 외부 요인보다 나라 안에서 그 원인을 찾는 것이 맞다. 내부 요인 가운데 큰 것 3가지를 꼽는다면 재벌 경영의 실패, 정치 지도자의 무지, 경제 관료 집단의 무능이다.

1세대 보수 시대 군인 출신 중심으로 형성된 정치권과 돈줄 역할을 맡은 재벌, 성장 계획을 입안·실행하는 관료 집단은 굳건한 3각 편대를 이뤘다. 군부와 정치권은 북한 위협을 앞세워 끊임없이 위기의식을 불어넣었다. 관료 집단은 노동자 파업 등 국내 반발 세력을 억압하며 일사불란하게 성장 전략을 밀어붙였다. 재벌은 정치권과 관료로부터 이권을 분배받은 대신 시장에서 팔릴 만한 제품을 개발했다. 보수 정치·재벌·관료의 3자 연대 덕분에 한국 경제는 빠른 기간 내 중진국 대열에 들어섰다. 그 성과는 중산층 증가와 보수 정권 장기 집권으로 이어졌다.

3각 편대의 파탄

하지만 한국 경제가 글로벌 시장에 노출되자 3각 편대의 허약한 부분이 한꺼번에 드러났다. 우선 재벌은 글로벌 시장을 몰랐고 총수들은 현대적 경영 기법을 무시했다. 자금난이 닥치면 무작정 권력에 로비해 고비를 넘기는 경영을 답습했다. 글로벌 시장에서 생존할 수 없는 경영을 하고 있었다.

여기에 정치 지도자의 무지와 무관심이 가세했다. 정치 9단이라던 대통령의 경제 실력은 바둑으로 치면 9급조차 되지 못했다. 위기 상황을 설명해도 알아듣지 못하는 경우가 많았다고 여러 김영삼 측근이 고백했다. 대통령 실패를 거든 사람은 경제 관료 집단이었다. 무엇보다 경기가 가라앉고 있는 국면에서 원화 가치를 올리는 환율 정책을 썼다. 일본과 중국은 달러 독주 체제에 적합하게 환율을 조정했던 반면 김영삼 정권은 정반대 방향으로 갔다. 달러를 서울에서 내쫓는 멍청한 선택이었다. 외환 위기를 몰고 온 정책 실패를 딱 하나만 꼽으라면 환율 정책이다.

당시 경제 정책의 콘트롤 타워는 재정경제원_{약칭 재경원}이었다. 박정희 시대의 경제기획원과 재무부를 김영삼 정권이 강제 통합한 조직이었다. 재경원은 재벌 연쇄 부도로 경제 위기가 다가오자 박정희 시대부터 해오던 대로 대응책을 내놓았다.

관치 경제를 폐기하고 자율화로 가야 할 상황에서 외환 통제를 강화했다. IMF에 구제 금융을 신청하기 직전까지 "우리 경제의 펀더멘털_{기초}은 건강하다"고 허풍에 열심이었다.

경제 관료 집단은 또 국민을 속였다. 외환 보유고가 바닥났지만, 거짓말로 둘러댔다. 위기가 임박했다는 사실을 감추려고 서울을 찾은 IMF 실사단을 구워삶았다. 흥청망청 접대로 실사단의 눈을 가렸다. 박정희 시절 몸에 익힌 습관에 따라 일시적으로 국민을 속이고 넘어갈 수 있다고 믿었다.

정치권, 관료, 재벌 3각 편대는 고속 성장의 성취감에서 헤어나지 못하고 있었다. 자신들의 성취를 과대평가한 나머지 세계 경제의 규칙rule이 어떻게 바뀌었는지 알지 못했다. 세계화란 곧 미국화였다. 보수 정권은 글로벌 시장의 질서가 미국 기업, 미국 은행이 사업하기 편하게 바뀐 현실을 몰랐다. 나라 밖에서 금융 위기라는 핵폭탄이 한국을 노리고 있는지 전혀 몰랐다.

정부도 우물 안의 개구리였지만, 대기업 노조는 매년 몇 개월씩 연례 파업을 하며 그렇지 않더라도 망가지던 한국 경제의 숨통을 조였다. 3위 재벌이던 대우그룹의 도산은 무능한 경영진과 자기 밥그릇만 챙긴 강성 노조의 합작품이었다.

IMF 위기 발발 직후 어느 경제 장관이 이렇게 정리했다. "신한국당도 망했고, 재정경제원도 망했고, 현대·삼성도 망했다. 기득권 세력은 다 무너졌다."

신한국당은 전두환 군부 세력이 창당한 민주정의당 후신으로 보수 정치인이 집결한 집권당이었다. 재정경제원은 우수한 경제 관료가 모인 부처였다. 대통령의 총애를 받으며 성장 정책을 주도하던 곳이다. 현대·삼성은 박정희·전두환 군사 정권 우산 아래서 문어발 확장을 거듭한 재벌이다.

그 경제 장관이 꼽은 집단은 길게 보면 1945년 광복절 이후, 짧게 보면 1961년 5·16 쿠데타 이후 대한민국을 지배해온 세력이었다. 그들은 전쟁 폐허를 딛고 나라가 세계로 진출하는 데 공을 세웠다. 하지만 외환 위기로 권위가 단번에 붕괴해버렸다.

IMF 조기 졸업의 진실

IMF 위기로 1세대 보수 정치는 종점에 도달했다. 경제 성장 업적이 독재, 인권 탄압, 언론 탄압 같은 정치의 실패를 덮어주던 시대가 끝났다. IMF 위기는 정치, 재벌, 관료 3각 유착 관계를 청산하라는 메시지였다. IMF 이후 재벌은 총수가 혼자 드럼 치고 기타 치는 독불장군 식 경영을 끝냈어야 했다. 대통령이 전권을 휘두르는 정치, 관료 집단의 권한도 글로벌 시대에 맞게 고쳐야 했다. 박정희 식 성장 체제가 더는 통하지 않으니 대수술을 해야만 했다.

외환 위기는 IMF 구제 금융을 조기 상환하고 빨리 끝났다. 위기가 빨리 끝나서 다행이었던 반면 충분한 반성과 개혁을 하지 못한 점에서는 불행이었다. 당시 글로벌 금융 위기가 태국, 한국, 인도네시아, 필리핀 같은 아시아에서 시작돼 중남미, 러시아를 거쳐 유럽으로 번지고 있었다. 금융 위기라는 요괴가 미국 경제를 타격할 수 있다는 우려가 월스트리트에서 비등했다. 미국은 유럽, 일본과 손잡고 금융 위기가 미국·유럽·일본까지 덮치지 않도록 수습에 나섰다. 그것이 한국의 외환 위기 수습에 결정적인 전기가 됐다.

국내에서는 금 모으기로 외환 위기가 조기에 수습됐다는 인식이 강하다. 금 모으기로 조달한 달러는 2억 달러 남짓이었다. 국가 재앙에 온 국민이 동참했다는 상징적 의미는 강하지만 IMF에서 빌린 195억 달러를 감당할 수 없고, 구조 조정에 투입된 200조 원이 넘는 비용에는 발끝에도 미치지 못한다.

한국은 IMF 차입금을 3년 5개월 만에 갚았다. 약속보다 3년 앞당긴 상환이었다. 이는 전적으로 금융 위기가 전 세계로 번지는 것을 막으려는 미국, 유럽, 일본 간의 협조 체제가 빨리 구축됐던 덕분이다. 당시 위험한 선을 넘었던 국가들 가운데 한국은 비교적 우량 국가로 분류됐다. 러시아, 멕시코, 태국보다 안심하고 투자할 나라였다. 월스트리트와 일본 자본은 한국에 먼저 투자했다. IMF 구제 금융보다 외국인 투자자들이 밀려든 덕분에 한국은 가장 먼저 위기에서 벗어나는 행운을 누렸다.

IMF 조기 졸업은 한국민의 자부심이지만 진실은 세계 금융 위기의 수습이라는 큰 틀 안에서 찾아야 한다. 금 모으기로 달러 부족 사태를 극복했다는 것은 과장이다. 금 모으기보다 더 약발이 먹혔던 것은 김대중 정부가 공기업 민영화로 20조 원 이상 조달한 정책이다.

그보다 약발이 컸던 것이 외국인 투자였다. 미국의 요구에 따라 국내 주식 시장과 M&A 시장을 개방한 후 외국인 투자자가 쏟아져 들어왔다. 외국 자본은 IMF 쇼크로 반 토막 난 국내 주식을 헐값에 사들이고, 금융 부채에 시달리던 국내 알짜 기업들을 싼값에 사냥해갔다. 그 과정에서 국부 유출이 막대했으니 수업료가 비싸도 너무 비쌌다.

불타오른 박정희 신화

IMF 위기를 의외로 쉽게 넘기자 보수 진영은 달라지지 않았다. 오히려 위기를 빨리 극복한 비결은 박정희가 남긴 유산 덕분이라는 논리가 등장했다. 박정희 신드롬은 2000년대 초반부터 활활 타올랐다. 거기에는 2가지 결정적 요인이 있었다. 첫째는 위기를 겪다 보니 "그래도 박정희가 경제는 가장 뛰어나게 잘했다"는 평가가 높아졌다. 성장 업적과 중화학에 투자했던 과단성이 재평가받았다.

두 번째 요인은 김대중·노무현 정권을 향한 반감이었다. 보수 진영 입장에서 그들은 정권을 잡을 자격이 없는 비주류였다. 보수 진영의 눈에 두 사람은 민주화 운동이랍시고 길거리 데모나 하던 시위꾼이었다. 진보 정권이 대북 대화 노선을 서둘러 밀고 나가자 보수 세력은 단합했다. 이념 색깔을 덧씌우면서 노골적인 적대감을 드러냈다.

진보 정권 10년을 거치면서 보수 세력은 단합했다. 보수 인터넷 언론이 여럿 창간됐고, ○○포럼이라는 모임이 여기저기서 발족했다. 포럼에서는 박정희가 영웅으로 등극했고, 건국 공신 이승만도 함께 부활했다. 이승만·박정희 붐은 고도성장 시대로 복귀하고 싶어 하는 사회 심리를 확산시켰다. 하지만 2000년대 중반의 복고 흐름은 수구守舊 풍조를 낳았고, 나중에는 극우 세력을 잉태했다. 게다가 변화를 요구하는 IMF 위기의 교훈을 거역하게 만들었다. 1세대 보수 정권이 구축해놓은 체제가 정답이라는 인식이 강해졌다. 보수 진영은 '박정희 발명품'이라면 무조건 신뢰하며 신성시하려는 경향을 보였다.

보수주의 기반 붕괴

IMF 조기 졸업과 박정희 붐은 IMF 교훈을 삼키는 악재가 됐다. 이명박·박근혜 재집권으로 정치나 관료는 변하지 않았고, 재벌도 권력

유착을 청산하지 않았다. 정치와 재벌, 관료가 끈적끈적한 관계를 맺고 국가를 운영하는 방식이 바뀌지 않았다. 박정희 식 국가 운영이 한국에 가장 적합한 모델이라는 착각을 불러왔다. 2세대 보수 정권이 1세대와 다른 정책을 펴지 않았던 이유는 이 때문이다.

박정희가 저축을 장려했다면 딸은 투자를 권장했어야 한다. 박정희가 토목 공사로 경제를 성공시켰다면 이명박은 금융, 교육, 환경, 의료, 법률 같은 서비스 산업에서 성장의 실마리를 찾아야 했다. 국가이익, 기업 이익을 중시했던 정책을 줄이고 개인 이익을 더 보호하는 정책을 펴야 했다. 무엇보다 관료 권한을 축소해 민간 기업에 자유를 확대했어야 한다. 경제력이 재벌에 집중된 현실도 고쳐야 했다.

그러나 2세대 보수 정권은 복고 풍조에 탐닉해 IMF 교훈을 거부했다. 박정희 성장 모델의 틀을 깨지 않으려 했다. 이명박은 박정희처럼 4대강 토목 공사를 강행했다. 박정희 붐은 다시 박정희 딸에게 기회를 제공하는 것으로 흘러갔지만 박근혜는 아버지의 틀에서 한 발짝도 독립하지 못했다. 아버지가 설치한 덫에 갇혔고 아버지 온실에서 안주했다. 무역진흥회의가 다시 열리고 대통령의 총수 독대가 빈번해지더니 끝내는 미르재단·K스포츠재단 비리를 낳았다. 보수 진영은 박정희 시대로 회귀하려는 복고 열풍에 도취돼 있었다.

복고 열풍은 보수 진영의 판단력을 마비시켰다. 사회 구조가 IMF 위기를 거치면서 딴판으로 바뀌었다는 것을 몰랐다. 이명박·박근혜가 연달아 대통령에 당선되자 보수 진영은 자기 확신에 취했다.

IMF 위기는 보수주의의 기반을 무너뜨렸다. 보수가 가장 중시하는 공동체가 완전히 달라졌고, 중산층 붕괴가 현저했다. 생활이 안정

단위 : 가구(구성비%)

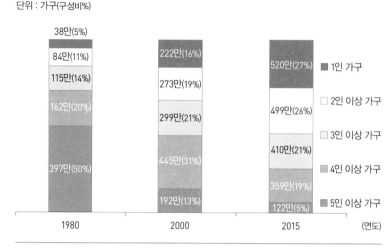

■ 1인 가구
□ 2인 이상 가구
□ 3인 이상 가구
■ 4인 이상 가구
■ 5인 이상 가구

출처 : 통계청. 인구총조사

되지 않은 비정규직이 급증했다.

IMF 이후 20년 동안 인간의 가장 원초적 공동체인 가족부터 변했다. 1980년에는 5인 이상의 가족이 50%를 차지했다. '부부+2자녀' 표준 모델로 구성된 4인 가족까지 합치면 70%에 달했다. 하지만 2015년 인구센서스에서는 솔로 가구가 27.9%로 가장 많았다. 1~2인 핵가족은 53%를 차지하고 있다. 4인 이상의 가족은 25%로 급격히 줄었다. 2세대가 오순도순 모여 살던 표준 가족 형태가 나 홀로 가족으로 변한 것이다.

가장이 권위를 갖고 지배하는 전통적 가족 제도가 해체됐다. 가족 해체는 무자녀 가족, 재혼 가족, 한부모 가족, 손주와 함께 사는 조손 가족이 급증하는 추세로 더 진행됐다. 가족 공동체 기반 위에서 발전해온 보수주의의 밑바닥이 뿌리부터 무너진 것이다.

또 다른 공동체인 직장 분위기는 살벌해졌다. 구조 조정이 일상화되고 비정규직, 인턴, 아르바이트가 급증했다. 종신 고용, 연공서열은 붕괴되고 언제든 명예퇴직을 각오해야 하는 시대를 맞았다. 그렇다고 노동조합 운동이 직장을 보장해주지도 않는다.

특히 노조가 정규직만 챙기고, 비정규직 문제는 나 몰라라 하는 현실에 비정규직들은 갈 곳이 없다. 이 때문에 민주화 바람을 타고 1989년 한때 19.8%까지 올라갔던 근로자 노조 조직률은 2016년에 10.3%로 떨어졌다.

가족, 직장에 이어 국가 공동체는 IMF를 계기로 신뢰를 잃었다. 국가가 중산층의 대량 실직을 막아주지 못했다. 실업자를 따뜻하게 보살피는 사회 안전망이 갖춰지지 않았다는 사실이 드러났다. 역대 보수 정권은 그토록 애국을 강조했지만 정작 위기를 거친 뒤 국민에게 돌아온 것은 비정규직 직장이었다. 국가를 믿었던 애국심에 아무런 보상을 받지 않았다. 국민 개개인의 계좌에 경제 성장의 배당금이 입금되지 않자 국가가 국민을 배신했다는 인식이 널리 퍼졌다.

공동체는 보수의 기반

보수주의는 가족, 직장, 교회, 조합, 단체, 국가 같은 공동체를 밑바탕에 깔고 우뚝 서는 이념이다. 외환 위기 이후 공동체는 과거와 완전히 달라졌다. 가족 해체부터 직장 불안정, 국가 신뢰 추락, 노조 이탈 현상이 뚜렷해졌다.

그뿐만 아니다. 2000년대 들어 인터넷 보급으로 새로운 공동체가 형성되기 시작했다. 카톡방, 밴드, 페이스북, 유튜브를 통해 국경을 넘어선 공동체가 만들어지고 있다.

보수 진영은 IMF 이후 공동체의 본질이 변하고 있다는 것을 뼈저리게 느끼지 못하고 있다. 가족, 직장, 국가라는 전통 공동체가 무너지는 자리에 인터넷이라는 신종 공동체가 들어서고 있다. 우리 사회가 모든 것이 바뀌는 변화의 교차점에 서 있는 것이다.

그러나 보수 진영은 21세기 초기 공동체 성격 변화에 적응하지 못하고 과거로 돌아가려 했다. 특정인을 교주로 삼아 맹종하려는 성향을 보였다. 한국전쟁과 박정희 경제 개발 시대의 애국심을 고취하는 영화 〈국제시장〉에 열광하며 좋았던 과거를 파먹고 살려고 했다.

2세대 보수는 1세대 보수가 IMF 위기를 자초해 역사적 한 시대를 종결시킨 이유를 깨닫지 못했다. 박정희 향수병에 감염돼 수구적 풍조를 조장했다. 지지 기반이 벌써 해체된 줄 까맣게 몰랐다. 진보 정권의 실패 덕분에 재집권을 하는 데 성공하자 그저 "정답은 박정희야, 박정희!"를 외쳤다.

박정희 붐은 '모든 길은 박정희로 통한다'는 것으로 해석됐다. 박정희 시대의 재형저축이 다시 저축 권장책으로 발표되는가 하면 대북 강경책이 지속됐다. 박정희 이래 40년 만에 내란 음모 사건을 적발하더니 제2의 새마을운동을 전개할 것을 천명했다. 역사를 되돌리는 행태가 활개치기 시작했다. 거기에 친박의 정권 연장 시도까지 얹혀졌다. 세계화 체제에 편입된 한국에게 맞지 않는 옷을 입히려고 했다. 박근혜는 그렇게 오늘을 살아가는 한국인과 점점 멀어졌다.

수구적 복고 풍조와 역사적 위인에 대한 존경심은 전혀 다른 것이다. 우리 보수 진영은 그것을 착각했다. 그래서 낡은 껍질을 과감히 벗지 못하고 옛 추억에 잠겨 미래로 나가는 숙제를 잊고 있었다.

08

친미·친중·반일의 갈림길에서
갈팡질팡하다

1945년 2차 세계대전 종전과 함께 들이닥친 미군은 한국인 뜻과 상관없이 한국에 주둔, 3년간 남한을 군정 통치했다. 우리나라는 국민, 영토는 있었지만 국가 운영의 틀인 헌법이 없었다. 헌법에 따라 영토, 국민, 재산을 보호하는 업무를 맡을 행정부가 없었고 국호가 없었다. 일제 36년에 이은 미군 지배 3년은 식민지 시대의 연장이었다. 국정의 최종 결정권자는 조선총독부에서 미군정청으로 바뀌었다.

일본 패망 이후 등장한 미국은 관대했다. 집회의 자유, 표현의 자유, 신앙의 자유를 주었다. 엄격한 통제 아래 공포감을 느끼며 살았던 한국인은 자유 사상이 낯설었다. 미국은 곡물, 분유부터 초콜릿까지 풍성하게 원조했다.

1948년 대한민국 정부가 수립되자 미군은 한국에서 철수를 시작했다. 소련과 맞서는 방어선을 일본으로 후퇴시켰다. 1950년 한국전쟁이 미국을 바꿨다. 미국은 사회주의 혁명의 도발에 맞서 싸워야 했다. 히틀러, 무솔리니, 일제의 파시즘이 붕괴된 후 세계는 사회주의와 자유민주주의 대결이 시작됐다. 이념 전쟁의 첫 충돌 장소가 한반도였다. 공산 혁명 열기를 잠재우지 않으면 그 열풍이 일본을 덮치고 미국에 위협이 될 것이라고 판단했다.

반공·친미 노선이 헌법 위 군림

출범한 지 2년 되지 않은 대한민국은 미국의 군사력 덕분에 가까스로 살아남았다. 미국은 한국인의 생명과 재산, 자유를 지켜줬다. 이승만 정권은 미국 덕분에 기적처럼 생존했다. 반공·친미 노선은 헌법 위에 군림하는 국정 운영 지침이 됐다.

1세대 보수 정권은 한미동맹을 중시했다. 미국 덕분에 공산당 침략에서 나라를 지켰다는 점이 중요했다. 국가 안보는 전적으로 미국에 의존했다. 한국군은 미군 지휘 아래 있는 종속 군대로 편성됐다. 외교는 미국 지침에 순종했다.

미국 의존형 전략은 불가피한 선택이었으나 실속 있는 처신이었다. 한국은 미국 군사력과 미국 시장, 미국 원조에서 큰 혜택을 받았다. 냉전 체제가 끝난 후에도 미국 의존 상황은 변하지 않았다. 미국의 글로벌 지배 체제가 지속됐다. 중국은 경제력, 군사력, 외교력을 비롯 모든 측면에서 미국보다 허약했다. 한반도에 중국의 힘이 미칠 여지가 없었다. 한반도 남쪽은 해양 파워가 대륙 파워를 압도했다.

마오쩌둥毛澤東이 1976년 사망한 후 정권을 잡은 개혁파 덩샤오핑鄧

小平은 개혁 개방 정책을 끈기 있게 밀어붙였다. 검은 고양이든, 흰 고양이든 쥐만 잘 잡으면 된다는 실용주의 노선이었다. 중국은 2000년 대 들어 세계무역기구WTO에 가입하고 2008년 올림픽을 성공시키더니 글로벌 금융 위기에서 자금력을 과시해 세계 금융 시장 안정에 기여했다. 2010년에는 경제력(GDP 기준) 2위 대국으로 떠올랐다. 일본은 3위로 밀려났다.

친미 노선 하나로 충분했던 시대는 2010년을 고비로 그렇게 막을 내렸다. 1989년 베를린 장벽 붕괴 이후 미국 1극極 독주 체제가 20년 지속된 끝에 드디어 경쟁자가 떠오른 것이다.

G2 등장 이후의 중국

2010년 이후 시진핑의 중국은 돌변했다. 세계 금융 위기를 계기로 글로벌 파워로 등극하더니 목소리가 달라졌다. 세계 2위 경제력으로 완력을 과시했다. 한국, 일본의 성공 모델을 배우던 후발 추종자의 처신은 결별했다.

신흥 대국이 하나 떠오르면 주변국과 마찰은 필수적이다. '중국의 꿈中國夢'을 앞세워 민족주의 성향의 정치를 전개하는 나라라면 마찰은 더 커진다. 다오위다오섬을 놓고 일본과 다투더니 남중국해를 통해 태평양 진출 의지를 감추지 않았다. 미국에는 "넓은 태평양을 나눠 쓰자"며 해양 국가로 진출 의욕을 강조했다.

한반도 정세는 2010년을 전환점으로 딴판으로 달라졌다. 조심스러워하던 중국이 경제력, 군사력을 배경으로 미국과 거칠게 맞서는 전략을 선택했다. 시진핑은 국력이 갖춰질 때까지 참으며 묵묵히 가겠다던 덩샤오핑과는 딴판이었다. 2049년까지 미국을 추월하겠다는 국가 목표 아래 거칠 게 없다는 태도를 보이고 있다.

2세대 보수 정권은 이런 시진핑의 중국을 실감하지 못했다. 이명박은 중국을 데면데면 대했다. 기업인 출신으로서 큰 시장, 이익이 남는 시장이라는 시각에 충실했다. 중국 시장에서 돈을 벌면 그만이라는 인식이었다. 친미 노선을 추구하다 보니 글로벌 파워로 대우받고 싶어 하는 중국을 무시하는 분위기였다. 외교 관계가 좋을 턱이 없었다. 신임 주중 대사가 10개월 넘게 중국 주석을 만나지 못해 신임장을 제출하지 못한 일까지 있었다. 어느 고위 외교관은 "한중 수교 이후 이명박 시대 중국과 관계가 최악이었다"고 말했다.

박근혜의 과잉 친중과 오바마의 경고

대중 관계는 박근혜 정권이 들어선 뒤 싹 달라졌다. 그는 이명박 정권과 대비될 만큼 친중 노선으로 기울었다. 박근혜 시대 고위 외교관으로부터 가장 많이 들은 업적 자랑은 중국 관계였다. 윤병세 외교부 장관은 만날 때마다 "한중 관계는 역사상 최상이다. 정상끼리 인간적인 관계까지 더해져 더 좋을래야 더 좋을 수가 없다"며 자화자찬을 멈추지 못했다.

대통령 개인 외교가 한중 우호의 핵심이라고 추켜세웠다. 두 사람이 최고 지도자 지위에 오르기 전 서울에서 만났던 인연이 친중 노선을 지탱하는 대들보 역할을 하고 있다고 했다. 청와대는 박근혜·시진핑의 개인 인연이 북핵 현안을 풀 수 있는 열쇠라는 희망을 유포했다.

박근혜는 중국 주도로 설립된 아시아인프라은행AIIB에 가입했다. 미국 의중을 간파한 일본은 가입을 거절했다. 박근혜는 시진핑 주석 초청으로 2015년 9월 중국 공산당의 2차 세계대전 승리 70주년을 축하하는 행사에 참석, 톈안먼天安門 망루도 올랐다. 대통령이 톈안먼 망루에서 중국 인민군 퍼레이드를 참관한 광경은 전 세계에 생중계됐다. 그는 서방 주요 지도자 가운데 유일하게 그 행사에 참석했다. 미국은 공개석상에서는 불편한 심기를 감췄으나 언론과 학자를 통해 박근혜의 행적을 비판했다. 과잉 친중으로 기울었다는 냉소적인 의견이 많았다.

박근혜·시진핑 정상회담이 있을 때면 매번 예정된 시간을 넘겼다는 뒷이야기가 흘러나왔다. 박 대통령이 앞서 했던 말을 다시 반복하면서 시간을 넘기곤 한다는 전언이었다. 하지만 정상회담에서 정작 중요한 사드 문제를 설명한 적이 없었다고 들려왔다. 중국은 안심했을 것이다. 대통령이 사드 문제를 언급하지 않자 중국 턱밑에 미국 미사일 시스템을 구축하지 않을 것이라고 믿었을 것이다.

박근혜 정부는 이미 대중 전선에서 미국과 함께 중국에 맞설 의사가 없다는 신호를 여러 번 미국에 보냈다. 사드 배치 논의를 미루고, 미국이 신경을 곤두세우고 있는 난사군도 문제에도 아예 입을 다물었다. 박 대통령은 한·미 혈맹이란 북한이라는 좁은 전선에서만 유효할 뿐이라고 말하고 싶었던 것일까. 며칠 전에도 미 국방부와 가까운 유력 연구소가 중국의 대만·난사군도 공격을 가정한 미·중 전쟁 시나리오를 공개했다. 미국의 중국 경계심은 상상을 뛰어넘는다. 일본은 그걸 알고 있고 우리는 모른다. 미·중 사이에서 가중치를 어느 쪽에 무겁게 둬야 하는지 무시한다. 벌써 워싱턴에서 불어오는 바람이 차갑게 느껴진다. 작은 에러가 대량 실점으로 연결되곤 하는 게 야구의 징크스다. 패배의 고통을 맛본 뒤에야 2015년에 우리가 어떤 에러를 범했는지 떠오를 것이다.

—《조선일보》, 2015년 10월 17일 자 송희영 칼럼

2015년 가을이 되자 이번에는 미국이 심각한 표정으로 나타났다. 박근혜가 톈안먼 망루에서 내려온 직후다.

오바마·박근혜 정상회담을 전후로 남중국해 문제에 한국이 미국 편에 서달라고 공개 요청했다. 정상회담 후 기자 회견에서 오바마는 노골적으로 이 문제를 언급했다. "박 대통령에게 유일하게 요청하는 것은 우리는 중국이 국제 규범과 법을 준수하기를 원한다는 것이다. 만약 중국이 그런 면에서 실패한다면 미국이 그렇게 하는 것처럼 한국이 목소리를 내야 한다. 여기에 (한·미가) 공통 이해가 있다."

중국에 할 말을 해달라고 공개 요청한 셈이다. 경고 의미까지 포함된 발언이었다. 먹구름이 밀려오는 게 아니라 천둥 번개가 치고 있었다. 강대국 사이에 꼭 끼어 있는 처지가 절절하게 느껴지는 순간이었다.

윤병세 장관은 "한미정상회담에서는 남중국해의 '남' 자도 거론되지 않았다"고 해명했다. 항행의 자유가 지켜져야 한다는 말을 끝내 하지 않았다. 남중국해에서 미국 편에 서는 것을 거부했다.

박근혜의 과도한 친중 노선은 2015년 가을 미국과 중국 사이에서 곤혹스러워진 것이 분명했다. 중국 편향 외교를 고집하는 정부에 언

론과 전문가들이 비판하고 충고했다. 아직은 미국과 관계에 더 무게중심을 둬야 한다는 취지였다. 하지만 청와대와 외교부의 반응은 다른 정권과 전혀 달랐다. 무반응이었다. 미국과 중국 사이에서 어떤 균형점을 잡고 있는지 설명을 하지 않았다.

과거에는 언론이 외교가 잘못 가고 있다고 지적하면 청와대나 외교부가 곧 배경을 설명했다. 비보도를 전제로 외교 전략과 의도를 브리핑했다. 기자는 당국자의 설명을 실명으로 인용 보도하지는 않았다. "전문가들은 이렇게 해석한다"라며 다른 사람의 말처럼 기술하거나 기자 자신의 분석인 듯 서술하곤 했다. 외교 당국과 언론 사이에는 신뢰 있는 대화가 오갔다. 외교관과 기자 사이의 양해는 국익이라는 목표 아래 합리화됐다.

그에 비해 박근혜 외교팀은 언론과 비공식 대화가 거의 없었다. 대통령 국외 순방에 앞서 사전 브리핑을 하는 정도였다. 청와대 외교안보팀이 언론사 고위 간부를 상대로 하던 비공식 설명은 중단됐다.

4차 북핵 실험 직후 사드 배치로 중국과 정면충돌

박근혜가 톈안먼 망루에서 내려온 지 넉 달 만에 북한은 2016년 1월 4차 핵 실험을 감행했다. 박근혜는 즉각 사드 배치를 결정했다. 박근혜 외교팀은 그동안 사드 배치는 하지 않을 것처럼 말했다. "미국이 사드 배치를 요청하지도 않았고, 한미 간 협의도 없고, 그러니 결정도 내리지 않았다"는 식의 '사드 3No' 입장을 고수했다. 그러던 박근혜가 돌연 사드 배치를 결정해버렸다. 외교 통로를 거쳐 중국에 사전 설명을 충분히 하거나 대통령 특사를 파견하는 방식으로 양해를 구하지 않았다. 정지 작업 없이 직격탄을 날린 셈이었다. 시진핑 입장에서는 배신당한 기분이었을 것이다.

미국은 일본에 사드 기지를 이미 건설했다. 한국에 사드 기지를 건설해야 동북아 사드 체계가 완성될 수 있었다. 미국이 한국에 사드 배치를 요구하지 않았다고 둘러댄 것은 거짓말이었다.

사드 배치는 소련이 미국 턱밑 쿠바에 미사일 기지를 설치하려다 3차 세계대전 발발 직전까지 갔던 마찰을 연상시키는 사태다. 중국의 반발은 쿠바 미사일 사태 때 미국의 반발과 비슷하다. 박근혜는 민감성을 무시한 채 시진핑을 밀치고 오바마에게 달려갔다. 과도한 친중 노선을 즐기다가 한미동맹이라는 전통 노선으로 귀환한 것이다. 박근혜의 과도한 친중 외교는 사드로 파탄이 나버렸다.

중국은 한국을 향해 즉각 보복 조치를 실행했다. 롯데마트가 철수하고 현대자동차가 타격을 입었다. 새로 개발된 사이버 게임을 중국에 들여오지 못하게 막았다. 화장품 판매점, 호텔, 관광 업계가 입은 피해는 점점 불어났다. 중국 군부는 사드 배치를 둘러싸고 사드 기지를 직접 공격할 수 있다는 언론 플레이를 했다.

우경화하는 일본과의 마찰

2세대 보수 정권은 일본과의 관계도 원만하지 못했다. 이로 인해 1965년 한일 국교 수립 이후 한국·미국·일본이 유지해오던 3각 축에 틈이 생기면서 반일 노선으로 치닫는 일이 잦았다.

이명박은 한국 대통령으로서는 처음 독도를 방문했다. 2012년 광복절 직전이었다. 21세기에 들어선 이후 일본 내에서는 혐한 발언이 터지고 있었다. 때마침 일본 정부는 방위백서에 독도 관할 부대를 명기했다. 일본의 작은 움직임이 한국을 자극했던 것은 사실이다.

그러나 대통령이 독도에 상륙하는 행동은 그보다 일본을 몇 배 자극하는 공격형 이벤트였다. 이명박 측근들은 독도 방문을 말렸으나 그는 "내가 아니면 누가 하겠나"라는 우쭐한 기분으로 일정을 강행했다. 민족 감정에 휘발유를 끼얹는 정치 쇼였다.

이명박은 며칠 뒤 공격적 발언을 내뱉었다. 일본 왕의 방한 문제를 언급하면서 "독립운동을 하다가 돌아가신 분들을 찾아가 진심으로 사과해야 한다"고 했다. 피해자에게 사과하라고 일본 왕에게 직격탄을 날린 셈이다.

독도 방문에 이어 일왕의 직접 사과까지 요구하자 일본에서 일대 소동이 벌어졌다. 성토 발언이 이어지면서 진의를 파악하려고 사절단이 찾아왔다.

이명박은 2011년 말에도 교토 정상회담에서 느닷없이 위안부 문제를 집중 거론했다. 느닷없다는 것은 실무자들 간 사전 협의, 절충 과정이 없었다는 얘기다. 이명박은 회담 시작부터 위안부 문제를 꺼내는 바람에 상대인 노다野田佳彦 일본 총리는 당황해 어떤 실속 있는 답변도 내놓지 못했다.

그래도 교토 회담은 그럭저럭 넘어갔다. 하지만 2012년 여름 이후에는 일본의 반응이 완전히 달랐다. 곧이어 일본이 중국과 센가쿠(다오위다오) 열도를 둘러싼 영토분쟁에 돌입했기 때문이다.

이명박의 언행은 중국의 반일 데모와 겹치고 있었다. 중국과 한패를 지어 일본을 공격한다는 인상을 일본에 주고 있었다. 이명박은 취임 초에는 일본과 매우 좋은 분위기를 조성했다. 그런 분위기에서 돌출 행동이 나왔던 만큼 일본의 충격은 배신감으로 번지고 있었다.

박근혜 정권은 위안부 문제를 내세워 일본과 정상회담을 하지 않고 3년을 버텼다. 그러더니 2015년 말 돌연 10억 엔을 받고 위안부 협상을 마무리했다. 뜬금없는 화해였다. 위안부 당사자나 관련 단체들과 사전 협의를 갖지 않은 채 정치적 타결을 지어버린 것이다.

언론이나 전문가들은 위안부 문제가 있어도 정상회담은 지속적으로 해야 한다고 권고했었다. 이에 박근혜는 뭔가 큰 거래를 성사시킬 듯 회담을 거부하며 고집을 부렸다. 하지만 옹고집은 푼돈 앞에서 순식간에 증발하고 기다렸다는 듯 아베 품에 안겨버린 꼴이었다. 옹고집에 이은 졸속 합의는 국민을 놀라게 했다. 톈안먼 망루에서 중국군 퍼레이드에 박수를 치다가 사드 배치로 중국을 화나게 만든 것과 똑같은 변덕 외교였다.

한일 관계가 틀어진 밑바탕에는 21세기 들어 일본의 변화가 자리 잡고 있다. 장기 불황을 겪으면서 한국산의 공세에 일본 경제를 지탱해오던 전자산업이 무너졌다. 후발 주자이던 한국이 어느 덧 일본을 위협하는 수준에 도달했다는 위기감이 2000대 중반 이후 일본에 널리 퍼졌다. 또 식민지 지배에 미안한 마음을 갖고 있던 세대가 물러나고 전후 세대가 일본 정치권과 정부, 언론계, 경제계의 고위층을 점유했다. 새로운 세대는 한국에 부채 의식이 거의 없다.

일본을 무엇보다 변화시킨 요인은 역시 중국의 부상이다. 일본은

2010년 세계 제2위의 경제력 지위를 42년 만에 중국에 내주고 말았다. 뒤이어 2012년 이후 중국과 영토 분쟁을 경험했다. 영토 분쟁을 겪으면서 혼자 힘으로는 중국의 군사력에 맞설 수 없다는 것을 깨달았다.

막강한 중국의 출현은 일본을 보수화 또는 우경화의 길로 유인해왔다. 아베가 최장수 총리로 재직하는 비결도 여기에 있다. 중국이 뒷걸음질 치지 않는 한 앞으로 일본은 군사력을 더 강화하면서 우경화, 보수화의 노선을 갈 수밖에 없다.

2세대 보수 정권은 이런 일본의 변화를 예민하게 받아들였어야 한다. 보수 정권의 상속자를 자처하려면 우경화하는 일본을 면밀하게 경계하면서도 기본 신뢰는 깨지지 않는 선을 지켰어야 옳았다. 중국의 위협 요인을 고려해 이웃에 든든한 지원 국가를 확보하려는 지혜를 보였어야 한다.

그러나 실속 없이 반일 감정을 노출하면서 대일 외교가 심하게 요동치는 실패를 거듭했다. 이 때문에 양편의 이웃과 모두 갈등 관계를 초래하고 말았다. 나라를 위태롭게 하는 외교 참사였다.

문재인 정권은 박근혜 정부의 위안부 합의부터 파기했다. 정권 교체 후 새로 지명된 대법관들은 강제징용 피해자에게 일본 기업이 개별 보상을 해야 한다는 판결을 내렸다. 그 여파로 일본은 무역 보복 조치를 단행했고, 이에 한국은 미국의 반대에도 불구하고 한일군사정보협정(지소미아)을 폐기했다.

우리 진보 세력은 친일파 척결과 반일 캠페인을 계속해왔다. 그런 맥락에서 진보 정권과 그 정권이 구성한 대법원이 반일적 결정을 내리는 것은 나름 일관성 있는 행동이다.

진보 진영의 반일 액션은 한미동맹에 작은 구멍을 내보려는 의도가 깔려 있다. 장기적으로 미군 철수, 한미 군사동맹 해체를 추구하기 위한 구도에서 반일 감정을 부추기려는 시도가 엿보인다.

그렇다면 이명박·박근혜는 진보 진영과 차별화된 대일 외교를 구사했어야 한다. 오락가락하는 외교로 헷갈리게 만들지 말았어야 한다. 발언을 해야 할 상황이 닥치면 신뢰 관계를 유지하면서 '치밀하게 기획된 반일'을 추구하는 게 현명했다.

뭇매 부르는 국제 정세 오판

9·11 테러, 글로벌 금융위기 이후 미국의 국력은 몰라보게 후퇴하고 있다. 나라밖 문제에는 개입하고 싶어 하지 않는 정책이 뚜렷해졌다. 반면 중국은 2049년까지 미국을 앞서겠다는 국가 목표를 설정했다. 독일과 일본은 경제력 2위 지위에 있을 때 미국을 누르겠다는 국가 비전을 공식화한 적이 없다. 중국이 유일하게 2위 경제대국으로서 1위 자리를 넘보고 있다.

미국과 중국이 어떤 식으로 무역 협상을 타결해도 중국의 야심을 감안하면 미중 간 경쟁과 마찰을 피할 수 없다. 심각한 경제 침체나 내분, 분열로 중국의 기세가 꺾이지 않는 한, 강한 중국의 부상은 한국과 일본을 무겁게 짓누를 것이다. 한국은 미국, 중국, 일본 사이에서 부대낄 수밖에 없는 상황을 맞았다. 강대국 알력 속에서 국가 생존 전략을 다듬어야 하는 국면이다.

중국이 강해졌다고 하지만 우리 국민이 이민 가고 싶어 할 만큼 매력적인 나라는 못 된다. 독재 권력이 국민 생활에 지나치게 간섭하고 있는 실정을 우리는 잘 알고 있다. 미국의 지배력이 저물지 않은 이 시점에서 미국과 손을 잡는 것이 좋은지, 중국과 잡는 것이 좋은지 쉽게 판단할 수 있다. 아무리 미국, 일본이 싫어도 반미, 반일 노선으로 친중 노선을 합리화할 시기가 아니다. 북한 문제까지 감안하면 어느 쪽에 무게 중심을 두고 가야 할지는 자명하다.

이명박처럼 친미와 반일은 부적절하게 조합하거나 박근혜처럼 친미와 친중 사이, 반일과 친일 사이에서 극단적으로 오락가락 해서는 안 된다. 변덕 외교는 어느 쪽에서도 환영받지 못한다. 미국, 중국, 일본 모두로부터 뭇매를 맞는 나라가 될 수 있다. 지정학적 파워 게임이 격렬해질수록 강대국들이 우리를 끌어당기는 힘은 강해질 것이다. 분명한 원칙을 갖고 일관성 있는 노선을 지켜나가야 한다.

09

엉터리 대처리즘을
흉내 내다

마거릿 대처 영국 총리는 우리 보수 세력의 영웅이다. 레이건보다 인기가 높다. 그에 관한 서적은 수십 권 출간됐다. 일대기를 요약한 어린이용 만화, 그림책까지 보급됐다. 노무현 정권 말기 2007년 대처 서적이 가장 많이 나왔다. 보수 진영은 대처를 통해 뒤늦게 보수주의와 영국 보수당을 공부했다.

대처는 좀처럼 타협하지 않는 성품 때문에 총리 시절 반대파로부터 어느 잔인한 로마 황제 같다는 비난을 받았다. 하지만 그의 리더십은 전 세계에 빛을 뿌렸다. 그는 레이건과 함께 반공 동맹을 강력히 이끌어 소련 붕괴를 촉발했다. 아르헨티나와 포클랜드 전쟁을 불사하며 나라를 지켰다.

영국 경제가 오랜 침체에서 되살아난 시기도 대처 재임 기간(1979~1990년) 중이었다. 파업을 일삼는 강성 노조를 괴멸시켜 고질적인 영국병을 치유했다. 그가 총리로 11년 재임하는 동안 영국은 국제 정치 무대와 세계 시장에서 발언권을 과시했다.

대처리즘, 뉴라이트의 롤 모델

보수 진영은 김대중·노무현 정권 아래서 대처의 성공을 집중 탐구했다. 대처 신드롬이 만연했다. 정치인은 누구나 그를 닮고 싶어 했고 박근혜는 그중 한 사람이었다.

박근혜가 2004년 여름 출입 기자들에게 자택을 처음 개방했다. 당시 거실에 놓여 있던 책은 대처의 회고록 『국가경영』이었다. 그는 국가 지도자의 롤 모델로 대처를 꼽았다. 박근혜 대통령이 취임하자 대처리즘Thatcherism 정책을 실행해달라는 요구가 보수층 내부에서 쏟아졌다. 그의 정책과 정책을 뒷받침하는 철학을 정리한 대처리즘 저서는 너무 많다. 대처는 박정희처럼 자신의 보수주의 정치 철학을 끝까지 밀어붙여 국민정신을 개조하는 선까지 도달했다.

우리 보수 세력이 가장 높게 꼽은 대처의 업적은 탄광 노조 파업을 제압한 것이었다. 대처는 1984~1985년 강성 탄광 노조와 정면 대결해 승리했다. 대처 같은 과단성 있는 지도자가 노조의 버릇을 고쳐주기를 바랐다. 특히 재벌 그룹의 모임인 전경련이 원했다. 대처 식 노조 길들이기는 기업인들의 로망이었다.

김대중·노무현 정권 아래서 숨을 죽이던 전경련으로서는 대처가 최고 구세주였다. 노조 파업에 단호하게 대응한 대처의 결단성만 평가한 것은 아니었다. 규제 철폐, 작은 정부 등 시장 경제를 중시하는 그의 철학은 재벌 기업에게 복음 같았다. 대처리즘이 이윤을 극대화할 찬스를 제공할 것이라고 믿었다. 대처의 공기업 민영화 정책은 전경련 회원사들에게 대박 기회를 가져다줄 판이었다.

전경련은 대처리즘 마케팅을 위해 뉴라이트 세력과 손을 잡았다. 2005~2006년 무렵부터 뉴라이트라는 젊은 보수 세력이 목소리를 높이기 시작했다. 뉴라이트 진영은 대처·레이건의 신자유주의 시장 경제 논리로 무장하고 있었다.

그들은 1세대 보수와 다른 나라를 꿈꾸는 듯했다. 정부가 모든 것을 통제하는 경제가 아니라 시장에서 기업 활동이 자유로운 나라를 설계하고 있었다. 박정희 식 성장 전략에서 벗어나는 방안으로 규제 철폐를 강력 주장했다. 관청 주도 통제 경제에 선을 긋는 논리였다.

전경련은 뉴라이트 진영의 책을 반갑게 출간해줬고 여러 세미나를 후원했다. 박정희 식 관 주도 경제가 올드라이트Old Right라면 시장 주도 경제가 뉴라이트였다. 전경련이 대처리즘을 홍보하려고 뉴라이트 결성을 도운 것인지, 뉴라이트가 전경련의 집중 후원을 받아 활동을 본격화한 것인지는 불분명했다. 경계선은 애매했으나 한 식구처럼 행동한 것은 부인하기 힘들다. 대처리즘이 전경련과 뉴라이트의 연결 고리였다.

뉴라이트 주축 세력은 1980년대 대학가 386 운동권이었다. 일부 운동권 청년들이 소련 붕괴 후 사회주의 혁명의 꿈을 버리고 돌아선 것이다. 뉴라이트는 박정희 치적도 높게 평가해 전경련과 코드가 잘 맞았다. 여기에 보수 기독교 세력이 가세했다.

진보 정권의 무능도 뉴라이트 세력이 뭉치고 성장하는 기회를 제공했다. 진보 정권은 저성장의 돌파구를 찾지 못하면서 대북 햇볕 정책에 유독 골몰했다. 김대중·노무현 정권은 비정규직 급증, 양극화 심화에 아무런 처방을 내지 못해 젊은 빈곤층이 늘어났다. 정부 통제형 경제 운영은 진보 정권에서도 바뀌지 않고 계속되고 있었다.

진보 진영의 무능을 보며 청년층은 "그래도 보수 정권이 경제는 잘 운영했다"는 기대감을 갖게 됐다. 2000년대 중반 무렵에 20~30대 연령층이 점점 보수화됐다. 번듯한 직장이 줄어들고 비정규직 자리가 늘어나는 현실이 그들 앞에 있었다. 저성장이 가족, 직장이라는 공동체를 위협하고 있었다. 뉴라이트는 그런 시대 배경에서 지지층을 확보했다.

뉴라이트·전경련·이명박 결합

2007년 대선은 진보 진영과 보수 진영의 세 번째 대결이었다. 1997년과 2002년에는 진보 진영이 승리했다. 세 번째 결전에서 이명박은 든든한 지원군을 확보했다.

이명박 대통령 탄생 배경에는 보수화된 청년층이 있었다. 대선 과정에서 이명박은 줄곧 20대, 30대 연령층에서 경쟁자를 압도했다. 19~20세 연령층까지 진보 후보를 압도했다. 이례적으로 청년층 불안감이 성장을 약속하는 후보에게 희망을 찾는 분위기였다.

이명박은 선거 과정에서 전경련, 뉴라이트 진영과 한 몸처럼 움직였다. 전경련은 자금줄, 뉴라이트는 이론 제공 집단이었다. 이들이 대처리즘으로 무장한 연합체라는 것은 의심할 여지가 없었다.

뉴라이트 중심인물은 이명박 캠프에 둥지를 틀더니, 대선 후에는 이명박 정권에서 높은 자리에 오르기 시작했다. 국회의원과 정부 직책을 맡아 발언권을 높였다. 진보 정권에서 눈칫밥을 얻어먹듯 조심하던 전경련은 환호성을 올렸다. 전경련이 공들인 대처리즘의 전사들이 새 정권에 대거 발을 들여놓았기 때문이다.

이명박 집권 초기 고소영(고려대·소망교회·영남 출신) 정권이라고들 했다. 학연, 지연, 교회 인연으로 인재를 발탁한다고 입방아가 그치지 않았다. 하지만 경제 분야에서 보면 영남 출신TK과 뉴라이트New Right, 전경련FKI이 연합한 TNF 정권이었다. 전경련의 기세는 급속도로 올라갔다. 이명박 대통령과 사돈 관계인 조석래 전경련 회장은 2009년 제주도에서 열린 전경련 하계 포럼에서 "정치가 얼마만큼 우리에게 도움을 줬느냐고 묻고 싶다"며 "우리 정치 상황을 보면 문제를 해결해주기보다는 문제를 만든다"고 했다. 그는 "우리가 지금 해야 할 일은 정치를 바로 세우는 것"이라고 했다. 재벌 총수가 대놓고 정치권을 비판하는 발언을 할 수 있을 만큼 목소리가 높아졌다.

2세대 보수 정권의 문제가 바로 여기서 출발했다. 재벌과 권력이 다시 밀착 관계를 형성했다. 권력과 금력이 손을 잡고, 거기에 뉴라이트라는 이론가 집단이 보태졌다. 정치·재벌·학계 간의 대처리즘 삼자 유착이었다.

삼자 연합에서 돈줄을 쥐고 있는 전경련 존재가 워낙 크고 막강했다. 재벌의 발언권이 커질 수밖에 없었다. 이 때문에 대처를 배워 경제를 살리겠다던 이명박은 대처리즘과는 정반대 방향으로 나갔다. 이명박은 대처처럼 법인세를 내렸으나 혜택은 주로 대기업에게 돌아갔다. 중소기업이나 자영업자에게 돌아가는 몫은 적었다.

이명박은 공기업 민영화 정책부터 대처와 전혀 다른 길을 걸었다. 대처는 최대 국영 회사 영국통신BT을 민영화했다. 영국 노동당 정권 아래서 공기업들은 경영 실적이 나빠지면 세금 지원으로 생명을 연장하고 있었다. 대처는 그런 지원 파이프를 단절해버렸다.

대처 총리는 재임 기간 내내 철도·항공·가스 등 48개 공기업을 매각했다. 이들은 정부 간섭에서 벗어나 효율성을 높일 수 있었고, 영국항만은 민영화 6개월 만에 이익을 4배 이상 늘렸다. 영국항공은 종업원 1인당 생산성이 50% 이상 향상됐다.

대처의 공기업 민영화에는 또 다른 목적이 있었다. 국민에게 공기업 주식을 배분해 국부를 재분배하는 효과를 내려는 뜻이었다. 사회 양극화를 누그러뜨리려는 뚜렷한 목적의식이 있었다. 대처가 선택한 공기업 민영화 방식은 우리나라 보수 정권이 늘 써먹은 '주인 찾아주기' 방식이 아니었다. 주인 찾아주기란 공기업을 재벌 기업에 넘기는 매각 방식이다.

대처는 국민주 형태로 공기업 주식을 저소득층에 싸게 나눠줬다. 종업원에게 우리 사주 형태로 일정 비율을 할당했다. 그 결과 대다수 국민이 주식을 보유하게 됐고, 종업원 90%가 자기 회사 주식을 보유하는 것으로 이어졌다. 회사가 잘돼야 나와 내 가정이 잘된다는 일체감이 생기도록 했다. 공기업 주식이 국민주로 매각되면 전문 경영인을 선임, 경영 혁신을 거쳐 실적 개선을 촉구했다. 실적이 좋아지자 예상대로 주가가 올랐다.

대처는 시기를 놓치지 않고 '금융 빅뱅'이라는 이름의 금융 시장 자율화 조치를 단행했다. 금리, 수수료 결정 등에서 정부 개입을 철폐하는 결단이었다. 런던을 세계 금융의 중심지로 만드는 파격적인 규제 철폐 조치였다. 세계 여유 자금이 런던에 몰려왔고 영국 주가는 폭등했다. 주가 상승 덕분에 국민주를 나눠 받은 저소득층은 단번에 소득을 늘릴 수 있었다.

1979년 주식을 소유한 영국 국민은 300만 명이었지만 대처 퇴임 후 1993년에는 1,000만 명이 넘었다. 국민 주주 시대를 연 것이다. 대처는 국민주 방식을 통한 재분배 정책으로 진정한 대중 자본주의가 실현될 것이라고 믿었다. 그가 정부 보유 임대 주택을 수백만 가구에게 매각한 것도 똑같은 발상이었다. 정부 보유 자산을 저소득층에 배분해 빈곤층의 소득을 보전해줬다. 국민주 방식의 공기업 매각은 그 후 전 세계에 수출됐다.

공기업을 재벌 품에 안겨준 이명박

이명박은 공기업 민영화를 내걸고 대처 흉내를 냈다. 처음에는 철도를 민영화하고 산업은행, 대우조선해양, 하이닉스를 매각하겠다고 나왔다. 주식 매각으로 30조 원을 마련해 중소기업을 지원하는 데 사용하겠다고 약속했다. 취임 후 몇 달이 지나자 공기업 민영화 정책은 공기업 선진화 정책으로 타이틀이 슬그머니 바뀌더니 금융 위기를 핑계로 전면 후퇴했다. 내부 경영 혁신에 주력하겠다고 했다. 말이 완전히 달라졌다.

철도와 산업은행 민영화는 아예 중도 포기했다. 당초 약속한 공기업 매각 이야기는 사라졌다. 한국토지신탁, 농지개량, 안산도시개발, 한국자산신탁, 한국기업데이터 등 이름도 잘 알려지지 않은 8개 회사 주식만 팔았다.

알짜 공기업 매각은 재벌 특혜로 치우쳤다. 현대건설은 현대자동차그룹에 넘겼고, 하이닉스는 SK그룹에 선물했다. 대우조선해양은 한화그룹에 넘기려다 한화의 자금 사정이 좋지 않아 실패했다. 1세대 보수 정권이 공기업 매각 때마다 벌이던 재벌 잔치를 다시 반복했다.

이명박은 공기업 매각을 '주인 찾아주기'로 포장했다. 엉뚱한 사람이 갖고 있던 보물을 제 주인에게 돌려주는 것처럼 설명했다. 이명박식 재벌 잔치는 대처와는 정반대 효과를 보았다. 공기업 등기가 정부에서 재벌로 바뀌었을 뿐이다. 일반 국민에게 돌아가는 이득은 전혀 없었고, 재벌만 배불리는 정책이었다. 현대건설, 대우조선해양, 하이닉스를 국민주 방식으로 매각했다면 영국 대처처럼 서민과 중산층에 국부를 재분배하는 효과를 냈을 것이다. 국민주 방식의 민영화는 최소한 재벌 특혜 시비를 피할 수 있었다.

이명박은 대처리즘에서 '공기업 민영화'라는 제목만 빌려와 내용은 정반대로 갔다. 국민 다수에게 국부를 재분배하는 것이 아니라 재벌에 부를 더 집중시키는 쪽이었다. 대처 입장에서 보면 대처리즘을 배신했다고 말할 것이다.

박근혜의 대처리즘 배신

'한국의 대처'가 되고 싶어 했던 박근혜는 이명박보다 대처 총리를 더 배신했다. 대처는 작은 정부 철학에 따라 공무원을 대폭 감축했다. 금융 빅뱅이라는 규제 철폐를 통해 금융을 효자 업종으로 키웠다. 일자리는 정부 규제 철폐를 통한 민간 기업 활동을 부추겨 공급했다. 영국 경제를 부흥시킨 대처리즘은 한국 땅에 도저히 발을 붙일 수 없었다.

국가 지도자로서 박근혜는 대처 발끝에도 미치기 어려웠다. 대표 사례가 강경 노조를 다루는 테크닉이었다. 2013년 12월 코레일 철도 노조가 파업을 단행했다. 철도 민영화에 반대하는 투쟁이었다. 노무현·이명박 정권 때도 철도 민영화 문제가 제기됐다가 후퇴했다. 또 하나의 고속 철도 SRT 출범을 계기로 철도사업 경쟁 체제를 시작하려고 했지만 노조는 강경 투쟁으로 맞섰다.

박근혜는 처음에는 대처처럼 철도 노조 파업에 강경책으로 일관했다. 노조 지도부를 연행하고 기소했다. 공권력 위력을 과시해 상습적으로 파업하던 버릇을 고치겠다고 철권을 휘둘렀다. 노조 집행부 194명을 고소하고 파업 참여자 6,000여 명을 직위 해제했다. 파업으로 철도 운행에 문제가 생겼지만 국민은 인내했다. 대통령이 아버지 같은 리더십을 보여줄 것이라는 기대가 보수 진영에서 피어올랐다.

철도 파업 사상 가장 긴 22일 동안 코레일 노조 파업이 이어졌다. 열차는 단축 운행됐다. 집행부를 구속하고 강경한 징계를 했지만 그것뿐이었다. 1년 이상을 싸운 대처 총리와 달리 고작 파업 2주째가 되자 집권당부터 흔들리기 시작했다. 곧이어 청와대가 물러섰다. 정부와 새누리당은 철도 민영화 정책을 포기하겠다고 노조에 약속했다. 철도 서비스가 신칸센 수준으로 올라설 것이라고 기대하며 참고 견디던 국민은 맥이 풀렸다. 노조의 못된 파업 버릇을 고치겠다고 하던 큰소리는 슬그머니 사라졌다.

그것으로 끝난 것이 아니었다. 서투른 해법이 공권력 체통을 깎아내렸다. 검찰은 노조 집행부 간부 35명을 체포하거나 자수를 받아 기소해 기세를 올리는 듯했다. 경영진은 불법 파업이라며 주동자 처벌은 당연하다고 했다.

하지만 경영진은 파업이 불법이었다는 사실을 증명하지 못했다. 경영진은 노조와 정면 대결할 생각이 없는 듯했다. 주동자들은 무리한 영장 집행 등을 이유로 대법원에서 대부분 무죄 판결을 받았다. 수사에 나섰던 검찰과 경찰은 웃음거리가 됐다.

당시 철도공사 사장은 사장이 되기 전에는 철도 민영화에 반대하는 글을 썼던 인물이었다. 박근혜는 민영화 반대론자에게 사장직을 맡겨 민영화를 추진했다. 사장의 관심사는 철도공사 민영화보다는 국회의원 자리였을 것이다. 그는 파업이 끝나자마자 집권당 대표를 찾아가 지역구를 챙기는 활동을 하다가 언론에 들통났다. 2016년 총선에서 비례 대표로 국회에 진출하는 데 성공했다. 철도공사 사장 자리는 국회로 가는 디딤돌에 불과했던 것 같다.

그 사장은 새누리당 최고위원에 출마하면서 "코레일 사장으로 있는 동안 모두가 불가능하다고 생각했던 상습적인 철도 파업과 만성 적자 2가지 꼬리표를 떼는 데 성공했다"고 업적을 자랑했다. 거짓이었다. 바로 그해 말 코레일 노조는 성과급 도입에 반대하며 무려 72일간 파업으로 기록을 갱신했다.

정부와 코레일 경영진은 또다시 노조 파업에 굴복했다. 상습 파업의 고질병을 고쳤다는 증거는 찾을 수 없었다. 정부와 경영진의 굴복은 노조가 더 극성을 부리는 양념이 되곤 했다.

대처와 박근혜의 노조 다루는 솜씨

대처는 박근혜와 달랐다. 악명 높은 탄광 노조와 싸우기 전 2년가량 명분을 쌓았다. 탄광 노조가 무리한 요구를 내걸고 파업 때마다 불법이 난무하는 나쁜 이미지가 노조에 쌓이도록 방관했다. 노조가 파업에 들어가면 석탄 부족 사태가 발생할 것에 대비해 석탄을 비축했다. 모든 준비가 다 끝난 것을 확인한 뒤 대처는 국민 세금으로 생존하는 탄광을 폐쇄하는 절차에 돌입했다.

하지만 노조와 전면전에 돌입한 뒤에는 한 발짝도 후퇴하지 않았다. 국민에게 인내를 호소하며 1년 이상 버텼다. 총리가 물러서지 않자 영화 〈빌리 엘리어트〉 주인공의 아버지처럼 파업 근로자들이 파업 대열에서 이탈해 현장에 복귀했다. 파업 명분을 찾기 힘들었던 노조는 굴복했고 다시는 무모한 파업을 시도하지 않았다.

1997년 총선에서 보수당을 물리치고 집권한 블레어 총리의 노동당은 보수당 정부의 대처리즘에 충실했다. 노동당은 노조와 정치 동업자라는 말을 들을 정도로 100년 이상 친노조 정책을 유지해왔다. 그러나 블레어 내각은 노조의 무리한 요구를 묵살하고 대처의 실용주의 노선을 택했다. 블레어에게는 '대처의 정치 아들'이라는 별명이 붙었으나 노선 수정 덕분에 10년간 총리직을 맡아 영국을 지휘했다. 대처의 가장 큰 업적은 노동당을 개조시킨 것이라는 평가가 나왔다.

대처와 비교해 박근혜는 준비 없이 철도 노조와 전쟁을 시작했다. 파업이 불법이라는 증거를 챙기기 전에 공권력을 서둘러 투입하는 조급성을 보였다. 세가 불리해지자 이번에는 민영화 포기라는 카드로 꼬무니를 뺐다. 코레일 사장은 국회의원직을 노리고 있었다. 애초부터 이길 수 없는 싸움이었다. 오히려 노조의 기를 잔뜩 살려줬다.

금융 빅뱅과 벤처 육성 실패

이명박·박근혜 정권이 대처리즘을 잘못 배운 것은 수없이 많다. 금융 빅뱅은 그중 대표적이다.

대처는 2차 세계대전 전까지 세계 최고였던 영국 금융 산업의 영광을 되살리기 위해 금융 정책을 혁신했다. 금융을 짓누르고 있던 정부 통제를 폐기했다. 뉴욕으로 넘어간 세계 금융의 중개 기능을 런던으로 돌려놓겠다는 야심이었다.

빅뱅 이후 세계 금융 회사들이 우르르 런던에 몰려갔다. 금융 산업이 일자리를 만들어냈고 국가 경제 성장에 기여했다. 금융이 영국의 효자 산업이 된 것이다.

영국의 금융 빅뱅은 미국, 홍콩, 싱가포르, 일본이 모방했다. 어느 나라도 영국만큼 성과를 내지 못했으나 영국을 따를 수밖에 없었다. 효과가 워낙 좋다는 것을 대처가 증명했기 때문이다.

2세대 보수 정권은 대처리즘의 성공을 제대로 배우지 못하고 박정희의 모델인 제조업과 토목 공사에 매달렸다. 대처처럼 신종 산업을 키우기보다 과거로 회귀하려는 복고 노선에 집착했다.

대처는 벤처 기업이 시장 속에서 스스로 탄생하도록 내버려뒀다. 정부가 기업에 간섭하지 않는다는 원칙을 지켰다. 이명박·박근혜 정권은 정부가 계획적으로 벤처 기업을 육성하겠다며 예산을 뿌려댔다. 창조경제센터 건물을 대도시에 지어 올렸다. 권력이 개입하면 안 되는 일이 없다는 박정희 식 관치 철학에서 벗어나지 못했다.

실리콘밸리에서는 두뇌가 뛰어나지만 튀는 기술자가 먼저 모여 신기술을 개발했다. 그 뒤에 자금을 대는 투자자가 모여들고 경영 능력이 뛰어난 인재가 가세했다. 인도, 중국, 동유럽, 서아시아 등지에서 이질적인 인재가 추가로 들어와 두뇌 경쟁을 벌였다. 자연 발생적인 벤처 집단이 형성된 것이다. 이질적인 인물과 다양한 문화가 충돌하면서 창조적인 IT 기술, 항공 기술이 속속 탄생했다.

실리콘밸리에는 인재와 돈, 기술을 미국 정부가 제공하지 않았다. 정부가 지원해준 것은 오로지 뛰어난 외국 기술자에게 체류 비자, 이민 비자를 발급해준 것이다. 우리 보수 정권(진보 정권도 똑같지만)은 국가 권력으로 한국에 실리콘밸리가 만들어질 수 있다고 착각하고 있다. 경공업·중화학 공업을 국가 권력의 힘으로 성공시켰던 신화를 재연하겠다는 발상이었다.

권력이 벤처를 억지로 키울 수 없는 이유는 분명하다. 가장 창조적이어야 할 벤처 기업을 가장 변화를 싫어하는 공무원에게 맡겼으니 좋은 결과가 나올 수 없다. 공무원이 무슨 능력이 있어 벤처 기술인지 아닌지 판정하고 유망 벤처 기업인지 아닌지를 어떻게 선정하겠는가. 벤처라는 수식어가 붙은 정책만 매년 이 부서 저 부서에서 수십여 가지 어수선하게 발표될 뿐이다.

마거릿 대처 총리의 접근법은 전혀 달랐다. 벤처 기업 성장에서 국가 권력은 주도자가 아니라 보조원이라는 태도로 일관했다. 그는 이런 식으로 말했다.

나는 우리가 문제가 생기면 정부가 알아서 해결해줄 것이라는 생각을 하는 사람들이 너무 많은 시대를 거쳐왔다고 생각한다. '문제가 생겼다. 가서 보조금을 얻어와야지'라든가 '노숙자가 됐어. 정부가 반드시 내 거처를 마련해줘야 해'라고 생각하는 것이다. 이 사람들은 자기들의 문제를 사회에 떠넘기고 있다. 그런데 솔직히 사회라는 건 존재하지 않는다. 개인이 있고 가족이 있을 뿐이다.

대처의 발언 중 가장 큰 논쟁거리가 됐던 말이다. 그는 국민에게 복지 혜택에 의존하는 습관을 버리라고 역설했다. 실업자가 되면 스스로 새 직장을 찾으러 다니라고 했다. 새 직장에 적응하려면 신기술을 몸에 터득하라고 요구했다. 무작정 실업 수당부터 챙기려는 국가 의존증을 고치려 했다.

대처는 기업 정책에도 마찬가지 기준을 적용했다. 경영을 정부에 의존하지 말라고 경고했다. "지금까지 고안한 말 중에서 최상인 동시에 가장 인기가 없는 단음절 대답인 'No'라는 말을 사용하는 것부터 시작해야 한다"며 권력 의존을 버리라고 했다. 그러면서 "성공의 비밀은 꼭 한 단어, 기업이라는 단어로 요약할 수 있다"고 했다. 정부 역할은 기업을 도와주는 선에서 그쳐야지 최종 해결사가 돼서는 안 된다는 신념이었다.

이명박·박근혜 정권은 대처리즘 핵심을 보지 못하고 차례만 건성으로 훑어봤다. 전경련은 회원사 이익을 위해 대처리즘을 친기업 정책이라고 거짓 포장해 팔았고 이명박은 그것을 덥석 받아 챙겼다. 뉴라이트는 이명박·박근혜 식 대처리즘 마케팅이 부의 편중 현상을 심화시킬 것이라는 사실에 눈을 감았다. 양극화는 확대될 수밖에 없었다.

고환율 정책의 폐해

9년간 집권한 2세대 보수 정권은 한국 경제에 불가사의 하나를 탄생시켰다. 우리나라 국제 수지 흑자(경상 수지)는 2012년 508억 달러에서 2015년 1,059억 달러로 엄청나게 커졌다. 외환 보유고는 2017년 8월 말 3,846억 달러에 달한다. 반가운 통계를 보면서 국민이 묻는다. "국제 수지 흑자는 커진다면서 왜 내 호주머니에서는 찬바람만 나느냐." "왜 대기업만 갈수록 흑자가 느는가." "재벌은 천문학적인 사내 유보금을 가지고 있다는데 개인에게 돌아오는 몫은 이렇게 각박한가."

국제 수지 흑자는 반도체, 휴대폰, 철강, 석유 화학 등 재벌 기업들이 키웠다. 정부가 수출 대기업에 고환율 혜택을 몰아준 결과다. 고환율 정책은 재벌 기업에 특혜를 몰아준 대표 정책이다. 고환율 정책은 박정희 시대부터 2세대 보수 정권까지 줄곧 고집해왔다.

고환율 정책은 최근 1달러당 1,100원대를 오르내리는 선까지 달려왔다. 김영삼 정권에서 원·달러 환율은 750원대를 유지했었다. IMF 외환 위기 때 1달러당 2,000원대까지 치솟았다가 다시 안정을 찾고 있다. 경제력이 세계 10위권에 올라선 국가 중 1달러당 환율이 네 자리 숫자까지 올라 있는 나라는 없다.

고환율 정책 덕분에 삼성전자, 현대자동차 등 대기업들은 글로벌 시장에서 생존했다. 일본 반도체 업체들은 최근 10여 년 동안 "한국 정부는 매년 삼성전자에 반도체 공장을 하나씩 지어준다"고 불평했다. 고환율 정책으로 이익을 보장해주고, 법인세 인하와 값싼 전기 요금 특혜를 제공하고 있다는 것이다. 삼성전자가 정부로부터 받은 혜택을 합하면 공장 하나 건설 비용과 비슷하다는 주장이다.

고환율은 수출 기업에게 최상의 특혜지만 수출 우대 정책이 60년 이어지면서 중소·영세 기업과 내수 기업은 가난해졌다. 유통, 관광, 교육 분야의 내수 기업들은 고환율 정책의 피해자가 됐다. 국외 원자재 등 수입 물가가 비싸지기 때문이다. 서민 물가가 쉬지 않고 오른 이유도 고환율에서 찾을 수 있다.

영국은 1976년 국제 핫머니hot money의 공격에 외환 위기를 겪으면서 대혼란에 빠졌다. 영국 파운드 가치가 순식간에 15%가량 폭락하자 "영란은행(중앙은행)이 녹아버렸다Melting Down"는 평가까지 나왔다. 심지어 보유 외환이 고갈돼 IMF에서 39억 달러의 긴급 구제 금융을 받는 수모를 겪었다. 영국 경제는 끝이라는 말이 나돌았다.

대처 총리는 금융 빅뱅을 통해 파운드화 파워를 다시 살렸다. 외환 위기를 금융 개혁으로 돌파했다. 그 덕분에 파운드화는 여전히 달러, 유로와 함께 세계 기축 통화 중 하나로 활약하고 있다. 대처는 고환율 정책으로 수출 기업에 특혜를 주기보다 파운드화 가치를 높이는 정책을 추진했다. 고환율이 서민층에는 물가 상승 부담을 안기고 내수 기업, 영세 중소기업을 핍박한다는 이치를 잘 알았다.

우리 보수 정권은 수출 실적이 떨어지고 경기가 하강하면 고환율 정책에서 도피처를 찾았다. 서민층과 내수 기업에게 어떤 부담이 커지는지 상관하지 않았다. 양극화가 심해지는 원인 중 하나가 고환율 정책이다. 대처의 한국인 제자들은 대처리즘을 잘못 흉내 냈다. 대처의 강의를 제대로 못 알아듣고 엉터리로 대처 총리를 흉내 냈던 것이 아니다. 재벌 이익을 위해 일부러 대처리즘을 변질시켰다. 사회 양극화는 그 필연적 결과다.

10

번듯한 역사적 기반을
확보하지 못하다

진보주의가 미래를 설계할 때 보수주의는 과거를 되돌아본다. 진보는 인간의 이성이 언젠가 이상향(유토피아utopia)을 만들어낼 수 있다고 믿는다. 모든 인간이 똑같이 일하고 같은 밥을 먹는 평등 세상을 꿈꾼다. 보수주의자는 유토피아는 없을뿐더러 인간은 유토피아를 만들 능력도 없다고 생각한다.

인간 이성과 능력에는 한계가 있는 반면 세상은 갈수록 복잡한 일이 많이 터진다. 그 원인을 쉽게 파악할 수 있는 것도 아니다. 정답을 찾을 수 없을 때가 잦다. 미완성 제품인 인간은 힘든 문제에 부닥치면 절대 능력을 가진 신이나 종교에 의지하거나 역사 속으로 시간 여행을 떠난다.

보수주의는 역사의 성공과 실패에서 오늘 떠오른 골칫거리를 해결하는 비밀번호를 찾는다. 선조들은 수천 년에 걸쳐 경험과 지혜, 전통, 도덕, 관행을 쌓아놓았다. 그 축적된 역사가 오늘의 나에게 밝은 길을 열어줄 보물 상자다. 그래서 진정한 보수주의자는 역사책을 많이 읽고 역사의식을 갖추려고 애쓴다.

보수주의는 역사를 후손에게 열심히 가르친다. 선조가 남겨놓은 바람직한 행동 방식이나 정신 유산을 언제든 꺼내 쓰라고 주문한다. 강대국이 한반도 주변에서 힘의 대결을 펼치면 어떤 일이 벌어지는지는 역사에 담겨 있다. 지도자가 신뢰를 잃으면 국민이 어떤 방식으로 지도자를 배척하는지 역사가 가르친다. 역사가 비축해놓은 집단 지혜가 오늘의 고민에 희망을 선물할 것이라고 보수주의는 굳게 믿는다.

보수가 역사를 중요시하는 또 하나 이유는 애국심을 키우려는 목적이다. 성공한 나라의 역사는 후손이 자부심을 가질 만하다. 역사에 자부심을 갖게 되면 자연스럽게 나라 사랑으로 이어진다. 애국심이야말로 국가 공동체를 지탱하는 건강한 힘이 아닌가.

역사에 대한 무관심

1세대 보수 정권은 역사에 소홀했다. 어쩌면 일제 36년의 지배를 받았던 과거의 역사를 뇌리에서 지워버리고 싶었을 것이다. 이승만은 조선을 세운 이성계 후손, 즉 전주 이 씨 출신이었지만, 왕정王政 체제를 부정하고 민주주의 공화정 체제를 도입했다. 조선 왕조의 무능이 나라를 빼앗기는 비극을 불러왔다는 불만이 가득했다. 이승만은 고종의 명령으로 오랫동안 감옥살이를 했던 나쁜 기억이 있어 조선 왕조에 대한 감정이 좋지 않았다.

'조국 근대화'를 내걸고 1961년 5월 군사 쿠데타를 일으킨 박정희는 조선 왕조는 물론 이승만까지 타도 대상으로 삼았다. 이승만을 따랐던 자유당 잔당을 부정부패 세력으로 몰아세웠다. 미국에서 독립운동을 벌이면서 건국에 공헌한 업적을 인정하지 않았다. 박정희는 이승만이 1965년 7월 망명지 하와이에서 사망할 때까지 귀국하지 못하게 막았다. 새 국가를 건설할 사람은 자신뿐이라는 생각에서 이승만을 평가 절하했다.

역대 대통령 취임사를 보면 전임자 지우기, 전직 탓하기가 매번 나타났다. 자신이 새 역사의 주연이라는 자아도취가 강했다.

이승만은 취임사에서 "삼천만 남녀가 새로운 백성을 이룸으로써 새로운 국가를 세우기로" 했다고 말했다. 영국·일본의 보수 정당과는 달리 왕조를 전면 부정하고 새 국가를 내세웠다.

윤보선은 자신을 '제2공화국의 초대 대통령'이라고 했다. 윤보선은 "이승만 전 대통령의 국가적 손실을 초래한 식민지 외교"라는 말을 쓰며 이승만을 직설적으로 비난했다.

박정희는 취임사에서 "단군 성조聖祖가 천혜의 이 강토 위에 국기를 닦으신 지 반만년"을 들고나오더니 "면면히 이어온 역사와 전통 위에… 우람한 새 공화국의 아침이 밝았다"고 했다. 5,000년 만의 새 공화국 출범이라는 뜻이다. '임시 관리 정부'를 자칭했던 최규하에 이어 등단한 전두환 역시 '구 헌법, 구 정부, 구시대적 논리로부터 결별한 새 공화국' 출범을 비장한 어투로 선포했다.

김영삼의 '문민文民 시대'도 바로 앞 정권과 차별화하려는 표현이었다. 그간의 대통령(박정희, 전두환, 노태우)은 모두 군인이자 쿠데타로 대통령 자리를 강탈한 독재자였지만, 자신은 부정 투표 없이 자유로운 투표로 선출된 진정한 의미의 첫 민간인 대통령이라는 뜻이었다. 대통령에 당선된 후 그는 '역사 바로 세우기'를 한다고 선언한 뒤 쿠데타 주역 전두환·노태우를 감옥에 잡아넣었다. 김영삼은 또 일제 유산인 중앙청 건물이 서울 한복판에 있는 것은 역사적 수치라면서 다이너마이트로 폭파했다.

되돌아보면 보수 정치인에게 역사란 정권 안정을 위해 사용하는 전임자 지우기이자 과거 부정하기에 불과했다. 이런 역사 인식은 지금도 이어지고 있다.

보수 지도자들은 4,000년이 넘는 한민족 역사에서 짧은 단막극의 임시 배역에 불과하다는 사실을 깡그리 잊었다. 새 역사를 쓰겠다는 착각에 빠져 과거를 지우는 일에 열중했다. 역사를 청소하느라 자기 정권이 역사의 어떤 뿌리에서 탄생해 어떤 위치에 서 있고 어느 방향으로 가려고 하는지 설명하려 하지 않았다.

보수가 역사를 부정하는 사이 진보 진영은 구한말에 벌어진 동학혁명을 연구했다. 왕정 체제를 무너뜨린 농민 혁명에 의미를 뒀다. 초대 대통령 이승만이 아니라 김구 주석의 상해임시정부를 재평가해 항일 투쟁을 진보 진영의 특허 제품으로 삼았다. 김일성의 만주 지역 빨치산 운동도 재평가했다.

거기서 그치지 않았다. 해방 후 혼란 상황을 진보 시각에서 해석해 남북 분단의 책임 소재를 자기들에게 유리하게 가려냈다. 한국전쟁이 소련과 중국의 지원을 받아 김일성이 저지른 민족상잔의 비극이었던 사실을 감추고 이승만과 미국의 책임으로 돌렸다.

진보 진영은 분단 책임을 미국의 아시아 전략에서 찾았다. 이승만이 친일파를 숙청하지 못하고 남한 단독 정부를 수립한 것이 분단을 초래한 원인인 듯 설명했다. 이승만보다 김구가 정통성을 가진 애국지사라고 묘사했다. 두 거인의 독립운동은 우열을 가리기 힘들건만 이승만에게 일부러 낮은 점수를 매겼다.

역사학자의 게으름과 교학사 교과서의 실패

진보 진영은 엄혹했던 군사 정권 시절에 부지런히 근대사, 현대사를 재정리했지만 1세대 보수들은 국가 건설, 경제 성장에 골몰하느라 역사 뿌리 찾기에 관심을 두지 않았다.

보수 진영은 노무현 정권이 끝나가던 2006년에야『해방전후사의 재인식』이라는 책을 냈다. 진보에 처음 반박하는 보수 역사책이었다. 이것과 이름이 비슷한 진보 진영 이론서『해방전후사의 인식』은 진보 지식인 송건호, 임종국 등이 1979년 출간했으며 1980년대 젊은이의 필독 교과서로 자리매김했다. 그 베스트셀러를 겨냥해 한 세대가 지난 뒤에야 '재인식'이라는 반박문을 발표한 셈이다. 이 책에서 영향을 받았다는 젊은이들은 거의 없다.

『해방전후사의 인식』을 읽은 젊은이들은 1989년 진보적 교사 단체인 전교조를 창립했다. 또 노동 현장에 위장 취업 방식으로 들어가 수많은 민노총 계열 노조 설립을 주도했다. 이어 1987년 직선제 개헌 운동의 기폭제 역할을 맡았고, 1990년대 들어서는 정치권에 발을 들여놓았다. 2002년과 2017년에는 노무현·문재인 정권 탄생에서 중심

역할을 수행했다. 역사 교과서의 위력은 그만큼 굉장하다. 이념 싸움에서 지진 진앙지와 같은 힘을 폭발시킬 수 있는 뇌관이 역사책이다.

보수 진영의 역사책 『해방전후사의 재인식』은 마라톤에서 진보 진영 선수가 20㎞쯤 먼저 달려 가버린 뒤 지각 출발한 작품이었다. 게을러도 보통 게으른 게 아니었다. 『해방전후사의 재인식』이 진보 역사에 오래전에 세뇌된 젊은 세대의 머릿속에 들어갈 리 없었다. 『해방전후사의 인식』을 모르는 새로운 청년층이 '재인식'을 일부러 찾아 읽을 리도 만무했다. 보수 진영은 만족할 만한 책이 나왔다고 자위하는 선에서 머물렀다.

2세대 보수 정권은 늦게나마 역사 교과서의 중요성을 깨달은 듯했다. 박근혜 정권 출범 후 뉴라이트 계열 학자들이 준비한 교학사 교과서가 출간됐다. 대한민국 건국과 경제 성장을 평가하는 내용이 강조됐다. 교학사 교과서는 교육부 검정에 합격했으나 부실 논란에 휩싸였다. 팩트 체크fact check가 제대로 되지 않은 결함이 발견됐다. 게으름 피우다가 서두른 흔적이 역력했다. 부실 논란 끝에 교학사 역사 교과서는 채택율 0%라는 처참한 결과를 낳았다.

채택율 0%에는 전교조의 조직적 반대 운동이 영향을 줬다. 하지만 품질이 좋다는 평가가 드물었던 것도 사실이다. 전교조 공작을 예상했다면 더 꼼꼼하게 사실을 확인했어야 했다. 전교조 탓으로만 돌릴 수 없었다.

2014년 가을이었다. 박근혜 정권은 세월호 사태가 뒤죽박죽돼버린 상태에서 역사 교과서를 국정으로 바꾸겠다는 뜻을 내비쳤다. 교학사 교과서 실패를 국정 교과서로 만회하겠다는 욕심이었다. 보수 정권으로서는 문제 제기를 할 만한 사안이었다. 기존의 검정 교과서가 좌편향이었기 때문이다.

중고등학생이 배우는 역사 교과서가 편향된 배경에는 사연이 있다. 1980년대 대학가에서는 누구보다 역사학과 학생들이 진보 색채로 물들었다. 그 여파로 역사학계는 진보 학자가 주류 인맥을 형성했다. 그들이 역사 교과서를 어떤 시각에서 집필했을지는 물어보나 마나다. 검정 교과서를 보면 민중 봉기 같은 저항과 투쟁의 기록은 많다. 반면 신분 차별에도 불구하고 어떻게 조선 왕조가 500년 장기간 존속됐는지, 해방 후 어떻게 고도 경제 성장이 가능했는지 충분히 설명하지 않았다. 어두운 역사는 많고 성공의 역사, 긍정의 역사는 적다. 보수 진영은 이승만·박정희 시대를 좀 더 긍정적으로 서술한 교과서를 내놓고 싶어 할 만했다.

2014년 9월 교육부 주관 아래 첫 토론회를 열던 날이었다. 논설실 동료들 토론은 2가지 결론으로 모였다. 첫째, 기존의 검정 역사 교과서는 편향성 문제가 있다. 둘째, 그렇다고 국정 교과서로 가는 것은 정답이 아니다. 국정 교과서로 전환하려는 정부 방침에 찬성할 수 없다고 합의가 됐다. 국정 교과서를 만들려면 검정 교과서를 계속 허용해 학교·학부모·교사가 검정과 국정 중에서 선택하게 하는 방안도 생각해보라고 제안했다. 국정과 검정 교과서 간의 경쟁을 제안한 것이다.

국정 교과서는 시대착오적 발상이었다. 북한 같은 독재 체제도 아닌 나라에서 무슨 국정 교과서란 말인가. 1인당 국민소득이 3만 달러를 눈앞에 두고 있는 국민에게 단일 교과서로 역사를 가르친다는 것인가. 세계 7위 무역 국가가 국산품 애용을 강요하는 정책처럼 국가 위상에 어울리지 않았다.

무작정 밀어붙인 국정 교과서

박근혜 정부는 역사 교과서 국정화를 추진하면서 의욕만 앞섰다. 사전 준비가 없었고 국민 설득을 하지 않았다.

정책 방행을 크게 전환하려면 먼저 정부 안에 이론과 실무를 겸비한 인물로 실무추진팀부터 만들어야 한다. 국정 교과서의 경우 그런 팀이 보이지 않았다. 담당 부처 수장인 황우여 교육부 장관은 원래 국정 교과서에 반대하던 인물이었다. 국정 교과서에 소신과 열정을 가진 공무원이 뭉쳐 방향을 바꿔보겠다는 열기를 도무지 찾을 수 없었다.

열성적인 팀이 없으니 국민 설득이 순조로울 수 없었다. 청문회를 한 차례 한 뒤에는 아무 움직임이 없었다. 몇 달이 지나서 겨우 다수가 국정을 찬성한다는 여론 조사 결과를 내놓았다. 이마저 조작된 여론 조사라는 시비가 그치지 않았다.

다시 침묵의 시간이 흘렀다. 대국민 설명회나 언론을 상대로 하는 배경 설명은 여전히 하지 않았다. 첫 청문회로부터 1년여 시간이 지난 뒤 다시 국정화 작업이 시작됐다. 어느 날 갑자기 대통령이 국정화 결정을 내렸다는 보도가 나왔다. 대통령이 결심했으니 두말 말고 따르라는 식이었다.

전두환·노태우 시절만 해도 정책 결정 과정이 이러지 않았다. 경제 안정화 정책을 밀어붙일 때 경찰, 검찰을 동원해 무리해서 임금 인상, 라면값 인상을 단속하곤 했었다. 그때마다 TV 토론회를 열어 국민을 설득했다. 장차관이 직접 토론에 출연했다. 세금을 쓰는 공무원이라면 정책 설명에 그만 한 열정을 보여야 했다. 국정 교과서 정책에서는 그런 성의를 찾기 힘들었다.

과거 같으면 역사 교과서 업무와 관련 없는 청와대 홍보수석이나 정무수석까지 "국정화 교과서 좀 지원해달라"는 당부를 했을 것이다. 박근혜의 청와대는 그러지 않았다. 대통령 혼자 국정화 작업을 추진하는 양상이었다. 외톨이 대통령이었다.

한번은 교육부 장관에게서 연락이 왔다. 장관, 교육부 실무자들과 점심을 했다. 논설위원 몇 명이 그 자리에 동석했다. 결정 배경을 설명하고 자료도 제공했다. 하지만 사설은 그보다 며칠 전에 나가버렸다. 사설은 이대로 추진하면 전교조가 국정 교과서를 교실에서 퇴출시킬 것이라고 경고했다. 황 장관의 설명은 사설이 나간 뒤에 있는 뒤늦은 브리핑이었다.

전교조 등쌀에 국정 교과서가 밀려날 것이라는 경고는 1년 후 국정 교과서가 나왔을 때 그대로 적중했다. 문재인 대통령은 전임자 정책 가운데 국정 교과서 정책을 가장 먼저 쓰레기로 치워버렸다.

'국정' 반대하는 보수 여론

국정 교과서 파동은 보수·진보 진영 간 논쟁으로 끝난 것이 아니다. 국정 교과서 논쟁 과정에서 보수 세력의 분열 조짐이 드러났다. 보수 진영 의견이 하나로 모이지 않았다.

보수 지식층은 검정 교과서에 문제가 많다는 데 동의했으나 국정화로 단일화하는 것은 안 된다는 여론이었다. 선진국 진입을 앞두고 있는 나라에서 무슨 국정화 타령이냐는 의견이 강했다. 언론계 선배나 교수들은 더 강하게 국정화에 반대했다. 정윤회 문건 파동 이후 다시 나타난 보수의 분열 조짐이었다.

박근혜로서는 교과서에 아버지 경제 업적을 좀 더 담아보려는 욕심이 있었는지 모른다. 편향된 역사 서술을 고쳐보려는 뜻이 없지 않았을 것이다.

국정 교과서가 순수한 의도로 출발했다면 먼저 보수 진영의 찬성을 받아내는 작업부터 진행했어야 했다. 검정 교과서의 편향성 문제부터 부각시켰어야 했다. 이어 역사학계, 학부모 단체, 언론을 통해 1년 이상 논쟁을 전개해야 했다. 공론화 과정이 생략된 채 대통령 지시로 결판나는 사안이 아니다. 교과서 집필 체제를 바꾸는 문제는 야당과도 협의하는 것이 순리다. 야당과 협의 없이 국정 교과서를 만들어봤자 정권이 바뀌면 곧 폐기될 게 아닌가.

박근혜 정권의 엉성한 접근으로 검정 교과서는 모두 살아남았다. 국정 교과서 제작에 참여한 사람들은 정권 교체 후 마치 반역죄를 저지른 부역자로 몰렸다. 국정 역사 교과서 실패는 보수 정권이 국정화 작업에 실패했다는 것 이상의 의미를 지닌 파동이었다. 보수 진영은 역사의 뿌리를 찾지 못하는 방랑자라는 인상을 줬다. 보수 세력은 청소년, 젊은이들이 재미있게 읽을 만한 번듯한 역사책 한 권 내놓지 못했다. 보수 정권이 역사 기반조차 확보하지 못하고 있다는 사실이 확연하게 드러났다.

보수주의는 역사, 관습, 전통을 보물로 삼아야 한다. 보수 진영이 역사에서 뿌리를 찾지 못하는 현실은 수치스러운 일이다. 보수 정당이 떴다방 업소처럼 영업하는 이유도 여기에 있다.

보수 진영은 역사의식이 빈약한 결과 아무리 많은 숫자가 모여도 권력 붕괴 조짐이 보이면 금방 흩어진다. 역사적 근거가 미미한 뜨내기 집단에 불과하다는 인상을 준다. 족보, 호적, 가족 관계부를 잃어버린 떠돌이 신세다. 이대로 가면 보수 진영은 친일 세력의 후손, 이승만에 향수를 느끼는 사람, 박정희·박근혜 골수 지지파, 공산당이 싫어 남하한 실향민, 보수 정권 연장을 기대하는 TK 유권자들이 웅성거리는 집단이라는 평가를 피할 수 없을 것이다.

보수 진영은 이제 삼국 시대부터 고려, 조선, 일제 시대를 다시 정리해야 한다. 이승만부터 보수의 역사를 찾을 게 아니라 4,000년 전체 역사에서 보수 이념의 줄기를 찾아야 한다.

1948년 대한민국 정부 수립을 건국으로 봐야 한다는 건국절 주장도 더 설득력을 갖춰야 한다. 이명박처럼 건국절 60주년 기념 행사를 화려하게 치른다고 해서 다수 국민이 손뼉칠 것이라고 믿어서는 안 된다. 대한민국만이 보수 진영이 떠받들 유일한 나라인지 고민해봐야 한다. 조선·고려 왕조, 고구려, 백제, 신라는 나라가 아니고 야만 부족이었다는 것인가. 왜 1948년 8월 15일만이 건국절로 기념해야 하는 날인지 설득력 있게 설명할 수 있어야 한다. 수천 년 역사에서 국호는 여러 번 바뀌었으나 시대마다 국민, 국토, 지도자, 건국 이념을 갖췄던 나라가 있었다.

국정 교과서 파동은 보수 진영이 극단 보수와 온건 보수, 극우와 합리적 보수가 갈라지는 이별의 삼각지가 됐다. 극우 보수는 수구파로 더 기울고 있다. 이승만·박정희 동상을 둘러메거나 태극기를 흔들며 투쟁에 나섰다. 번듯한 역사책으로 설득하지 못하고 길거리 투쟁으로 역사를 고쳐보겠다는 시도다. 심리적 황폐화 증상이 아닐 수 없다. 역사의 가치를 모르는 진영은 분열하고 붕괴할 수밖에 없다.

4장

지금 우리에게 필요한
진짜 보수의 조건

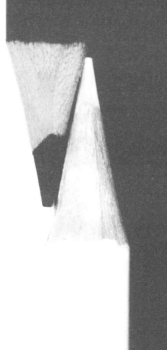

01

국가 보수주의에서
국민 보수주의로

보수주의라는 단어는 프랑스에서 탄생했다. 프랑스 문필가 샤토브리앙이 《보수주의자Le Conservateur》라는 잡지를 창간한 시기는 1818년이다. 그는 영국 정치 사상가이자 보수주의 철학을 처음 설파한 에드먼드 버크가 쓴 『프랑스 혁명론』의 영향을 받아 잡지를 창간했다.

프랑스어 동사 'conserver'는 '~와 함께'라는 뜻을 가진 라틴 접두어 'com'과 '지켜본다, 유지한다'는 뜻의 라틴어 동사 'servare'가 합쳐진 단어다. 여기에 '~하는 사람'이라는 프랑스 접미어 '~ateur'를 붙여 보수주의자라는 단어가 만들어졌다. 탄생 과정을 보면 보수주의라는 단어는 '함께 지켜보며 유지한다'는 뜻이 있다. 단어는 혼자가 아니라 여럿이 함께한다together는 뜻을 애초부터 내포하고 있다. 보수주의가 가족, 회사, 단체, 국가라는 공동체를 전제로 만들어졌다는 것을 짐작할 수 있다.

영어 conserve지킨다, 유지한다는 프랑스어에서 가져온 단어다. 여기서 보수주의Conservatism라는 단어가 파생했다. 이 단어를 일본인들이 메이지 유신明治維新 이후 수구주의나 보수주의로 혼동해 번역하다가 보수주의로 최종 결정을 보았다. '보수주의'는 나이가 200년밖에 안 되는 젊은 영어이자 이념이다.

혁명이 낳은 보수주의

보수주의는 1789년 7월 프랑스 대혁명의 반작용으로 탄생했다. 시민 혁명군은 구체제Ancien Régime의 상징이던 바스티유 감옥과 베르사유 궁전을 파괴하고 절대주의 왕정을 무너뜨렸다. 날카로운 칼로 목을 자르는 단두대길로틴가 시민 혁명 세력의 즉결 처형 도구로 사용됐다. 프랑스 혁명은 자유, 평등, 박애를 내건 기득권 타파 혁명이었다. 혁명은 사회 밑바닥에서 일어난 역류 태풍이었다.

혁명 세력은 국가 주권이 왕이 아니라 국민에 속한다고 선언했다. 이에 따라 평민이 평등하게 투표권을 행사하는 보통 선거가 도입됐다. 그들이 뽑은 지역별, 신분별 대표가 국회를 구성해 국정을 결정하는 대의민주주의 제도가 실시됐다.

시민 혁명 시위대는 루이 16세를 단두대에서 처형하고 왕정을 붕괴시켰다. 17~18세기 루소, 몽테스키외, 볼테르 같은 계몽주의 철학자들이 국민주권론을 설파한 것이 전 유럽을 휩쓴 집단 거사로 커졌다. 계몽주의자들은 권위주의보다는 개인의 자유를, 특권보다는 평등한 권리와 교육을 주장했다. 개인 기본권은 혁명을 계기로 하나둘씩 늘어났다. 지금은 보통투표권, 집회와 결사의 자유, 표현의 자유, 신앙의 자유가 어느 나라에서나 보장되는 인간 기본권이다. 프랑스 혁명이 없었다면 기본권이 이처럼 폭발적으로 늘기는 힘들었을 것이다.

그러나 프랑스 혁명은 개혁 진도가 너무 빨리 진행됐다. 농민, 도시 빈민의 폭동이 이어졌고 혁명 반대 세력을 색출해 단두대로 보내는 피의 보복은 누가 언제 살해될지 모를 공포감을 낳았다. 10년 만에 군 사령관 출신 나폴레옹이 혁명의 열기를 잠재웠다. 시민의 공포심이 군부 쿠데타를 촉발한 셈이다.

나폴레옹을 열렬히 지지한 세력은 막 떠오르기 시작한 부르주아 계층이었다. 신흥 부자 계층이 생명과 재산을 지키려고 나폴레옹을 앞세웠다. 나폴레옹은 황제 자리에 등극한 뒤 혁명 정신을 전 유럽에 전파하기 위해 영국, 프로이센, 오스트리아 등 주변국과 전쟁을 그치지 않았다. 그는 결국 워털루 전쟁에서 영국에 패배해 세인트헬레나 섬에 유배됐다.

나폴레옹이 몰락하자 이번엔 루이Louis 왕정이 되살아났다. 하지만 왕과 왕족, 귀족이 과거에 누리던 특권은 부활되지 않았다. 한번 평민에게 부여된 기본권은 계속 보장됐다. 신흥 부자 계층의 재산권을 보호해주는 법도 시행됐다. 기업가 정신entrepreneurship이라는 단어는 그 무렵 탄생했다. 혁명 열기 속에서 벤처 기업이 속속 창업했다.

미터법과 10시간 시계

보수주의는 시민 혁명, 나폴레옹 쿠데타, 왕정 복고 등 정치 갈등과 유혈 싸움을 겪은 끝에 등장했다. 시민 혁명이나 나폴레옹의 군부 쿠데타는 폭력성이 강할 수밖에 없었다. 짧은 시일 내 구질서를 폐기하고 재산권 보호 방식을 바꿔보려고 서둘렀다. 30~40년 사이 혁명→반혁명→재혁명→반혁명을 반복한 끝에 급진 개혁은 또 다른 피의 혁명을 부른다는 교훈을 얻었다.

단지 피의 보복만 문제가 아니었다. 급격한 개혁이 국민 생활을 불편하게 만드는 일이 잦았다. 프랑스 혁명 세력은 평등사상에 투철했다. "인간은 모두 똑같은 형제다." 만민 평등 철학은 도량형 통일에서 쉽게 찾아볼 수 있다.

시민 혁명 세력은 길이와 무게를 표시하는 단위, 즉 미터와 킬로그램의 기준을 결정했다. 1m는 북극점과 적도까지 자오선을 100만 분의 1로 쪼갠 길이를, 1kg은 1입방 데시미터_{decimetre}에 들어가는 물의 양의 무게를 각각 선택했다. 이로써 마을마다 달랐던 길이와 무게의 기준이 통일됐다.

동네마다 무게, 길이 기준이 달라 핍박을 받았다는 농민층의 불만이 가득했던 시기에 통일된 도량형 기준은 쉽게 정착했다. 미터법은 덴마크·스페인 등 11개국이 참가한 첫 국제 과학자 회의에서 국제 기준으로 채택됐다. '모든 시대를 위해, 모든 나라의 모든 국민을 위해'라는 미터법의 홍보 표어가 먹혀들었다. 혁명 세력의 개혁 조치가 국제 기준으로 확장된 것이다.

시민 혁명 세력은 미터와 무게 기준을 통일시킨 10진법의 성공에 취해 과속하기 시작했다. 현재 전 세계가 공통으로 활용하는 양력 달력_{그레고리력}은 16세기 이래 유럽에서 완전히 정착된 캘린더다. 시민 혁명 세력은 이미 생활 속에 파고든 달력을 혁명력으로 강제 개편했다. 1월, 2월, 3월로 불리던 이름을 안개 달, 포도 달, 서리 달, 꽃 달이라고 부르는 식으로 변경했다. 새해 설날은 추분인 9월 22일로 바꿨다. 수백 년 관행을 뒤엎는 뜬금없는 개혁 조치였다.

달력과 함께 시계도 개혁 대상이었다. 하루를 밤과 낮 12시간씩이 아니라 10시간으로 쪼갰다. 혁명 정부는 1시간을 100분으로 쓰라고 요구했다. 시계가 발명된 지 벌써 70년이 지나 12시간으로 나뉜 시계를 걸어놓은 집 안이 많았다. 과속 개혁이 국민 생활에 불편을 가져온 것은 두말할 필요가 없었다. 혁명 정부는 결국 12년 동안 새 달력과 시계를 강요했지만 오랜 세월 생활 속에 침투한 국민의 습관을 바꾸는 데 실패했다.

'과거 아닌 오늘을 지키자'

보수주의 단어가 탄생할 때 보수주의자들은 미터법을 과거로 되돌리자고 하지는 않았다. 왕정 부활을 외쳤지만 루이 14세의 절대 왕정으로 돌아가자는 것은 아니었다. 시민 재산권과 기본 인권, 보통선거는 그대로 보장돼야 한다고 믿었다. 창업과 상업 활동이 활발해지는 분위기도 지켜나가야 했다. 부르주아 계층의 아내 독점권도 인정했다. 일부일처제는 그때부터 전 세계로 확산됐다. 다만 과잉 개혁으로 불편을 초래한 시계나 달력은 국민이 익숙한 것을 그대로 쓰자고 했다.

보수주의의 탄생 배경을 볼 때 보수주의 본뜻은 옛것을 고집스럽게 지키자거나 과거 좋았던 시절로 돌아가자는 의미는 거의 없다. 지금 우리가 사용하고 있는 제도나 질서가 불편하지 않다면 그대로 지켜 가보자는 말이다. 지키자는 것은 '과거'보다 '오늘'을 지키자는 뜻이다. 오랜 역사를 통해 다듬어져 지금 살아남아 있는 제도나 질서, 법, 관행, 예의범절은 아끼고 보존할 필요가 있다. 부득이 고쳐야 한다면 시간을 갖고 서서히 고쳐가면 된다는 생각이 보수주의 출발점이다.

보수주의는 나라마다 시대마다 다른 얼굴로 나타난다. 프랑스는 왕정을 폐기한 반면 영국과 일본의 보수는 왕정을 지켰다. 마약과 동성애에 반대했던 미국 보수도 최근에는 관대해지는 방향으로 선회하고 있다. 경무장 노선으로 경제 성장에 매진해오던 일본 자민당은 중국 부상 이후 중무장으로 전환하고 있다.

나라마다 시대마다 다른 보수

공동체마다 시대에 따라 지켜야 할 것이 다르기 때문에 나라마다 보수 정당의 정강 정책도 다를 수밖에 없다. 나라마다 정신적 기반이 되는 종교가 다르고 보수 진영을 뭉치게 하는 외부 위협 요인도 제각각이다. 나라에 따라 시대 변화에 따라 달라지는 보수 이념을 굳이 하나로 정리할 필요는 없다.

하지만 우리나라 보수 세력이 되살아나려면 무엇을 어떻게 지킬 것인지를 먼저 정리해야 한다. 당장은 단군 이래 최고라는 경제적 번영을 지키는 일이 가장 중요하다고 할 수 있다. 다시 말해 풍요로운 삶, 일자리, 가족 안정, 한반도 평화, 국민 행복을 지키고 싶을 것이다.

한국과 주요 국가 보수 정당 비교				
	한국	미국	영국	일본
외부 위협 세력	북한	이슬람 테러 불법 이민	이슬람 테러 난민	중국 북조선
보수 정치 상징 인물	이승만 박정희	레이건 부시	디즈레일리 처칠, 대처	이케다, 요시다 다나카 나카소네
보수의 정신적 지주	대형 교회	부흥 교회	왕실 성공회	왕실 야스쿠니 신사 일본 불교
현존하는 보수 정당	자유한국당 (2016년 창당)	공화당 (1854년 창당)	보수당 (1830년대 창당)	자민당 (1955년 창당)
상징 동식물	없음	코끼리	프림로즈	국화

보수 진영은 무엇을 지키고 보존해야 할지 잘 몰랐다. 보수 정당은 최종 목적지가 무엇인지 갈팡질팡하는 일이 잦았다. 무엇보다 목적지와 목적지로 가는 교통수단을 혼동하는 실수를 반복했다.

보수 정권이 고집스럽게 지켰던 반공, 친미, 친재벌 성장 등 3대 노선은 풍요로운 삶과 평화로운 국가로 가는 과정에서 일시적으로 선택한 수단에 불과하다. 반공은 보수 정치가 추종해야 할 최종 목적지가 아니다. 친미나 친재벌 성장도 국민을 위한 종착역은 아니다. 그저 국가 번영과 평화, 국민 행복이라는 목적지를 향해가는 과정에서 이용하는 임시 운행 버스이거나 한두 정거장 실어다주는 기차일 뿐이다. 보수 진영은 그것을 마치 최후까지 쫓아가야 목적지인 듯 말하고 있다.

보수 진영은 과거에 세웠던 보수의 기둥을 보강하거나 교체하지 않고서는 재건축 공사를 할 수 없다.

미국과 영국의 보수 진영은 소련 붕괴 이후 사회주의라는 적을 잊고, 이슬람 테러나 난민을 공동체 최고의 위험 인자로 꼽고 있다. 중동, 유럽 국가들은 미국의 쇠락을 보며 미국에 의존하던 국가 안보를 수정하려 하고 있다. 우리나라 보수 진영도 노선을 수정하는 융통성을 보여야 할 시기를 맞았다.

보수 세력이 꼭 알아야 할 상황 변화는 크게 4가지로 요약된다. 첫째, 저성장 기조의 정착이다. 1970~1980년대는 경제 성장률이 6~12%에 달했으나, 1997년 IMF 쇼크 이후에는 4~5%대로 떨어졌고, 2008년 글로벌 금융 위기 이후에는 2~3%대로 한 단계 더 추락했다.

국민에게 고도성장의 배당금을 골고루 분배할 수 있는 경제 기반은 사라졌다. 성장을 통한 일자리 제공, 소득 향상은 그간 보수 정권의 잠자리를 편안하게 지켜주는 이불이었다. 2~3% 성장으로는 따뜻한 이불을 제공할 수 없는 것이 현실이다. 게다가 재벌로 경제력이 갈수록 집중되고 사회 양극화, 빈부 격차가 심각해지고 있지 않은가. 친재벌 성장 노선을 그대로 끌고 갈 수 없는 지경에 도달했다.

둘째, 공산주의 소멸이다. 공산 혁명의 수출 기지였던 소련, 중국이 사회주의 혁명을 포기하고 자본주의 길을 걷고 있다. 오로지 북한만 굶주리고 발가벗은 상태에서 핵무장으로 가고 있다. 반공 노선의 유통 기간은 끝났다.

셋째, 강대국 중국의 등장을 꼽을 수 있다. 미국 국력이 과거와 달리 점차 정체되는 흐름과 함께 중국은 다음 세대에 미국을 추월하겠다고 공공연히 밝히고 있다. 앞으로 한두 차례 고비를 겪겠지만 한국으로서는 이웃 강대국의 등장으로 힘의 균형이 바뀌는 것에 대비할 수밖에 없다. 무조건적인 친미 노선의 시효도 끝나가고 있는 것이다.

넷째, 한국 사회의 인구 구조, 가족 구조가 최근 20여 년 사이 급변하고 있다. 고령화, 저출산에 가속도가 붙고 있다. 1인 가구, 맞벌이가 급증하고 기초 공동체인 가족은 해체되고 있다.

70년 동안 보수 진영을 지탱해주던 공동체 기반은 거의 무너졌다. 가족, 직장, 국가가 모두 변했다. '국가 이익을 위해 개인은 희생해야 한다'는 공동체 중심의 사고는 '세상에서 가장 중요한 것은 나 자신이다'라는 개인 중심의 사고로 바뀌고 있다. 특히 청년층의 사고방식은 자기 중심주의 하나로 요약된다. 어설픈 애국주의로 개인을 설득하기 힘들어졌다.

인간 본성에 충실한 보수

보수 진영은 보수주의의 출발점으로 되돌아갈 필요가 있다. 10시간짜리 시계는 포기한 반면 미터법은 수용한 프랑스 혁명 시절의 프랑스 보수주의자를 떠올려봐야 한다. 농업 귀족의 권리를 축소하는 대신 신흥 기업가 정신을 살리려 했던 19세기 중반 영국 보수당의 분위기를 상상해볼 필요가 있다. 보수주의 원점에 서볼 필요가 있다. 무작정 고집을 피우지 말고 지킬 것은 지키되 고칠 것은 고치겠다는 마음이 앞서야 한다.

새로운 한국 보수주의의 기둥은 4가지 원칙에 따라 세워져야 한다. 가장 중요한 첫 번째 원칙은 인간 본성에 충실해야 한다는 점이다. 인간 의지와 이성은 허약하다. 인간의 허약함은 역사와 종교로 보완해야 하고, 인간의 실수는 공동체 안에서 서로 감싸안고 의지하며 살아가는 지혜로 극복해야 한다. "인간은 멍청하지만 인류는 현명하다." 보수주의자가 흔히 쓰는 말이다. 혼자서는 바보 같은 결정을 내리지만 집단의 지혜가 올바른 결론을 만들어낸다. 인간은 워낙 약점이 많고 쉽게 일탈하기 때문에 서로 선한 마음으로 아량을 베풀어야 한다. 그렇지 않으면 아비규환의 혼돈과 피를 부르는 싸움이 벌어진다. 이것이 진정한 보수주의자의 기본자세다.

물론 한국인의 독특한 국민성도 감안해야 한다. '영국 국민병은 우울이고, 미국 국민병은 낙천'이라는 말이 있다. 한국인은 배 아파하는 병에 쉽게 감염된다.

미국인은 벼락부자가 된 오너는 신으로부터 특별한 점지를 받았다고 인정한다. 부자가 지닌 특출한 재능에 승복하고 그들을 닮고 싶어 한다. 카네기, 록펠러 일대기부터 스티브 잡스, 빌 게이츠의 자서전이 여전히 팔리는 배경이 여기에 있다.

반면에 한국인은 부자가 부를 축적할 때까지 발휘한 재능을 평가하지 않는다. 권력으로부터 특혜를 받았거나 남의 희생을 딛고 재산을 쌓았다고 본다. 이병철 자서전, 정주영 자서전을 침대 곁에 두고 창업의 꿈을 키우는 젊은이가 드물다. 이런 국민에게 친재벌 간판을 앞세워 정치를 하면 점수를 따기 힘들다.

인내심이 약한 국민성도 감안해야 한다. 우리 사회에는 걸핏하면 흥분하는 다혈질 체질이 많고, 작은 갈등을 타협하지 못한다. 고소 고발 사건이 한국처럼 많은 나라도 드물다. 이런 국민성을 감안한 보수 철학을 세워야 한다.

'국민 보수주의'란

두 번째 중요한 원칙은 국가 보수주의와 결별하는 일이다. 개인보다 국가를 앞세우던 이념을 버려야 한다. 이승만 이래 닳도록 써먹은 국가 보수주의를 졸업하고 국민 보수주의를 선언해야 한다.

국가 보수주의는 국민 행복보다 정권 안정을 더 중시했다. 정권 중심의 국가 보수는 공권력의 과잉 행사를 초래해 공권력에 의한 개인권 침해와 폭력이 합리화됐다. 권력을 쥐면 헌법 질서를 무너뜨리고 싶어 했고, 법치주의는 권력과 돈을 가진 계층에는 관대하고 시민에게는 냉혹했다.

국민 보수주의 기둥은 국민 행복과 국민 기본권으로 단단하게 감싸야 한다. 신앙의 자유, 표현의 자유, 집회의 자유 등 인간의 원초적 본능과 욕구를 법으로 정리한 것이 개인 기본권이다. 국민 보수 시대에는 국가 권력이 개인의 기본권리를 침해하지 못하게 막아야 한다. 국민 보수의 법치주의는 권력과 부를 가진 사람을 견제하는 방향으로 가야 한다.

국민 보수주의는 또 국가 안보와 함께 개인 안보를 중시하는 방향으로 정리돼야 한다. 개인 안보란 국민이 편안하고 평화롭고 행복하게 하루하루를 살아갈 권리다. 지진, 태풍 같은 자연 재앙, 미세 먼지 같은 사회적 재앙, 범죄 위험에서 국가가 국민과 가족을 지켜줄 수 있어야 한다.

'변하라, 그렇지 않으면 죽는다'

세 번째 원칙은 '변하는 오늘'에서 보수주의 노선을 융통성 있게 수정해가야 한다는 것이다.

진보 진영은 이상향을 갈망한다. 극단적 사례가 공산주의자였다. 모든 사람이 똑같이 일하고 똑같이 분배를 받고 똑같은 음식을 즐기는 나라를 만들 수 있을 것처럼 부추겼다. 그런 이상향은 끝내 탄생하지 못했다.

보수주의가 보는 사회는 언제나 불완전하고 미완성 상태다. 우리가 꿈꾸는 태평성대는 아직 오지 않았고 영원히 오지 않을 것이다. 보수주의자에게 오늘이란 미완성 하루에 불과하지만 매우 소중하다. 공동체를 미완성 상태로 내버려두면 내부 갈등과 마찰이 심각해지면서 대폭발을 일으키기 십상이다. 그래서 상황 변화에 따라 오늘을 서서히 변화시키지 않으면 안 된다.

미국 보수주의 감독 겸 배우 클린트 이스트우드가 출연한 영화 〈그랜 토리노〉(2009)에는 전형적인 보수주의 주인공이 등장한다. 월튼은 한국전에 참전했다. 집에는 매일 성조기가 걸려 있다. 52년간 포드자동차에서 근무했고, 자동차나 전자 제품은 미국산을 쓴다. 아들이 일제 자동차를 굴리며 일본산 자동차를 세일즈하는 것을 싫어한다. 그야말로 미국판 보수의 모델이다.

어느 날 월튼은 길거리에서 흑인들 놀림을 받는 이웃집 소녀를 구해준다. 이를 고맙게 여긴 아시아인 이웃들이 그를 파티에 초대해 감사 표시를 한다. 월튼은 이 파티에서 아시아인을 무시하고 경멸했던

역대 보수 정권의 3대 노선과 상황 변화	
3대 노선	**주요 상황 변화**
반공 노선	▶글로벌 사회주의 혁명 소멸. 이슬람 테러·난민이 신종 위협 요인 ▶김일성 주체사상 추종 세력 퇴조 ▶남북 간 국력 격차로 전면전이나 패전 가능성 하락 ▶핵 실험·미사일 발사, 테러 등 부분적·일시적 도발 위험은 상존
친미 노선	▶미국의 글로벌 지배력 점진적 약화 ▶세계 금융 위기 이후 중국의 G2 대국 부상 ▶미국에 친근감 갖는 국민은 70% 안팎 유지
친재벌 성장 노선	▶일자리 창출, 중산층 육성에 재벌의 기여도 하락 ▶오너 일가와 총수 2~4세 갑질 사건 빈발 ▶세계화 물결로 비정규직 급증, 사회 양극화·지역 간 격차 확대

한국 보수 세력의 긍정 이미지와 변화된 현실	
긍정적 이미지	**변화된 현실**
고속 성장으로 세계 10위권 경제 국가 만들었다	성장률 2~3%로 추락, 저성장 고착화 국가 경제 성장보다 개인 행복 중시 풍조
오랜 집권 노하우로 국정 운영 능력 있다	IMF 위기·세월호·메르스 사태에서 국정 능력 파탄, 비선 실세의 국정 개입 농단
북한 공산당 침략으로부터 나라 지켰다	애국심 과잉 마케팅 경계 분위기, 북핵 저지 실패 1인 가구 증가로 개인 안전 중시
천연자원 없는 나라에서 고급 인재 육성했다	엘리트 관료층의 부패 만연 관피아·전관예우 특혜 시비 빈발
민주주의 기반인 중산층 키워냈다	비정규직 양산으로 2등 국민 다수 탄생 빈부 격차 심화
원조받는 나라에서 원조하는 나라로 탈바꿈했다	국내 빈곤층 확대 북한 빈곤 주민에겐 원조 곤란

자신의 생각이 잘못됐다는 것을 깨닫는다. 다른 인종과 접촉을 늘리며 스스로 인종적 편견을 극복한다.

월튼에게 오늘은 다른 인종과 어울려 살아갈 수밖에 없는 날이다. 이웃집에 다른 인종들이 속속 들어서는 상황 변화에 구닥다리 보수주의자는 스스로 생각을 바꿀 수밖에 없다. 클린트 이스트우드가 같은 보수 친구들에게 전하고 싶은 메시지도 이것이다. '변하라, 그렇지 않으면 보수는 살아남을 수 없다.'

'TK가 보수 본류'라는 착각

마지막 원칙은 보수주의가 특정 계층이나 특정 지역, 특정 연령층의 전용물이 아니라는 점을 확인해야 한다.

대구·경북 지역 정치인들이 TK가 보수의 원류라며 보수주의 이념을 독점하는 것은 어처구니없는 일이다. 박정희, 전두환, 노태우, 이명박, 박근혜 등 5명의 TK 출신 대통령이 40년 이상 집권했다. 장기간 정권을 잡고 경제 업적을 이루고, 대한민국을 번듯한 나라로 성장시켰다는 자부심이 강하다.

하지만 TK 장기 집권은 그만큼 오랜 기간 공권력을 휘둘러 개인 인권을 탄압했다는 말도 된다. 반공 노선을 앞세워 간첩 사건을 가장 많이 조작했던 사람도 TK 대통령들이다. 2016년 국정 농단 사태로 보수 진영을 망가뜨린 죄인이다. 보수주의의 본모습을 왜곡하고 타락시킨 장본인이기도 하다.

역대 TK 대통령들이 지역 간 격차를 심화시킨 것도 사실이다. 지역 간 불균형 성장이 정치판 진영 대결을 촉발하고 사회 갈등을 더 가속화했다. 이런 상황에서 보수 이념이 TK 공장에서 나온 지역 특산품인 것처럼 말하면 다른 지역 보수주의자들의 거부감은 커질 것이다. 'TK가 보수 본류'라는 접근법은 보수 이념을 'TK 감옥'에 가두는 격이어서 보수 세력의 영역 확장에 큰 장애물이 될 것이다.

2세대 보수 정권이 TK 대통령으로 이어지면서 권력의 지역 독점 현상이 심화됐고, 지역 차별에 반발하는 심리가 전국으로 확산됐다. 촛불 시위가 전국 모든 도시에서 발생한 이유도 이 때문이다. TK 보수가 권력을 장악하던 시대는 박근혜 탄핵으로 일단 막을 내렸다. 앞으로 보수 진영이 TK에서 부활의 불씨를 살리려 한다면 TK의 결집력은 더 강화될지 몰라도 보수 세력은 점점 소수화하는 길을 걸을 수 있다. TK 입맛에 딱 맞는 보수주의가 온 국민의 입맛을 맞출 수 있다고 오판해서는 안 된다.

박근혜 탄핵은 보수 정치의 TK 시대가 끝났다는 선언이다. TK 밖에서 보수 진영의 새 피를 수혈하지 않으면 안 되는 시기를 맞았다. 보수 세력이 TK에서 부활의 불씨를 살리려고 서두를수록 TK 밖 보수들의 거부감은 커질 것이다.

50대 이상을 중심으로 보수 세력을 결집하려는 시도도 하지 말아야 한다. 미국 공화당, 영국 보수당은 보수 정치가 위기에 빠질 때마다 젊은 보수를 결집시키는 데 성공했다. 그들은 과격한 변혁을 꺼리며 개인의 자유를 중시하는 청년층이 사회 밑바닥에 두껍게 깔려 있다는 것을 알고 있다. 보수 진영이 다시 일어서려면 '50세 이상 전용 티켓'을 버리고 모든 연령층이 사용할 수 있는 티켓으로 전환하지 않으면 안 된다.

무엇보다 새로운 국민 보수주의는 가진 자의 애용품이라는 굴레에서 벗어나야 한다. 인간은 누구나 지금 누리고 있는 명예, 재산, 가족을 지키고 싶어 한다. 권력과 돈이 남보다 더 많은 기득권이라면 지키고 싶어 하는 욕망이 더 강렬할 것이다.

보수가 달라지겠다면 이제 보수 이념이 가진 계층의 전용물이라는 이미지부터 씻어야 한다. 이를 위해 밑바닥 근로자 계층, 빈곤층에 따스한 손길을 내밀어야 한다. 워런 버핏, 빌 게이츠 같은 미국 부자들은 세금을 더 내겠다면서 백악관에 소득세율의 인상을 요구하는 편지 전달 운동을 벌인다. 사회 공헌에도 기부금을 듬뿍 헌납한다. 재산이 많은 보수층이 기부금과 세금을 더 내겠다고 나서면 보수를 향하던 화살도 무뎌질 것이다. 보수주의가 기득권의 전용 상품이 아니라는 것을 행동으로 보여줄 필요가 있다.

이승만·박정희만
보수의 대표 선수는 아니다

2002년 김대중 정권 때의 일이다. 김대중 대통령이 김정일과 정상 회담을 개최한 데 대한 보수층의 반발이 심했다. 북한 정권에 달러 현금을 지원하는 햇볕 정책을 비난하는 소리가 최고조에 달했다.

이 무렵 갤럽이 여론 조사를 시행했다. 한국인들이 역사상 가장 존경하는 인물에 박정희가 올랐다. 박정희 지지율은 21.1%였다. 세종 대왕 19.8%, 이순신 12.7%를 눌렀다.

평상시 같으면 세종대왕, 이순신 장군이 1위, 2위 자리를 차지한다. 국민은 진보 정권을 5년 지켜본 뒤 박정희를 1위 자리에 올렸다. 보수층 다수가 박정희에게 몰표를 던졌을 것이다. 박정희 경쟁자였던 김대중은 박정희 탄압 덕분에 큰 정치인으로 성장했다. 이번에는 김 대중이 박정희 향수를 일으키는 1등 공신이 됐다.

박정희와 함께 오랜 잠에서 깨어난 인물이 이승만이다. 보수 진영이 보수 정치의 출발점을 탐색하면서 이승만 주가가 올라갔다. 그의 전기가 여럿 나왔고, 건국의 의미를 재평가하는 학술 세미나가 연달아 열렸다. 박정희와 이승만은 2000년대 들어 보수 정치의 대표 선수이자 상징 인물로 등극했다.

이승만의 자유민주주의

이승만이 대한민국 건국에 기여한 업적을 부정할 수는 없다. 미군정 아래서 이승만은 민주 공화국 출범에 긍정적 역할을 수행했다. 그는 문맹률을 낮추려고 보통 교육을 실행했다. 문맹율을 낮춰야 경제가 성장한다는 이치를 미국에서 깨달았다. 그는 미국 원조를 받아 초등학교부터 중학교, 고등학교를 계속 설립했다. 모든 학생이 똑같은 교재로 똑같은 공부를 받은 덕분에 공업 발전에 필수적인 평준화된 노동력을 산업화에 투입할 수 있었다.

이승만은 농지 개혁을 단행, 지주 계층에 편중된 부를 강제 배분했다. 소작농을 대량 배출하기는 했지만 양극화 현상을 수정한 정치적 결정이었다. 농지 재분배는 국내 1등 기업인 삼성전자 주식을 국민에게 골고루 나눠주는 것과 비슷한 효과가 있었다. 많은 국민이 새 출발하는 기분을 느낄 만한 조치였다.

보수 진영은 이승만이 미국과 군사 동맹을 맺은 것을 특별한 업적으로 꼽는다. 미국과 관계를 중시했던 덕분에 공산당 침략으로부터 나라를 지키고 미국 원조 물자를 받아 굶주림을 해결했다.

이승만의 선택은 자유민주주의 토대를 쌓았다는 평가를 받는다.

만약 그가 소련이나 중국과 손을 잡았다면 오늘의 우리나라는 상상하기 힘들 것이다. 마오쩌둥 사상을 따랐거나 스탈린 식 사회주의 실험을 했다면 대한민국은 지금 어디에 서 있을지 알 수 없다.

이승만은 해방 무렵 가장 존경받는 지도자 중 한 사람이었다. 남한을 지배하던 미군은 한국 내 사회주의 열기에 맞서 내세울 친미 인물로 이승만을 낙점했다.

그가 대한민국 건국 지도자로 지목된 배경에는 미국의 세계 전략이 있었다. 당시 미국은 사회주의 진영과 맞서고 있었다. 미국은 한국에서 미국에 우호적인 지도자가 필요했다. 이승만이 미국 내 활동에서 반미 성향을 보였다면 귀국 과정에서 도움을 받기 어려웠고 귀국 후 정치 활동도 많은 견제를 받았을 것이다. 그가 대통령직을 수행하는 동안 무리한 개헌, 야당과 충돌, 여당 내부 분열 등 여러 고비마다 미국은 이승만 편에 섰다. 든든한 미국을 등에 업은 이승만은 국내 정치에서 거칠 것이 없었다.

그러나 이승만이 과연 보수 이념의 핵심 가치 가운데 하나인 자유민주주의를 실천한 정치인인지는 따져봐야 한다. 초대 대통령을 역임했다고 반드시 자유민주주의 수호자라고는 할 수 없다.

이승만은 언론 탄압으로 민주주의가 추구하는 건전하고 균형 잡힌 여론 형성을 막았다. 노골적 부정 선거로 민의를 왜곡시키고, 장기 집권을 위해 헌법을 멋대로 고쳤다.

경찰력을 앞세워 국민 기본권을 핍박한 사례는 이루 다 헤아리기 힘들다. 이런 정치인에게 자유민주주의 수호자 칭호를 줄 수 있을지 의문이다.

박정희 업적의 재평가

박정희는 보수 진영 최고 지도자다. 그의 산업화 업적은 '단군 이래 최고 번영기'를 만들었다는 평가를 받고 있다. 베트남 파병을 통해 미국과 동맹 관계를 굳혔고, 통일벼 개발로 배고픔을 해결했다. 남과 북 체제 경쟁에서 북한을 완전히 눌렀다. "이제 북한보다 잘 살고 북한보다 강하다"는 기분이 들었던 시기도 박정희 재임 기간 중이었다.

박정희도 이승만처럼 대중의 지지를 받았다. 반대 세력이 있었지만 국민 다수는 그의 경제 업적에서 얻어지는 열매를 나눠 먹으며 그럭저럭 만족했다. 민주주의 기반인 중산층이 가장 두텁게 쌓인 시기가 박정희 시대였다. 그는 한국민의 부정적인 국민성을 '할 수 있다'는 진취적인 긍정 마인드로 전환했다.

그러나 박정희가 국내 정치에서 보여준 결함과 과욕은 치명적이다. 야당 탄압이 일상적이었다. 반대파 김대중을 도쿄에서 납치해 오는가 하면 야당 총재인 김영삼을 돌연 국회의원직에서 제명했다. 반대파를 고문하고 제거하는 수법은 일제 시대 고등계 순사들이 독립투사들에게 자행했던 악명을 떠올리게 했다.

그는 민주주의에 상처를 주는 정치를 서슴지 않았다. 10월 유신이라는 초헌법적 조치로 영구 집권을 노렸고, 통일주체국민회의라는 희한한 기구를 통해 국가 지도자를 간접 선거로 뽑았다. 간첩 사건을 조작해 죄 없는 사람을 사형에 처하는 인권 탄압을 멈추지 않았다. 언론 탄압으로 여론을 조작하는 기법은 이승만과 다르지 않았다.

그는 관료 주도의 성장 정책을 밀어붙였다. 무역 회사부터 전자,

자동차, 석유 화학까지 어느 재벌이 무슨 사업을 할 것인지, 돈은 어느 은행에서 대출받아 쓸 것인지 다 정해서 도장을 찍어줬다. 시장market을 믿지 않고 권력power을 믿었다. 이권 배분을 둘러싼 특혜 시비가 따를 수밖에 없었다. 권력이 모든 경제 분야를 통제하는 발상은 사회주의자와 전혀 다를 것이 없었다.

박정희가 진정한 보수주의자였다면 어느 시점에서는 경제 성장을 달성하는 방식을 민간 기업 주도로 바꿨을 것이다. 기업에게 자율권을 주고 벤처 기업이 싹을 틔울 여지를 남겼을 것이다. 하지만 박정희는 '정부는 완벽하다', '공권력은 무조건 옳다', '국민은 공무원 말을 따라야 한다'는 믿음에 충실했다. 시장의 자율 조정 능력보다 국가 권력의 강제력을 신뢰했다. 박정희 식 성장 전략은 1997년 IMF 외환 위기를 계기로 파탄 났다.

박정희의 경제 업적이 과대 평가된 측면은 없는지 다시 따져봐야 한다. 수출 주도 성장 전략을 낮게 평가할 수 없지만 그렇다고 모든 공을 독차지할 정도는 아니다.

박정희의 경제 성과는 2차 세계대전 이후 미국의 글로벌 전략 속에서 재평가해야 한다. 미국은 소련과 대치하면서 유럽에 마셜 플랜을 통해 원조하는 일부터 시작해 일본, 한국, 대만, 홍콩, 싱가포르의 부흥을 전폭 지원할 수밖에 없었다. 한국의 성장은 미국 안보에 중요했다. 특히 한국 정세가 불안해 일본까지 위태로워지는 상황을 원치 않았다.

미국은 미국 기업을 한국에 진출시켜 경제 발전을 도울 수밖에 없었다. 유럽·일본에게도 한국에 자본과 기술을 제공하고 한국의 글로벌 시장 진출을 도우라고 설득했다. 박정희가 경공업부터 중공업에 진출할 때까지 미국 정부는 미국 기업과 일본 기업에게 자본과 신기술, 기계류 제공을 적극 권장했다.

만약 박정희가 미국과 적대 관계를 설정했으면 고도성장은 불가능했을 것이다. 중남미와 아프리카의 많은 국가가 반미 노선을 채택했다가 경제 파탄을 겪었다. 그는 친미 노선을 적극 활용했다.

박정희의 경제 성장 전략이 다 성공한 것도 아니었다. 마지막 집권 기간은 아주 힘들었다. 1973년 1차 오일 쇼크는 물가·임금 통제로 그런대로 이겨냈지만 1979년 2차 오일 쇼크는 역부족이었다. 부가가치세 도입으로 자영업자들 민심이 돌아선 가운데 1970년대 중반부터 무모하게 시작한 중화학 투자가 골칫거리로 등장했다.

확실한 국외 판로 없이 시작한 중화학 투자는 과잉 투자를 유발했다. 그 결과 모든 산업, 모든 기업에 부실이 쌓였다. 중화학 업종은 이후 10년 이상 세금을 잡아먹는 물귀신이 됐다. 조선, 석유 화학, 항공 우주, 자동차 분야의 회사들을 국민 세금으로 생명을 연장해 주는 특혜가 이어졌다.

박정희의 부채를 넘겨받은 전두환은 집권 초반 어려움을 겪었다. 경제 성장이 5년가량 답보 상태였다. 박정희가 달러를 빌려와 중화학 투자를 해놓는 바람에 해당 재벌은 물론 보증을 서준 정부와 은행들이 외채 상환 부담에 시달렸다. 외채 망국론이 1980년대 초중반 나라 전체를 휩쓸었다.

위기를 느꼈던 정주영 전경련 회장은 1984년 봄 "커피 원두 수입 비용이라도 아끼자"며 전경련회관과 현대사옥에 있던 커피 자판기를 다 없앴다. 그만큼 중화학에 투자했던 재벌들은 위기를 피부로 느끼고 있었다.

주요 재벌들이 쩔쩔매던 1985년 가을 갑자기 희소식이 찾아왔다. G5미국, 영국, 독일, 프랑스, 일본 재무 장관들이 미국 뉴욕에 모여 '플라자 합의'를 이끌어낸 후 국제 유가 하락, 국제 금리 하락, 달러 가치 하락이라는 '3저 호황'이 찾아왔다. 놀고 있던 공장에 수출 주문이 밀려들었고 부실 덩어리 중화학 업종은 갑자기 효자가 됐다. 대기업 수출이 단군 이래 최대 호황을 누렸고, 사상 처음으로 국제 수지 흑자를 기록했다. 망하기 직전의 중화학 기업들이 다시 살아났다. 이것을 온전히 박정희의 공이라고 누가 말할 수 있겠는가(전두환은 회고록에서 자신의 치적으로 자랑한다).

또 하나의 메가톤급 호재는 중국 특수였다. 1980년대 후반부터 조금씩 열렸던 중국 시장이 2000년대 들어 활짝 열렸다. 중화학 분야 기업들은 전례 없는 대호황기를 맞았다. 박정희의 선견지명을 칭송하는 평가가 나올 수밖에 없었다.

박정희가 3저 호황을 미리 예견했다거나 중국이 장차 한국의 제1무역 파트너가 될 것이라고 내다봤다는 증언은 거의 없다. 박정희가 덩샤오핑의 개방·개혁을 예견한 정책 추진을 논의한 흔적도 발견하기 힘들다. 하지만 중화학 호황 덕분에 공적은 모두 박정희에게 돌아갔고, 20년 이상 수백조 원의 세금을 투입하면서 부실 중화학 기업을 관리해왔던 전두환, 노태우, 김영삼 등 다른 보수 정권의 업적은 사라지고 말았다.

5·16 쿠데타 동지 김종필은 "박정희는 정치인이 아니라 혁명가였

다"는 평가를 평생 입에 달고 살았다. 박정희는 쿠데타로 권력을 쟁취했고, 한국형 민주주의라는 이름으로 장기 집권이 가능하도록 헌법을 계속 고쳐 썼다.

그는 급진적 사회 개혁을 추진했다. 한때는 외제품 사용과 장발, 쌀밥을 단속하는가 하면 공무원 복장을 통일시켰다. 외국산 담배 흡연을 엄벌했다. 국민 개개인의 자유로운 개성이 표출되는 것을 억제했다. 그는 "대규모 인간 개조가 필요하다"고 했던 마르크스처럼 국민 개조가 가능하다고 믿었다. 새마을운동은 국민정신을 뜯어고치겠다는 의지에서 출발했다.

그는 일본 군국주의를 연상시키는 국민 총동원 체제를 포기하지 않았다. 심지어 어린이들에게 국민교육헌장을 암기시켰다. "나라의 융성이 나의 발전의 근본임을 깨달아, 자유와 권리에 따르는 책임과 의무를 다하며… 반공 민주 정신에 투철한 애국애족이 우리의 삶의 길"이라는 내용이다. 국가에 맹목 충성하는 애국주의를 강요했다. 고교생, 대학생에게는 학도호국단 가입과 군사 훈련을 의무화했다.

박정희는 사회주의 국가에서 통용되던 경제 개발 5개년 계획을 밀어붙였다. 한마디로 급진 개혁을 밀어붙인 혁명가였다. 급진적 개혁을 거부하는 보수주의 기본 이념과 도무지 맞지 않은 인물이다. 그의 경제 업적이 위대하다고 무작정 보수의 심벌로 추대하면 한국 보수주의는 논리적 함정에 빠질 수 있다.

급진 개혁이 한국 보수 진영의 트레이드 마크가 될 수 있다. 박정희를 보수 진영의 대표 선수로 추앙하려면 점진 변화를 통한 성공 과정을 더 연구해야 한다.

소수가 인질로 잡은 보수 이념

영국 보수당에는 보수주의 이념을 지탱해온 인물이 적지 않다. 디즈레일리, 처칠, 대처는 한 시대 영국과 세계를 휘어잡았다. 일본에서는 이케다, 사토, 기시, 다나카, 나카소네, 고이즈미, 아베까지 여럿 등장했다. 프랑스에서는 드골, 퐁피두, 데스텡, 시락 등이 있었고 독일에는 아데나워, 에르하르트, 콜 같은 정치인이 있었다. 이들은 제각각 다른 특징을 갖고 자기 시대에 맞는 정치를 성공시켰다.

영국, 미국, 독일, 일본과 비교하면 우리나라 보수 진영은 오로지 이승만과 박정희에 매달려 있다. 두 인물은 민주주의에 큰 상처를 낸 흠결 때문에 논란을 피하기 힘들다. 때로는 "보수를 상징하는 대표 선수가 고작 2명밖에 없느냐"는 비아냥을 듣는다.

역대 대통령 업적을 따지면 전두환, 노태우, 김영삼을 무시할 수는 없다. 전두환은 광주에서 양민을 학살하고 정권을 잡았지만 인플레를 한 자리 숫자로 잡았다. 사상 처음 무역 수지 흑자가 났다. 박정희가 하지 못한 일을 해냈다.

노태우는 베를린 장벽이 무너진 후 공산권과 국교를 수립해 안보를 굳혔다. 중국 시장 특수가 터진 것도 그가 공산권 국가와 수교를 서둘렀던 덕분이다. 전두환·노태우는 단임으로 대통령직을 끝냈다. 그들이 단임 약속을 지킨 것은 민주화 과정에서 긍정적 전환점이었다. 김영삼은 하나회를 해체해 군부가 정치에 개입할 싹을 잘랐다.

보수 진영은 이승만·박정희 숭배에 치중한 나머지 보수주의의 발판을 좁히고 있다. 다른 정치인이나 문화인, 경제인, 스포츠맨은 안

중에 없다. 이 때문에 보수 이념이 서 있는 공간은 줄어들고 있다.

보수 진영은 또 우리나라 5,000년 역사에서 유독 1948년 출범한 대한민국에 집착한다. 신라, 백제, 고구려, 고려, 조선 시대는 남의 역사인 듯 거들떠보지 않는다. 20세기 초중반의 대한제국 시대나 상해임시정부를 일부러 평가절하한다. 이런 편협한 생각이 보수 진영의 세력 확장을 막고 있다.

현재 보수 진영의 주력 부대는 한국전쟁 체험자, 고도성장 시대의 산업 역군, 베트남 파병 용사, 북한에서 넘어온 6·25 월남민과 새터민, TK 주민들이다. 이대로 가면 보수 진영은 고령화로 인해 소수화된 후 세력이 점차 약화될 수밖에 없다.

보수 세력이 자연 소멸로 가지 않으려면 상징 인물부터 확장해야 한다. 이승만·박정희에 집착하면 소수화 추세를 막을 수 없다. 역사적 인물 가운데 보수 이념을 상징하는 인물을 더 늘려야 한다. 세종대왕, 이순신 장군, 퇴계나 율곡 같은 존경받는 인물로부터 보수주의의 새로운 모습을 탐색해봐야 한다.

조선 시대 실학파實學派는 왕조 체제를 유지하며 개혁 개방을 꿈꿨던 학자들이다. 이들로부터 보수주의의 다른 뿌리를 찾을 수 있는지 연구해야 한다. 보수 이념이 수천 년 역사 속에 작동해왔음을 설명할 수 있어야 한다. 역사적 인물의 인간관, 사회관, 국가관을 오늘의 보수 철학과 연결시킬 수 있다면 한국의 보수주의는 뿌리를 확보할 수 있다. 유교의 가르침은 보수 이념과 공통점이 많다. 이는 수많은 연구에서 증명되고 있다.

보수 상징 인물을 역사에서만 찾지 말고 이 시대에서 보수를 상징하는 인물을 발굴해야 한다. 마초 기질이 다분한 정치인이 보수 정치를 대표하는 현실에서 빨리 벗어나야 한다. 난폭하고 고집스러운 정치인이 보수 이념을 세일즈하면 젊은이들은 보수 이념을 쳐다보지 않을 것이다.

미국 보수 진영처럼 영화감독, 스포츠 영웅, 아이돌 가수, 1급 배우, 라디오 MC 가운데 보수 가치를 전파할 수 있는 인물이 떠올라야 한다. 진보 세력은 코미디언, 개그맨, 가수, 배우, 영화감독 여러 명을 자기편으로 확보하고 있다. 이들이 영화, 드라마, 음악, 연예 프로를 통해 진보 가치를 전달하면 청년들 두뇌 속에 거부감 없이 스며든다. 연예인, 스포츠 영웅의 영향력은 종편 TV 논객과 비교하지 못할 만큼 강하다.

영화 〈국제시장〉은 흥행에 성공했다. 연평해전을 실감 나게 화면에 담은 영화도 제작됐다. 이 영화들은 보수의 가치가 관객에게 먹혀든다는 것을 증명했다. 이런 노력이 스포츠나 다른 분야에서도 시도돼야 한다. 이승만·박정희에 집착하는 한 보수 진영의 영토는 세월이 갈수록 축소될 것이다.

보수 정당의
생존 비법

『프랑스 혁명에 관한 성찰』은 보수주의 최고 고전으로 꼽힌다. 프랑스 혁명론으로 통하는 이 책은 진보 성향의 이태숙 경희대 명예교수가 번역했다.

이태숙은 2008년 12월 이 책을 처음 완역하고, 2017년 1월 개정판을 발간했다. 에드먼드 버크가 책을 낸 지 219년 만의 한국 상륙이다. 진보 성향 학자가 보수주의 경전을 번역한 것은 스님이 기독교 한글 성경을 만든 격이다.

일본에서는 버크의 『프랑스 혁명론』이 1881년 처음 소개됐다. 이토 히로부미伊藤博文 최측근이 미국 유학에서 공부한 경험을 토대로 소개했다. 일본에 보수주의 이념이 소개된 배경은 버크가 프랑스 혁명을 계기로 보수주의 이념을 설파한 것과 비슷하다.

일본, 한국보다 100년 빠른 보수 이념 연구

버크는 프랑스 혁명을 지금까지 유럽에서 벌어진 일 가운데 가장 놀라운 사건이라고 규정했다. 경박함과 잔인성을 포함해 모든 종류의 인간 죄악이 혼합된 불행이라는 시각이다. 프랑스 혁명 같은 급진 개혁은 점진 변화를 원하는 인간 본성에 어긋나는 시도이므로 성공하지 못한다고 예언했다. 예언대로 과격한 개혁 조치는 민심의 외면을 받았다. 곧이어 군부 쿠데타가 발생해 나폴레옹이 권력을 장악해 버린다. 과격 혁명이 버크의 보수 이념을 낳은 모태였다.

일본이 보수주의를 갈망한 계기는 1868년 메이지 유신이었다. 유신은 일본의 정치·경제·사회 시스템을 통째로 뒤바꾼 혁명 같은 국가 개혁 조치였다. 300년간 이어지던 쇼군 막부 정치를 끝장내고, 교토에 유폐되어 있던 천황을 정치의 전면에 내세운 친위 혁명이었다. 메이지 유신은 왕정 체제 아래서 서양 민주주의를 수용했다.

그러나 메이지 유신을 전후로 유럽 자유주의 열풍이 일본에 불어 닥쳤다. 자유 민권 운동이 활발했다. 표현의 자유, 집회의 자유 등 기본권을 보장하라는 요구가 강했다. 폭동과 길거리 시위가 끊이지 않았다. 도쿠가와德川家康 가문의 300년 군부 지배 시대를 막 끝내고 왕정으로 복귀한 일본으로서는 자유 민권 운동이 메이지 유신보다 훨씬 급진적이었다.

"야생마처럼 날뛰는 자유 민권 운동에 맞설 대항마가 없느냐"는 질문에 대답한 책이 에드먼드 버크의『프랑스 혁명론』이다. 점진적 개혁 개방을 추진하던 개화파는 자유 민권 운동을 견제해야 했다. 메이지 유신 정부의 초대 총리 이토 히로부미의 최측근이 버크의 책을 소개한 데는 이런 배경이 자리 잡고 있다. 우리보다 127년 먼저 보수주의 원전에 접속한 것이다.

메이지 유신 시대 일본의 보수주의 탐구는 버크에 머물지 않았다. 영국 보수당을 일으킨 1등 공신 디즈레일리 총리를 연구했다. 디즈레일리는 보수당을 귀족 정당에서 대중 정당으로 개조시킨 업적으로 유명하다. 귀족, 자본가의 정당에 노동자 계층을 대거 끌어들였다. 노동자 권리를 허용하며 투표권을 가진 그들을 포용했다.

일본은 디즈레일리 소설과 수필을 번역했다. 보수주의 철학이 담긴 디즈레일리 작품은 도쿄·오사카에서 연극으로 상영됐다. 급진 개혁보다 점진적 변화가 일본에 좋다는 메시지였다. 당시 일본에는《보수신론》이라는 정기 기관지를 발행한 정당이 있었고, '보수' 간판을 내건 정당이 나왔다. 보수 정치가 일본에 좋은 것이라는 인식이 밑바닥 계층에 스며들었다. 한국에서는 열혈 청년 김옥균을 리더로 한 개화파가 갑신정변으로 급진 개혁을 추진하던 시기에 일본은 보수주의 핵심 이념을 배우고 있었다.

그러나 과격한 자유 민권 운동을 견제하는 과정에서 개인 인권은 무시됐다. 국가 권력이 개인 인권보다 우선하는 국가 보수주의 성격이 점점 강해졌다.

우리나라 1세대 보수 정치가 메이지 유신 이후 일본 정치 체제를 닮은 것은 우연이 아니다. 일본 유신 세력이 자유 민권 운동과 싸웠다면 이승만·박정희는 공산주의와 싸웠다. 한국 자본주의 실험도 일본 초기 산업화 과정처럼 관 주도로 추진됐다.

두 나라 국가 보수주의는 '국민의, 국민에 의한, 국민을 위한 정치'를 거부했다. 왕(대통령)과 군부, 재벌, 관료를 위한 정치로 일관했다. 보수주의 이념이 최고 권력자를 옹립하는 논리로 사용됐다. 그러다 일본의 국가주의적 보수 정치는 2차 세계대전으로 파멸의 길을 걸었다. 한국 보수 정치는 4·19 혁명, 10·26 시해, IMF 위기, 대통령 탄핵으로 연달아 파탄 났다. 두 나라 국가 보수주의는 전쟁 패배, 국민 저항으로 붕괴한 아픔을 공유하고 있는 셈이다.

1990년대 첫 보수 논쟁

일본 정치권과 달리 한국 보수 정당은 원조 보수주의 이념과 담을 쌓고 지냈다. 진짜 보수주의를 배우려고 하지 않았다. 집권을 노리는 주요 정당 가운데 '보수'라는 단어가 들어간 정당도 없었다. 보수라는 단어를 쓰면 수구파로 몰려 손해를 본다고 생각했다. 보수가 고루하고 고집스럽다는 이미지를 포함하고 있기 때문이다.

우리 정당 역사에서 보수 논쟁은 1990년대 들어서야 처음 등장했다. 소련 붕괴로 동서 냉전이 종식되고 1980년대 운동권 세력이 정치권에 막 입성하던 무렵이었다. 이 시기는 국제적으로 미국 레이건, 일본 나카소네, 영국 대처가 신新보수 혁명을 통해 국가 경제를 활성화시키는 데 성공한 직후다. 규제 철폐, 공기업 민영화, 정부 축소, 시장 개방 등 신자유주의 열풍이 휩쓸고 있었다.

이런 전환기에 1990년 1월 보수 성향의 노태우·김종필·김영삼 정치 세력이 삼자 연합으로 민주자유당약칭 민자당을 발족시켰다. 정치권이 보수주의를 놓고 공개 논쟁을 벌인 것은 그때가 처음이었다. 1990년대 보수 이념에 관해 가장 자주 발언한 정치인은 김종필이었다. 그는 3당 통합이 실패로 끝난 뒤 자민련을 창당해 신한국당(민자당 후신)과 결별했다. 그의 보수 정치 신념에는 박정희 식 '반공 보수'의 냄새가 자욱했다. 당시 언론에 보도된 김종필의 발언은 다음과 같았다.

> 새로 만든 당(신한국당)이 보수주의를 표방하고 있지만, 보수주의를 논할 수 있는 사람은 나뿐이다. 한국전쟁 당시 기피하거나 달아나는 등 행동이 의심스러운 사람들은 보수를 논할 자격이 없다. 당시 마땅히 싸웠어야 할 사람들이 (병역) 기피를 했다. 국가보안법이 일반 국민들에게는 불편을 주지 않는다. 공산주의자들에게는 불편을 줄 것이다. 김영삼 대통령도 민주당 총재 시절에, 김대중 국민회의 총재도 보안법은 없어져야 한다고 주장했다. 소련 붕괴 이후 공산주의가 소멸됐다고 옷을 갈아입고 자신이 보수주의자라고 주장하는 것은 있을 수 없는 일이다. 전교조 문제도 YS와 DJ는 합법화시키자고 주장했다.

보수 논쟁은 1996년 15대 총선을 앞두고 한 번 더 달아올랐다. 신한국당과 자민련은 서로 보수 정치 원조라고 자화자찬했다. 신한국당 이회창 선거대책위원장은 "시민적 자본주의를 지키는 자유민주주의가 보수의 기조다. 신한국당은 이런 바탕 위에서 개혁과 발전을 도모하고 있다"는 논리를 폈다.

김윤환 신한국당 대표는 보수 정치를 TK와 연결시켰다. "근대화를 이룩한 보수 주류 세력은 우리 TK이고, TK가 새로운 정치 주체가 돼야 한다." 소위 'TK 보수 본류론'이다. TK 출신 대통령이 최장 기간 권력을 장악한 결과 보수 정치의 본적지가 대구 경북이라는 착각에 빠진 셈이다.

민자당, 자민련과 대적해야 하는 김대중은 진보 성향의 교수들과 운동권 출신들 가운데 인재를 스카웃했다. 김대중은 운동권 세력을 받아들이면서 한때 '혁신 세력'을 표방했다. 이는 "남로당이 재건된 것이냐"는 색깔론에 휘말리기 십상이었다.

김대중은 빨갱이 공세를 피하려고 국민회의 창당 초기 이념을 '중도 보수'라고 표현한 적이 있었다. 하지만 "중도라는 의미가 진보와 보수의 중간이어서 의미가 엉킨다"는 지적이 있자 보수라는 단어를 쓰지 않았다. 그만큼 우리 정치권에서 보수주의는 개념이 뒤죽박죽 혼동된 채 사용됐다. 김대중은 결국 가장 거부감이 적은 '진보'라는 단어를 선택했다.

어쨌든 보수 정치를 내건 정당(민자당, 신한국당, 자민련 등)이 출현한 것은 의미 있는 전환점이었다. 그러나 1990년대 보수 정치는 이념이 뚜렷하지 않았다. 보수주의가 인간을 어떻게 보고 있는지, 공동체 유지를 위해 중요한 가치가 무엇인지 몰랐다. 반공·친미 노선을 지키고 경제 성장을 성공시키면 된다고 보았다. '하면 된다'며 박정희식 밀어붙이기로 국민을 절벽 끝까지 내몰아도 된다고 보았다. 대처와 레이건의 경제 정책이 보수주의 이념과 어떻게 연결되는지 제대로 알지 못했다.

보수주의 이론을 아는 정치 전략가가 정치권 주변에 없었다. 미국과 영국 보수 정당이 주장하는 신자유주의 정책이 한국 경제에 어떤 파괴적인 충격을 안겨줄지 짐작하는 사람은 더더욱 없었다. 글로벌 보수 정치의 물결을 전혀 모른 채 경제는 파탄으로 치달았다. 보수 정치를 내걸고 1990년 출범한 민자당은 1997년 IMF 외환 위기를 계기로 출범 7년 만에 파산했다.

보수 진영이 2007년 12월 대선에서 건설 회사 경영인 출신 이명박을 내세워 권력을 되찾은 것은 어디까지나 진보 정권이 무능했기 때문이다. 김대중·노무현 정권은 IMF 위기라는 급한 불을 껐으나 국민이 느낄 만큼 경제를 활성화시키지 못했다. 계층 간, 지역 간 사회 갈등은 확산됐고, 노무현 정권 말기에는 부동산 가격이 폭등했다. 무엇보다 대북 햇볕 정책에 골몰해 사회 분열을 가열시켰다.

보수 진영은 두 진보 정권을 거치면서 정권을 잃은 설움을 뼈저리게 느끼고 이명박 정권 탄생을 위해 단합했다. 보수 진영이 이념과 철학을 갖추려고 애쓴 끝에 등장한 세력이 뉴라이트 세력이었다.

뉴라이트의 성공 모델은 대처 영국 총리였다. 그들이 영국 보수당의 장기 생존 비법을 연구한 것은 좋았으나 대처리즘의 중요한 핵심을 배우지 못했다. 영국 보수당의 존립 기반이 한국 보수 정치의 기반과 어떻게 다른지도 구별하지 못했다.

대처리즘 과잉 마케팅

영국의 정치적 풍토는 한국과 전혀 다르다. 영국인들 사이에는 보이지 않는 계급 의식이 자리 잡고 있다. 영국인은 엘리트 계층의 우수성과 긍정적 역할을 인정한다. 전쟁이 발발하면 지도층 자녀들이 앞장서 입대하고 기득권 집단이 평소 사회 공헌 활동을 넉넉하게 해 온 덕분이다.

'직장 동료가 큰 아파트로 이사 가면 배 아파한다'는 게 한국인이 라면 영국인은 우수한 동료의 성공을 받아들인다. 인생의 성공은 나 자신의 노력과 능력에 달려 있다는 개인주의 의식이 강하다. 인생이 잘 풀리지 않으면 사회 환경을 탓하는 한국인과는 국민성이 다르다.

대처리즘은 영국인 DNA 속에 잠재되어 있는 개인주의 성향을 일 깨워주는 데 성공했다. 그는 공개적으로 국민에게 국가가 모든 것을 해결해준다는 환상에서 깨어나라고 경고했다. 모든 국민은 홀로서기 를 해야 한다고 말하며 이전 노동당 정부가 추진해오던 복지 확대 일 변도 정책을 바꿨다. 우리 2세대 보수 정권은 영국인과 한국인의 다 른 국민성을 무시했다. 영국인보다 우리 국민의 평등 의식이 훨씬 강 하다는 것을 감안하지 않았다.

영국 보수당의 생존 비법과 대처리즘은 한국 정치 시장에 과잉 마 케팅됐다. 정책은 대부분 껍데기만 마케팅되고 알맹이 정책은 왜곡 됐다. 예를 들어 영국 보수당과 달리 우리나라 2세대 보수 정권의 정 부 조직은 비대화됐고, 영국 보수당의 친기업 정책은 한국에서 친재 벌로 변질됐다.

우리나라 보수 정당이 영국 보수당에게 배우려 한다면 상황에 따 라 유연한 정책을 채택하는 전략을 눈여겨봐야 한다.

첫째, 영국 보수당은 보수의 가치를 지키려 노력하지만, 권력 장악 을 위해 필요할 때는 경쟁 당과 연립 정권 구성을 마다하지 않는다는 점이다. 보수당은 과반 의석이 안 될 경우 소수당과 연정을 꾸리고,

한때 노동당과도 연립 정권을 운영한 적이 있다. 권력을 독점하겠다는 생각뿐인 우리 보수 정당과는 전혀 다른 발상이다.

둘째, 영국 보수당은 기존 정책을 고집하지 않는다. 1945년 총선에서 노동당에 패배한 후 베버리지 보고서에서 언급된 무상 복지 정책을 전면 수용했다. 이는 6년 후에 정권을 되찾는 힘이 됐다. 1989년 소련 고르바초프 정권이 페레스트로이카개혁 개방 정책을 명확히 하자, 소련 봉쇄 정책을 중단하고 소련을 지원하는 방향으로 미국을 설득하는 데 앞장섰다. 그래서 국제무대에서는 대처·고르바초프 협력 시대라는 말까지 나돌았다. 변화에 적응하는 융통성이 보수당의 장수 비결로 꼽힌다.

미국 공화당 모델

미국 공화당도 정강 정책에서 시대 변화에 따라 상당히 다른 모습을 나타내고 있다. 레이건 시대에는 대내적으로 규제 완화, 소득세율 인하 등 신자유주의 정책을 강력히 추진했다. 대외적으로는 글로벌화 전략에 따라 다른 나라들에게 시장 개방을 촉구했다. 대외 장벽도 크게 낮춰 이민자에게 미국 노동 시장을 열어줬다. 하지만 트럼프가 대통령이 되자마자 이민을 규제하는 행정 조치를 발동하고 있다. 개방주의가 배외排外주의로 바뀐 것이다.

공화당은 외교, 군사 정책에서 한동안 국제 분쟁에 개입하지 않는 원칙이 있었다. 민주당이 케네디·존슨 대통령 시절 베트남전쟁을 확대시킨 것을 공화당은 내내 비판했다. 베트남전쟁 반대 운동이 거세지는 분위기에서 정권을 잡은 공화당 닉슨은 1969년 지역 분쟁 불개입을 선언한 닉슨 독트린을 발표하고 베트남과 비밀 협상을 해 1973년 미군을 철수시켰다. 하지만 레이건이 네오콘neo-conservatism, 신보수주의 세력을 많이 등용하면서 공화당의 대외 정책이 바뀌었다. '강력한 미국' 지지자인 부시 대통령은 미국 민주주의를 세계에 퍼뜨리자는 네오콘에 영향받아 2003년 이라크를 공격했다.

1900년대 초반 8년간 집권하면서 독점 규제 원칙을 세운 정치인은 공화당 출신 시어도어 루스벨트 대통령이었다. 그는 연설할 때 거대 기업 오너가 경영에서 전횡을 휘두르는 것을 비꼬곤 했다. 대통령이 되자마자 대형 철도 회사의 독과점을 깼다. 그는 '안티─트러스트anti-trust, 반독점'라는 별명을 달고 살았다.

루스벨트의 반독점 정책은 재벌 개혁의 출발점이 됐다. 그 후 미국 대형 기업에서는 오너 경영이 크게 줄어들고 전문 경영인 시대가 열리기 시작했다. 루스벨트는 재벌 오너 일가와 가깝게 지냈고 그들 지원으로 대통령직에 올랐다. 하지만 친재벌 정책이 양극화를 촉진하고 서민 생활을 핍박하는 현실을 무겁게 받아들였다. 그는 "자본주의가 도를 넘어 거대 기업의 횡포조차 감시, 관리하지 못하면 미국에도 공산주의가 뿌리를 내리게 된다"고 말했다.

우리나라 보수 정당은 영국 보수당, 미국 공화당 같은 유연한 변화를 보여주지 못했다. 박근혜는 대선 유세 때 복지 확대와 경제 민주화를 내걸고 표를 모았지만 취임한 뒤에는 별 관심을 두지 않았다. 선거용 반짝 변화에 불과했다. 세상이 바뀌었는데도 변신은커녕 박정희 시대로 돌아가려는 복고 성향이 강했다.

자민당의 조직 관리 기법

우리 보수 정치가 다시 일어서려면 일본 자민당의 조직 관리 기법을 연구할 필요가 있다. 조직 중심의 당 운영을 통해 진영을 규합하는 정치 기법을 성장시켜야 한다.

1955년 탄생한 자민당은 5대 파벌의 연립 정당이었다. 발족 이후 파벌마다 부침을 거듭했고 파벌의 역할도 많이 달라졌다. 하지만 여전히 8개 파벌이 건재한다. 창당 때 "10년이나 가면 그만일 것"이라던 자민당은 최강의 경쟁 상대이던 사회당이 냉전 종식의 태풍에 휘말려 몰락한 뒤 20년 이상 생존했다. 이제는 70년을 넘긴 장수 정당이 됐다. '일본 정치=자민당'이라는 등식이 이미지로 남았다.

자민당은 1993년, 2009년 두 번 정권을 빼앗겼으나 아베 정권 이래 독주 체제는 무너지지 않고 있다. 자민당은 당내 파벌 간에 번갈아가며 총리직을 맡으면서 정권 교체와 맞먹는 분위기 쇄신에 성공했다.

자민당은 조직의 힘으로 유지되는 정당이다. 자민당은 우익 성향이 강한 일본회의라는 조직과 긴밀한 관계를 맺고 있다. 일본회의는 천황의 권한을 강화하고, 야스쿠니 신사 참배를 촉구하는 보수 종교 단체다. 자위대 활동을 확대하고 교실에서 애국 사상을 불러넣는 교육을 강화하라는 운동을 펼치고 있다.

일본회의 회원 숫자는 4만 명에 미치지 못하지만 국회의원 290명 안팎이 일본회의 소속이다. 아베 내각 각료 중 한때 80%가 일본회의 소속 회원이었다. 일본회의 영향력은 최근 급격하게 약화되고 있지만 자민당은 보수 종교 단체와 연대를 중시하고 있다. 종교 단체로부터 고정표를 확보할 수 있고 선거 후원금을 지원받기 때문이다.

자민당이 더 세심하게 배려하는 조직은 이익 단체와 산업 분야별 협회다. 간호사협회, 의사협회, 농협 같은 큰 협회에는 비례 대표 의원 자리를 나눠준다. 우리나라 전경련에 해당하는 게이단렌은 한때 정치 자금 공급을 끊었으나 아직도 '사회 공헌'이라는 이름으로 자민당에 자금을 제공한다.

사립유치원연합회, 빠징코협회, 우체국장모임 같은 단체·협회와는 당내 분야별 부회를 운영하며 이 단체들과 정기 회합을 한다. 그들의 요구 사항을 청취해 법안이나 정책을 반영한다.

예를 들어 국토교통부회의 경우 건설업협회, 트럭협회를 비롯한 85개 협회·단체와 모임을 한다. 국회의원이 직접 그들을 만나 건의 사항을 받아와 중앙당에 보고한 뒤 법을 개정하거나 정부에 정책 변경을 요청한다. 자민당과 이런 연대 관계를 맺고 있는 단체는 523개나 되는 것으로 집계됐다. 이들의 요청이 정책에 반영되면 자민당에 후원금이 더 들어오는 것은 말할 필요가 없다.

다음 표에서 보듯 자민당의 우호 단체들은 총선 때마다 지지 후보를 공개적으로 내걸고 회원들의 표를 모아준다. 건설업협회는 2010년 참의원 선거에서 22명의 자민당 후보를 지지했고, 치과의사협회는 18명, 의사협회는 14명을 공개 지지했다.

보수 정치에서 조직의 중요성은 영국에서도 끊임없이 증명됐다. 영국 보수당을 일으킨 디즈레일리 총리가 사망하자 빅토리아 여왕은 프림로즈Primrose, 달맞이꽃 화환을 하사했다. 프림로즈는 디즈레일리가 평소 사랑하던 꽃이다. 디즈레일리가 사망한 뒤 보수당 당원들은 프

2010년 일본 참의원 선거에서 일본 주요 단체·협회가 지원한 정당 후보 비교		
단체·협회	자민당 지지 후보 숫자	민주당 지지 후보 숫자
건설업협회	22명	0명
치과의사협회	18명	1명
의사협회	14명	6명
농협	5명	1명

출처 : 나카기타 코지, 『자민당』에서 수정 재인용

일본 자민당과 각종 단체·협회 간의 협의회 운영 현황		
자민당 내 부회	단체 수	주요 단체·협회
법무부회	17	전국도지사회, 소방협회
총무부회	37	전국우체국장모임
재무금융부회	18	담배경작조합
문부과학부회	37	사립유치원연합회
후생노동부회	106	의사협회, 인재파견업협회
농림수산부회	78	농협중앙회
경제산업부회	77	전자산업연합회
국토교통부회	85	트럭협회, 건설업협회
국방부회	19	재향군인회, 자위대 출신 모임
내각부회	19	오락산업조합, NGO 단체

출처 : 나카기타 코지, 『자민당』에서 발췌해 저자가 가공

림로즈연맹Primrose League을 창설했다. 보수당을 지지하는 유권자로부터 자발적 회원과 후원금을 모았다.

프림로즈연맹은 독서클럽을 따로 운영하며 호롱불 강연회를 개최해 보수주의 이념을 전파했다. 20세기 초 영화라는 미디어가 발명되자 흑백 영화를 상영하는 영화 트럭을 전국에 운행했다. 보수당 직

할 후원 단체 역할을 맡았다. 이 조직은 100년 이상 끈질기게 생존하며 보수당 집권을 도왔다.

영국 보수당은 2차 세계대전 직후 치러진 1945년 총선에서 노동당에 참패했다. '피와 땀, 눈물'로 일궈낸 전쟁의 승리가 총선 패배로 전개됐다. 처칠은 충격을 받아 "유권자가 배은망덕하다"고 불같이 화를 냈다. 보수당은 총선 패배 후 전국을 순회하며 당 후원금을 100만 파운드 모금하는 '밀리언펀드캠페인'을 전개했다. 당시로서는 엄청난 부담이 되는 후원금 규모였다. 후원금만 모으지 않고 당원까지 새로 모집했다. 보수당은 선거 패배의 밑바닥에서 다시 시작해 보수 정치가 살아 있음을 증명했다.

우리 보수 정당에서 조직은 이권이 사라지면 뿔뿔이 흩어지는 떠돌이 모임이다. 돈과 권력이 사라지면 조직이 깨진다. 그래서 민자당이 깨지고, 신한국당과 한나라당이 깨지고, 새누리당이 깨졌다. 일본 자민당 조직은 그렇지 않다. 특히 지방 조직은 세대를 뛰어넘어 당을 지탱해왔다. 2014년 300개 선거구에서 진성 당원 120만 명을 확보할 정도로 말단 조직이 살아 움직인다.

'국민 보수' 약속하는 정당

일본의 보수 정치는 메이지 유신 이후 2차 세계대전까지 우여곡절을 겪었다. 처음에는 서양 보수주의 이념을 받아들여 점진 개혁을 추진했으나 국가가 모든 권한을 독점하는 국가 보수주의로 변질됐다. 국가 보수주의는 왕권을 막강하게 키웠고, 군부가 왕권과 결탁하면서 전체주의가 번성했다. 브레이크 없는 군부의 독주는 2차 세계대전으로 치달았다.

일본 보수 정치가 국가 보수주의와 결별한 계기는 2차 세계대전 패배였다. 보수 정치는 민생 중시를 표방하지 않으면 안 되는 처지에 몰렸다. 자민당이 1955년 '보수 합동'이라는 간판으로 출범한 배경에는 파시즘으로 치달았던 국가 보수주의와 결별하라는 국민 여론이 강했다.

우리 보수 정치는 김영삼 정권 때 국군 내부 사조직이던 하나회 해체로 군부 세력과 거리를 두기 시작했다. 하지만 2세대까지 국가정보원, 검찰, 경찰을 정권 안정 도구로 활용했다. 이 때문에 인권을 짓밟고 언론 탄압을 멈추지 않는다는 이미지를 지우지 못했다. 국민을 위한 보수가 아니라 권력자를 위한 보수를 고집했다.

떠돌이 정치인을 많이 모은다고 해서 보수 정당이 국민 지지를 받을 수 없다. 보수 정치는 정권 위기 때마다 공권력을 가동해 못된 폭력을 휘두른 버릇을 단절하는 모습을 먼저 보여줘야 한다. 해묵은 폭력 이미지부터 씻어야 한다. 국민이 희망을 가질 만한 새로운 국가 설계도를 내놓는 작업은 그다음 과제다.

보수 진영을 결집할
새로운 허브가 필요하다

2012년 서울시 교육감 선거 때 일이다. 범보수 진영이 뭉쳤다. 1,000여 개 시민 단체, 사회단체가 교육감 후보를 문용린 후보로 단일화하자고 선언했다. 보수 후보가 난립했으나 문용린 후보가 진보 진영 단일 후보를 누르고 당선됐다.

당시 보수 단체 숫자가 화제가 됐다. 보수 단체가 1,000여 개나 있다는 말이 사실이냐는 의문이 제기됐다. 회장 1명뿐인 페이퍼 단체가 아니냐는 이야기가 곧바로 들렸다. 보수 단체 회원이 몇 십만 명이라는 말도 믿어지지 않았다. 실제 활동가는 1,000명이 안 될 것이라고 했다. 보수 단체의 길거리 시위에 몰리는 군중 가운데 진성 회원이 얼마나 되는지는 알 수 없다. 일당을 받고 동원된 시위대가 적지 않다는 뒷말이 사라지지 않았다.

입 보수, 글 보수, 생활 보수, 기독교 보수

보수 진영에 자칭 보수주의자는 득실거리지만 보수 활동가는 별로 없다. 보수 허브는 관변 단체나 일부 대형 교회, 사회단체로 한정돼 있다. 이것이 보수 진영이 세력 다툼에서 진보 진영에 밀리는 결정적 약점이다.

보수 언론에 기고로 이름을 날리는 '글 보수'는 여럿 있다. 종편 TV에 출연해 보수 정당을 옹호하는 '입 보수'도 적지 않다. 고도성장 시대 땀 흘려 일했다는 산업 역군, 나이가 들어 작은 변화에도 본능적으로 거부감을 표시하는 고령층 등 평범한 '생활 보수'나 구국 기도회에 참가하는 '교회 보수' 세력은 수백만에 달한다.

게다가 보수 정당을 옹호해 밥벌이하거나 보수 정권을 대변하는 일로 생계를 유지하는 보수 인터넷 매체와 유튜버들도 급증했다. 청와대, 전경련의 지원금으로 조직을 굴리는 보수 단체가 늘어난 현상도 2세대 보수 정권 시절이다. 이들은 돈줄이 끊기면 활동을 중단하는 생계형 보수다.

글 보수, 입 보수, 생활 보수, 교회 보수, 게릴라 보수, 생계형 보수 가운데 진심으로 보수주의 철학을 실천하며 보수주의 운동에 헌신하는 인물은 얼마나 될까. 진짜 보수 이념을 전파하기 위해 보수 미디어 거점을 운영하는 데 정열을 바치는 사람은 찾을 수 없다. 미국의 헤리티지재단, 미국기업연구소AEI 같은 싱크탱크가 존재하는 것도 아니다. 보수 활동가들이 모일 만한 스타디움이 취약하기 그지없다. 그래서 보수 정당과 보수 언론, 전경련 같은 돈줄 근처를 기웃거리는 구걸형 보수 세력이 흘러넘친다.

김대중·노무현 정권 시절 보수 단체 활약이 두드러졌다. 대북 햇볕 정책에 반대하는 '반공 보수'들이 그때처럼 단합했던 적이 없었다. 2003년 삼일절에는 경찰 추산으로 7만 명이 모였고, 그해 한국전쟁 기념 행사에는 무려 11만 명이 집결했다. 광복절에는 다시 1만 5,000명이 뭉쳤다. 보수 단체들은 반핵, 반김, 한미 동맹 강화를 구호로 외쳤다. 북한 인공기를 불태우는 장면은 필수 코스였다.

진보 정권 아래서 가끔 벌어진 보수 단체 시위를 후원한 곳은 전경련, 대한상의였다. 재벌 대기업은 익명으로 돈을 댔다. 당시 급조된 보수 단체들은 재벌과 경제 단체를 압박해 큰돈을 모았다. 그렇게 모은 돈으로 관광버스를 전세 내 전국에서 시위대를 끌어모았다.

협찬금으로 움직이는 단체와 자발적 헌금으로 움직이는 조직은 전혀 다른 힘을 보인다. 협찬금 의존 단체는 일시적으로 많은 사람을 동원할 수 있지만 돈이 떨어지면 끝난다. 헌금이 움직이는 조직은 오래 지속되는 강점이 있다.

보수 진영의 시위는 진보 진영과 차이가 크다. 첫째, 보수 단체에는 자발적 회비 납부가 거의 없다. 주최 측이 거액 후원금을 확보하지 않으면 안 되는 현실에서 경제 단체와 재벌에 의존할 수밖에 없다. 둘째, 시위에 자발적 참석자가 적다. 동원 인력이 다수다. 셋째, 시위와 집회가 언제 어디서 최고 정점에 도달한 뒤 어떻게 끝내겠다는 계획이 불확실하다.

그래서 보수 진영 시위는 지루하다. 구호부터 간결하지 못하고 반핵부터 친미, 대북 지원 반대, 진보 인사 비판 등 여러 메뉴가 난무한다. 시위를 주도하는 지도부가 돌아가며 장황하게 마이크를 독점한다. 마이크를 잡은 김에 눈치 보지 않고 자기 자랑을 늘어놓는 고령자가 줄을 잇는다. 따분하다는 보수 진영의 인상이 집회와 시위에 그대로 담겨 있다. 미국 공화당 집회처럼 신나는 밴드가 등장하는 일은 없다. 단일 주제로 30초 연설을 10명이 이어가며 흥을 북돋우는 재치를 찾기 힘들다.

반면 진보 진영의 촛불 시위는 응집력이 촘촘하다. 구호가 한두 가지로 간결하다. 흥겨운 노래, 짧지만 압축된 단어로 강력한 인상을 남기는 연설이 이어진다.

대낮 시위를 하는 보수 단체와 달리 밤중에 촛불을 밝히며 군중을 클라이맥스로 끌고 가는 극적 연출을 전개한다. 특히 인터넷을 통해 자발적 참여를 유도하는 기법이 뛰어나다. 자발성이야말로 동원된 군중보다 파워를 강하게 하는 핵심 요소다.

보수 단체들은 재벌, 경제 단체에서 돈을 끌어 쓰기 시작하면서 한계를 드러냈다. 풀뿌리 시민운동을 통해 분위기를 장악할 능력이 없다는 판정이 났다.

보수 활동가의 소영웅주의

보수 단체를 돕는 이론가, 철학자, 역사가도 약하다. 뉴라이트 세력을 비롯 보수 이념가들은 대개 '뒤에서 돕겠다'며 한 발 물러서 있다. 보수주의 학자는 보수 단체 활동가들과 거래하지 않으려는 성향이 강하다. 어느 보수주의 학자는 "노인네들이 너무 억지 고집을 부리니까…"라고 털어놓았다. 보수 단체에 몰려드는 활동가는 한정돼 있다. 군 출신이 많고, 국정원·경찰·검찰 같은 공안 기관 출신이 등장한다. 이명박·박근혜 정부에서 총리나 장관직을 지낸 거물급 보수는 그럴듯한 이벤트에, 얼굴이 TV 화면에 뚜렷이 떠오를 자리가 보장돼야 나타난다.

보수 활동가 가운데 소영웅주의에 빠져 있는 인물이 적지 않다. "다들 혼자 잘났어"라는 말을 스스럼없이 내뱉을 정도다. 자기 혼자 잘난 맛에 사는 인사들이다. 이들은 의견이 조금만 달라도 다른 단체와 손을 잡으려 하지 않는다. "그쪽에서 굽히고 들어와야지"라며 과거 직책을 앞세워 상대방에 양보를 강요한다. "이것만은 양보 못한다", "누구 설치는 꼴 보기 싫어서 우리는 빠지겠다"며 타협을 거부하는 일이 다반사다.

자기 영역과 자기주장을 고집하는 할거주의가 횡행하고 있다. "내가 월남전에 왜 갔겠느냐. 다 나라를 지키려고 갔다", "새마을운동 실무 작업은 내가 다 했다"는 식으로 자기도취에 빠진 활동가가 많다. 수십만 명이 참여하는 초대형 시위가 불가능한 구조다.

보수 단체의 무기력 증상은 국가 보수주의의 유산이다. 이승만·박정희 이래 보수 세력은 권력자의 의중에 따르는 관제 데모에 길들여졌다. 1세대 보수 정권은 필요하면 공무원을 통해 관변 단체를 동원했다. 재향군인회, 자유총연맹 같은 반공 시위를 전담할 단체를 결성하고 지원했다.

관변 단체 역할은 다양했다. 선거철에는 보수 정당의 유세에 참가해 분위기를 조성했다. 김일성·김정일 규탄과 반일 시위에 단골 동원

됐다. 이승만·박정희가 장기 집권을 위해 개헌안을 내면 관변 단체들이 일제히 국가 위기를 호소하며 개헌안 지지를 결의했다. 전두환 정권 때는 새마을운동 관련 단체들이 대거 관 주도 시위를 전개했다.

보수 허브의 다양화 필요

관변 보수 단체는 정부가 지원한 돈으로 가동됐다. 정부 돈이 부족하면 재벌 후원금을 정부가 알선해줬다. 보수 단체들은 조직을 움직이는 비용을 걱정하지 않았다. 회원들로부터 각자 회비를 거둬 단체를 가동할 생각을 하지 않았다. 정부 보조나 재벌 협찬금에 전적으로 의존한 결과 독립적으로 비용을 마련하려는 의지나 능력이 없다. 홀로서기를 해보지 않은 조직이 세월이 간다고 자립 능력이 생길 턱이 없다.

진보 단체들은 권력의 감시와 탄압 아래서 만들어졌다. 조직 유지는 고난의 연속이었다. 후원금을 대준 사람이나 기업은 잘못하면 무슨 혁명 자금을 대준 자금책으로 몰려 감옥에 가야 했다. 용공, 종북 불순분자나 간첩으로 몰릴 수 있는 위험천만한 투자였다.

보수 정권의 감시와 탄압이 진보 단체를 단단하게 키웠다. 자발적 지지자로부터 한 푼 두 푼 푼돈을 모아 쓰는 데 익숙했다. 모은 돈은 아낄 수밖에 없었다. 적은 비용으로 군중을 동원하는 테크닉을 필사적으로 개발해야 했다. 진보 진영이 대규모 시위대를 결성하는 비결은 감시와 견제를 거치면서 더 세련됐다.

진보의 군중 동원 기법은 메시지를 단순화, 머릿속에 쉽게 각인되는 키워드를 사용하는 방식이다. 민주화 운동 시대에는 '독재 타도'로, 광우병 쇠고기 파동 때는 "뇌 송송 구멍 탁"으로 광우병 공포를 압축했다. 대통령 탄핵 데모 현장에서는 "이게 나라냐"고 짤막하게 외쳤다. 단식이나 삭발, 1인 시위, 삼보일배라는 동영상이 나오는 투쟁 기법도 단골 메뉴였다.

인터넷에서 네티즌의 감성을 자극하고 군중을 끓어오르게 하는 진보 진영의 테크닉은 급속 발전했다. 그때마다 유명 연예인이 끼어들어 네티즌의 참여를 극도로 높인다. 진보 세력이 인터넷을 휘젓고 난 뒤에야 보수 진영은 뭔가 잘못됐다는 것을 알아차리곤 한다.

보수 진영이 다시 일어서고 싶다면 주요 거점을 다양하게 확보해야 한다. 새로운 보수 허브가 사회 곳곳에 만들어져야 한다. 스포츠계부터 영화판, 미술계, 음악계는 물론 경제, 환경 운동, 교육 노동까지 생각이 같은 사람의 모임이 결성돼야 한다.

새로운 보수 허브를 출범시키기 전에 해야 할 일은 기존의 관변 보수 단체와 결별하는 것이다. 자유총연맹, 재향군인회 같은 전통 보수 단체는 독자 운영되도록 해야 한다. 예산 지원을 중단하고 자립하라고 해야 한다. 관변 새마을운동 기구도 정리해야 한다. 관변 단체가 먼저 사라져야 그 자리에 새로운 시민 단체가 들어설 수 있다.

새로운 보수 단체는 독립성을 가장 중시해야 한다. 처음부터 회원을 자발적으로 모으고 예산을 스스로 조달하는 능력을 맨 먼저 키워야 한다. 대기업 후원금, 정부 예산 지원에 의존하려는 단체는 아예 발족시키지 말아야 한다. 외부 협찬금에 기대려는 단체는 만들어도 힘을 쓰지 못한다.

꼭 필요한 보수 언론과 정책 연구소

우리나라에는 보수 색채가 강한 단체와 협회, 조직들이 많다. 이들을 얼마든지 보수 진영의 허브나 중간 거점으로 활용할 수 있다.

종교계가 대표적이다. 개신교는 100여 년 전 개화기부터 한국에서 친미적 분위기를 조성하고 해방 후에는 반공 이념을 확산시켰다. 일제 식민지 시대 초기에는 1,500여 명의 선교사들이 한반도에서 전도 활동을 했다는 기록이 있다.

개신교는 미국의 복음주의 교회들과 연대해 역대 보수 정권을 지지해준 인연이 있다. 일부 교회 지도자는 노골적으로 보수 정당 특정 후보를 지원하는 활동을 했다. 공산당 치하에서 견디지 못하고 남하한 유력 교회들은 일찌감치 반공, 친미 노선을 선택했다. 보수 정권과 서로 등을 기댈 수밖에 없었다.

교회뿐 아니라 보수 성향이 강한 사회단체가 적지 않다. 이 중에는 미국과 영국에 본부를 두고 있으면서 국내 조직으로 설립된 지 오래된 곳이 많다. 이들은 매달 조찬 포럼 모임을 한다. 회원으로는 기업인들이 많고 학자와 공무원들도 참여한다. 회원 숫자는 적어도 수천 명씩이고, 수만 명 되는 단체도 있다.

보수 단체 가운데 20년 사이 이승만·박정희 등 1세대 보수 지도자를 찬양하는 강연회나 세미나를 열지 않은 곳은 드물다. 이들 모임에 가보면 '대한민국 보수는 조찬 포럼을 통해 단합한다'는 말이 실감난다. 이들은 길거리 시위에는 좀체 나서지 않는다.

종교계, 사회단체 외에도 보수 진영의 거점이 될 만한 집단은 적지 않다. 법조계, 의사, 전문 경영인, 고급 엔지니어, 교수 사회를 더 꼽을 수 있을 것이다. 또 영국이나 미국처럼 대학생들의 보수 단체를 결성해 젊은 보수 지도자를 길러낼 필요가 있다. 대처 총리 등 보수당의 지도자 중에는 대학생 보수 단체에서 활동했던 인물이 많다.

보수 진영을 결집시키려면 많은 사람이 공감하는 목표가 있어야 한다. 진보는 민족 염원인 통일, 환경, 복지, 평등 교육, 분배를 강조하고 있다. 반면 보수 진영은 선진화, 4대강 개발, 증세 없는 복지, 성장, 창조 경제, 국민 행복 사이를 오락가락했다. 다수를 결집시킬 만한 목적지가 자주 바뀌었다.

과거에는 보수 정권이 '잘살아보세'라는 목표를 향해 달려갔다. 경제 번영이 최고 가치였다. 그 과정에서 반공, 친미, 친재벌적 경제 성장이라는 3대 노선으로 쉽게 단합할 수 있었다. 하지만 지금은 초점이 모이지 않고 있다. 정복해야 할 고지가 애매한 데다 가는 길도 여러 갈래로 분산돼 보인다. 그래서 보수 진영을 결집시키는 힘이 미약하기 그지없다.

보수 진영을 단합시키고 새 목표를 설정하려면 보수 언론과 보수 정책 연구소가 필수다. 여기서 정책 노선을 놓고 전문가들이 논쟁을 통해 합의를 끌어낼 수 있다.

미국의 윌리엄 버클리William Buckley는 1955년 《내셔널 리뷰National Review》라는 격주간지를 창간했다. 보수 정책 연구 학자, 보수 운동가들의 활동 거점이었다. 버클리는 스파이 소설을 비롯 보수주의 운동과 관련된 50여 권의 책을 집필한 인물이다.

이 잡지에는 미국을 대표하는 보수 논객이 거의 대부분 글을 썼다. 보수 운동의 두뇌 역할을 맡은 것이다. 버클리가 2009년 사망하자 언론은 '미국 보수주의에 불을 밝힌 정치사상가'라는 평가를 아끼지 않았다.

《내셔널 리뷰》는 기업 광고를 싣지 않았고 모금 활동과 기부금으로 운영됐다. 그는 "잡지 발간 50년 동안 2,500만 달러(280여 억 원) 손해를 보았다"고 실토했다.

닉슨, 레이건, 부시 같은 공화당 출신 대통령은 대부분 정기 구독자였다. 이 잡지는 대선 시즌이면 아이젠하워부터 레이건, 부시 등 지지 후보를 발표해 대통령 당선을 도왔다. 2016년 이 잡지가 트럼프가 대통령이 되는 것을 반대한다고 발표했을 때 트럼프는 "영향력이 떨어지며 죽어가는 잡지"라고 악담을 퍼부었다. 악담을 퍼부어야 할 이유가 있었다.《내셔널 리뷰》는 인쇄 매체가 사양길에 접어든 지금도 14만 부 이상 발행된다. 인쇄 매체와 온라인에서 보수주의 운동가들의 활동 거점이 되고 있다. 온라인 매체는 32살의 젊은 보수 논객이 맡고 있다.

버클리에 이어 신보수주의 운동은 어빙 크리스톨Irving Kristol이 맡았다. 그는 미국 네오콘의 대부로 인정받는 인물이다.《퍼블릭 인터레스트Public Interest》와《내셔널 인터레스트The National Interest》를 잇달아 창간해 레이건·부시 시대의 신보수주의 운동을 주도했다. 그가 선임연구원 자격으로 운영하던 AEI는 아버지 부시 대통령 시절 행정부 고위직에 20여 명이 발을 들여놓았다.

우리 보수 진영에는 버클리나 크리스톨처럼 보수 세력을 포용하는 인물이 뚜렷하지 않다. 유튜브에도 극우적 논리를 펼치거나 특정 인물을 추종하는 광신도적인 극단파가 두드러지고 있다. 허위 정보로 선동하는 사람이 적지 않다. 이런 보수 언론인들이 진짜 보수인 양 행세하고 있는 게 보수의 치명적인 약점이다.

진영의 거점이 될 만한 매체가 보수 일간지 외에는 거의 없다. 일부 보수 인터넷 매체가 있지만 내용이 워낙 저급한 수준이고, 극우 편향 논조가 좀 많다. 상식적이고 건전한 보수 인사들이 편하게 기댈 만한 매체는 찾기 힘들다. 보수 세력의 격한 감정을 배출하는 하수구 역할에 그치고 있다. 품격을 갖춰 이념과 정책을 논의하는 매체가 없는 것이다.

한때는 뉴라이트 진영에서 《시대정신》이라는 격월간지가 발간됐으나 지금은 휴간 상태다. 자금줄이던 전경련이 탄핵 사태 이후 지원을 끊은 탓이다. 재벌 돈에 의존하는 매체의 말로는 보수 단체와 다를 게 없다.

새로운 보수 허브는 단체든, 매체든, 연구소든 자발적 참여로 결성돼야 한다. 재벌 후원이나 정부 예산 의존증을 청산하고 회원들이 호주머니에서 회비를 내는 습관에 익숙해져야 한다. 남의 돈으로 보수주의를 지키겠다는 보수주의자는 상황이 불리하면 언제든 떠나겠다는 사람이다. 이런 사이비 보수를 수십만 명 집결시켜봤자 보수주의 운동이 힘을 갖기 힘들다. 자기 지갑에서 회비를 납부하는 보수가 진성 보수다. 자발 참여 없이 보수 허브를 확장하면 정부·재벌에 손을 내미는 '거지 단체', '거지 매체'만 늘어날 뿐이다.

재벌 총수에게 필요한
보수주의 철학

보수 진영은 자본주의 시장 경제 체제를 지지한다. 기업인, 금융인들은 "나는 보수"라고 쉽게 말한다. 이들은 가난한 농부의 아들로 태어났든 부자 아버지를 두었든 많은 어려움을 극복하고 노력해 현재의 재산을 쌓았고 사회적 지위를 확보한 계층이다. 급진 개혁으로부터 지켜야 할 재산과 명예, 지위가 쌓여 있다.

그렇다면 '한국 기업인 가운데 누구를 진정한 보수주의 기업인으로 꼽을 수 있을까'라는 질문을 던져보자. 한국인의 존경을 받을 만한 기업인은 과연 누구일까. 한국인은 보수주의 가치관을 키우려 했던 기업인, 금융인을 골라낼 수 있을까.

창업자로서 정주영과 이병철, 박태준을 존경하는 사람은 적지 않다. 얼마 전까지는 자녀에게 회사를 상속하지 않은 유한양행 유일한 회장을 추모하는 이가 많았다. 실제 많은 기업인 금융인이 경제 발전에 기여했다. 하지만 안타깝게도 닮고 싶은 롤 모델이 될 만한 모습을 남긴 경제인을 찾기란 힘들다. 업적을 평가하려면 반드시 단점을 거론하는 여론이 올라온다.

존경받는 일본 총수들

일본에는 존경받는 경제인이 많다. 그들은 돈을 벌어 사회에 환원했다. 부의 축적 과정과 사회에 반환하는 과정이 투명했다. 노후 인생은 회사 근처를 떠나지 못하는 우리 총수들과 달리 사회 봉사에 몰두한 공통점을 갖고 있다.

《아사히신문》이 10여 년 전 일본인을 상대로 대규모 설문 조사를 실시했다. 1,000년 일본 역사에서 가장 존경하는 경제인을 물었다. 1위는 파나소닉을 창업한 마쓰시타 고노스케였다.

마쓰시타는 초등학교를 중퇴한 뒤 말단 점원에서 시작해 '경영의 신'이라는 애칭을 얻을 정도로 솜씨를 보였다. 그는 기업의 목표는 돈벌이가 아니라 많은 사람에게 행복을 안겨주는 일이라는 경영 철학을 실천했다.

마쓰시타는 후계자로 고졸 출신의 전문 경영인을 지명했다. 은퇴 후에는 회사 경영에서 손을 떼고 '행복 경영 철학'을 전파하기 위해 PHP연구소를 27년간 운영했다. 그가 출간한 저서는 후대 경영인에게 경영 지침서로 자리 잡고 있다.

마쓰시타는 다나카 총리가 록히드 정치 자금 스캔들로 물러나자 부패한 보수 정치를 개조해야 한다고 역설했다. 1970년대 말 당시 개인 재산 70억 엔(현재 가치로 3,000억 원 상당)이라는 거액을 헌납해 차세대 젊은 정치인을 육성하기 시작했다.

마쓰시타는 3,000번이 넘는 공개 강연을 통해 '인간은 만물의 왕자'라는 자긍심을 설파했고 "신앙의 결핍이 범죄를 낳는다"고 강조했다. 경영인이었으나 보수주의 철학과 일치하는 경영 이념을 전파한 경영 사상가라는 평가를 받고 있다. 그의 손자들은 창업자 회사에서 독립해 별도 회사를 경영하고 있다.

마쓰시타 다음 존경받는 기업인으로 혼다자동차를 창업한 혼다 소이치로와 소니그룹 창업자 이부카 마사루가 등장한다. 두 사람 모두 자녀에게 그룹을 상속하지 않았다.

소니는 워크맨 등 수많은 전자 제품을 히트 상품으로 내놓았다. 소니는 모리타 아키오가 창업한 것으로 알려졌지만 그는 영업과 재무 담당이었다. 공동 창업자 이부카 마사루는 소니의 신기술 개발을 맡았던 엔지니어다. 평생 트랜지스터 라디오·TV, 워크맨, 전자 밥통 같은 신제품 개발에 몰두했다.

이부카는 은퇴 후 어린이 재능 계발 사업에 헌신했다. "소니는 세계적인 기업이다. 젊은 사람들이 맡아야 한다." 그는 소니에서 완전히 손을 떼고 65세에 물러섰다. 창업자의 특권을 완전히 포기했다. 그가 사망한 90세까지 25년을 유아 교육, 과학 교육, 교통안전 운동, 매춘 계몽 운동 같은 사회봉사 활동에 전념했다.

혼다 소이치로는 괴짜라고 할 만큼 많은 일화를 남긴 경영인이다. 은퇴 후 80세에 행글라이더를 타고 하늘을 날았다. 호기심, 모험심이 충만했다. 혼다는 자신이 창업한 혼다자동차가 유리로 뒤덮인 본사 빌딩을 지으려 한다는 소식을 듣고 길거리 반대 데모를 선언했다. 지진이 많은 나라에서 유리 빌딩은 통행인 피해를 키울 수 있으므로 안 된다는 것을 시민 자격으로 주장했다. 그는 자식의 경영 참여에 반대, 혼다를 온전하게 기술자 출신 전문 경영인에게 넘겨줬다.

혼다와 이부카의 우정은 유별났다. 혼다는 이부카처럼 평생 기술 개발에 매진한 엔지니어 창업자다. 두 사람은 이부카의 반도체 기술을 이용해 자동차 엔진 점화 장치를 개발하려는 과정에서 처음 만났다.

1991년 이부카의 친구 혼다 소이치로가 사망했다. 혼다가 사망하자 이부카가 TV에 등장했다. "지금이야 자동차에 반도체가 없으면 굴러가지 않겠지만 그때만 해도 자동차에 반도체를 사용하겠다는 생각을 가진 사람은 혼다뿐이었다." 이부카가 혼다를 처음 만난 시기는 1950년대 초반이다. 반도체라는 단어는 소수 기술자 사이에 통하는 전문 용어였다. 자동차에 반도체를 넣겠다는 발상에 이부카는 마음을 활짝 열었다. 즉석에서 기술자끼리 의기투합했다.

두 기업인은 순수한 마음을 가졌기에 은퇴 후에는 함께 경영에서 손을 뗐다. 이부카 증언은 이어졌다. "혼다가 나를 마지막으로 감동시킨 것은 또 있다. 장례식을 하지 말라는 유언을 남긴 것이다. 자동차를 만든 회사의 경영인이 교통 체증을 초래할 화려한 장례식을 해서는 안 된다면서. 한 방 맞은 기분이었다." 이부카는 TV를 통한 증언이 미흡했다고 생각했는지 『내 친구 혼다 소이치로』라는 책을 냈다.

나는 83세가 되어 워드프로세서PC 이전의 제품를 연습하기 시작했다. 지금까지는 나와는 관계없는 기계라고 생각했다. 그러나 한자를 잊어버리기 쉽

위졌고, 척추에 고장이 생겨 펜을 들고 섬세한 작업을 하기 어려워져 원고를 쓰는 데 시간이 많이 걸리게 됐다. […] 워드프로세서를 연습하는 게 재미있는 건 아니었다. 그래서 나는 하나의 목표를 정했다. 혼다에게 워드프로세서로 편지를 써 보내기로 마음먹었다.

하지만 혼다는 이부카의 워드프로세서 편지가 완성되기 전에 세상을 떠났다. 이부카는 연습을 중단했다. 편지를 받을 사람이 사라져버렸으니 말이다. 한국에서는 도무지 만날 수 없는 재벌 창업자들의 맑은 모습이다.

"총수 이익보다 사회 이익 먼저"

일본형 자본주의를 가장 먼저 제시한 인물은 시부사와 에이이치였다. 그는 메이지 시대 500여 개의 회사를 창업했다. 은행, 철도 회사, 제지 회사, 탄광 회사, 호텔(데이코쿠 호텔), 가스 회사, 맥주 회사(삿포로 맥주), 해운 회사를 창업해 직접 경영하거나 다른 기업인에게 맡겼다.

시부사와는 한국과 인연이 많다. 부산과 시모노세키 간의 정기 여객선을 출범시켰고 경제 침탈 수단이던 서울~부산 철도, 서울~인천 간 철도를 개통시킨 장본인이다. 시부사와는 서울에서 일본 제일국립은행 은행권을 유통시키는 방식으로 일본이 한국 경제력을 장악하는 데 앞장섰다. 그는 한국에 중앙은행을 설립해 금융권을 좌지우지하고 싶어 했다. 우리나라와는 악연이지만 일본에서는 1,000년 역사에서 세 번째로 존경받는 경제인으로 선정됐다.

시부사와는 그토록 많은 기업을 창업했으나 정의로운 방식으로 돈을 벌지 않으면 안 된다고 역설했다. 돈은 기업이 속한 사회에서 벌어들인 것이므로 사회에 되돌려주는 것이 옳다고 말했다. 그의 자본주의 철학은 이렇게 요약됐다.

한 개인이 아무리 부자가 돼도 사회 전체가 가난하면 그 개인의 부는 보장받지 못한다. 기업가는 개인의 이익을 취하기 앞서 사회 전체의 이익을 먼저 생각해야 한다.

총수 이익, 기업 이익보다 사회 전체의 이익을 우선시해야 한다는 논리다. 삼성전자, 현대자동차가 아무리 많은 돈을 벌어도 한국 사회가 함께 혜택을 누리지 못하면 회사가 계속 유지될 수 없다는 말이다.

그가 창업한 500여 기업은 일본 자본주의 초기 단계에서 산업화를 주도한 효자 회사들이었다. 그는 경제 단체를 만들어 기업들끼리 협조 체제를 조성했다. 국내 시장에서는 경쟁하되 국외에서는 일본 기업끼리 과잉 경쟁을 말라고 주문했다. 자본주의 체제를 유지하려면 기업들은 자본주의 체제를 옹호하는 정치권을 후원해야 한다고도 했다. 재계라는 단어는 그렇게 탄생했고 재계와 보수 정당 사이의 정치 자금 거래는 그때부터 공공연하게 이뤄졌다.

시부사와는 후배 경영인들에게 "한 손에는 주판, 다른 손에는 『논어論語』를 갖고 다니라"고 했다. 주판을 요즘 말로 하면 휴대용 전자계산기다. 그는 『논어』의 금욕적 금전 철학을 자본주의와 결합시켰다.

『논어』의 가르침을, 사회 안에서 정당하게 형성된 부는 사회에 재배
분되어야 한다는 것으로 해석했다. 그는 은퇴 후 『논어』를 새롭게 해
석하고 강연회나 책을 통해 후배 기업인들에게 전파했다.

시부사와는 젊은 시절 유럽 보수주의 철학을 공부했다. 영국 보수
당을 부흥시킨 디즈레일리 총리의 성공 비결을 연구했다. 시부사와
는 디즈레일리처럼 산업화로 인해 사회 양극화가 심각해지는 현상을
막는 데 돈 많은 기업과 기업인이 앞장서야 한다고 믿었다. 그래서 일
본적십자사를 발족시켜 기업인 헌금을 권장했다. 돈을 버는 이유는
공익을 위한 것이라는 그의 철학은 후손이 그대로 따랐다.

시부사와 철학은 유교 도덕률을 담았다. 일본 자본주의의 아버지
는 기업은 돈벌이와 도덕을 겸비해야 한다고 역설하고 행동으로 솔선
수범했다.

이병철의 『논어』 경영

이병철 삼성 창업자는 시부사와를 공부했고 『논어』를 애독했다.
이병철 자서전에는 "가장 감명받은 책 혹은 좌우에 두는 책을 들라
면 서슴지 않고 『논어』라고 말할 수밖에 없다. 나라는 인간을 형성하
는 데 가장 큰 영향을 미친 책은 바로 『논어』다"라고 기술돼 있다.

이병철은 시부사와처럼 경제 단체, 즉 전경련을 만드는 데 앞장섰
다. 정치와 재벌 간 대화 창구를 겸한 정치 자금 거래 파이프를 가설
했다. 박정희가 5·16 쿠데타에 성공한 직후였다. 이병철은 전경련을
통해 국내 대기업 간 협조 분위기를 조성했다.

그러나 이병철은 『논어』를 시부사와와는 다르게 해석했던 것 같다. 삼성의 경영권 승계 과정이나 역대 정권과 삼성 그룹 간의 뒷거래, 삼성 계열사의 사회 공헌 활동을 종합하면 그 차이를 금방 알 수 있다.

한국 재계의 협조 노선은 정치권에 검은돈을 제공하며 권력과 뒷거래할 때 주로 힘을 발휘했다. 그의 후계자는 몇 차례 형사 처벌을 가까스로 피하더니 손자는 2세대 보수 권력과 부적절하게 결탁했다는 이유로 끝내 형사 처벌을 받았다. 『논어』의 참뜻을 잘못 해석했던 것은 아닐까.

일본 재벌들도 총수와 가족 이익을 극대화하는 경영 노선으로 탐욕을 부리다 쓰라린 벌을 받았다. 2차 세계대전에서 패한 뒤 기존의 재벌은 전쟁 범죄자로 몰려 해체되는 철퇴를 맞았다. 재벌 해체는 경영권을 지배하던 총수 일가족을 경영에서 퇴진시킨 것으로 끝났다. 총수 일가가 경영에서 배제되자 '2등 사원, 3등 사원'들이 전문 경영인으로 등장해 미쓰비시, 미쓰이, 스미토모라는 이름의 재벌 형태를 지키며 세계적인 대기업을 키워냈다.

미국도 대기업 오너 일가가 경영에서 본격 제외된 시기는 100여 년 전이다. 록펠러, 모건 등 쟁쟁한 재벌의 총수 일가가 세대가 바뀌면서 경영에서 제외됐다. 정치권은 독점방지법공정거래법 적용 강화, 상속세 중과, 기업 공개 등 압박을 통해 총수 일가의 독주를 막았다.

대기업의 내부 거래와 압박이 사라지면서 미국 경제계는 혁신 기업과 벤처 기업들이 뛰어노는 운동장이 됐다. 미국 《포춘》 100대 기업의 리스트를 보면 옛날 상위 목록에 있던 석유 기업, 철도 회사, 철강 회사들은 사라지고 설립 역사가 매우 짧은 아마존, 애플, 마이크로 소프트, 테슬라, 페이스북, 선마이크로시스템, 인텔, 우버, 이베이 등 혁신 기업들이 채우고 있다. 이런 혁신 기업을 키우지 못한 것이 한국 경제가 현재 어려운 국면에 빠진 근본 이유임을 알아야 한다.

이재용 구속이 뜻하는 것

2017년 초 특검이 삼성그룹의 3대 총수 이재용 부회장을 수사할 때 구속 여론이 무척 높았다. 재판을 진행할 때는 유죄 판결하라는 여론이 간단치 않았다. 법원이 법을 따르지 않고 여론에 밀려 무리한 판결을 한다는 비판도 나왔다.

그러나 "어떻게 대한민국 톱 재벌의 실질적인 총수를 감옥에 넣느냐"는 목소리는 가늘었다. 앞서 이병철·이건희 회장이 밀수 혐의와 비자금 조성 혐의로 사법 심판의 대상이었을 때와 비교하면 삼성 총수를 두둔하는 여론은 현저하게 줄었다.

한국 경제의 선두 주자 삼성 그룹이 무너지는 것을 원하는 국민은 거의 없을 것이다. 삼성반도체와 갤럭시 휴대폰이 몰락하기를 바라는 사람은 없다. 하지만 총수와 그 가족을 보는 눈은 달라졌다. 회사와 제품을 보는 눈과 총수 일가를 보는 국민의 시각은 변했다. 이재용 부회장 구속(2017년 2월 17일) 이후에도 경영 실적이 계속 좋은데다, 삼성전자 주가가 1년 동안 오히려 30% 가까이 오르는 반응을 보였다. 총수 일가가 경영에서 배제돼도 회사와 제품, 사원은 건재할 수 있다는 것을 확인했다.

이재용 부회장의 구속은 한국 재벌사에서 큰 전환점이다. 아무리

거액의 세금을 납부하고 사회 공헌에 돈을 지출해도 정치와 조금만 잘못 얽히면 감옥에 가야 한다는 것을 실증했다.

그에게 할아버지와 아버지의 몫까지 벌을 받으라는 것은 억울한 측면이 많다. 더 확실한 범죄 혐의가 있는 다른 총수들이 불구속 재판을 받거나 집행 유예로 풀려나는 것과 비교해도 이재용에 가해진 처벌은 가혹했다. 하지만 양극화가 심해지면서 세상 인심이 냉혹하게 변했다. 대법원도 그의 유죄를 확정했다. 막 그룹 경영을 시작하려던 그는 현실 정치와 잘못된 만남으로 큰 타격을 입었다. 그러고도 정치와 불순한 관계를 단절하겠다고 선언하지 않고 있다.

이제 수사 기관은 다른 3세, 4세 총수가 불법을 저지르면 두말할 필요 없이 처벌해야 한다. 앞으로 권력과 유착한 재벌의 부정 부패 사건이 다시 터지면 총수 일가 제거론은 더욱 퍼질 것이다.

보수주의 기업인이 맡아야 할 임무

우리 재벌 총수나 기업인이 잊지 말아야 할 사실이 있다. 보수주의 정치가 자본주의와 손을 잡은 덕분에 민간 기업이 활기찬 성장을 거듭했다. 이는 역사적으로 부인할 수 없는 진실이다. 만약 자본주의가 사회주의 혁명 국가에서 전면 도입됐다면 민간 기업은 생명력을 상실했을 것이다. 러시아와 동유럽 등 옛 사회주의 국가에서는 변변한 민간 기업 하나 살아남지 못했다. 중국이 지금 성장을 하고 있는 것은 사회주의식 공산 혁명을 포기하고 자본주의를 택했기 때문이다. 경제인들은 어떻게든 보수 정치를 되살리는 것이 기업을 살리는 길이라는 점을 망각해서는 안 된다.

미국에서는 자본주의와 시장 경제 체제를 지키기 위해 돈 많은 자본가들이 재단을 통해 보수 정당과 보수 정책 연구소, 보수 언론, 보수 연예인과 스포츠 스타를 공개 지원한다. 스케이프가족재단Scaife Family Foundation이나 브래들리재단Bradley Foundation은 매년 수천 억 원대의 기부금을 헤리티지 같은 보수 연구소와 대학, 정당에 지원하고 보수 언론인의 기획 기사 취재까지 후원한다. 스케이프재단은 걸프오일과 멜론은행을 보유한 재벌이, 브래들리재단은 록크웰항공우주 등 제조업 분야 재벌의 오너 일가가 각각 설립했다.

이 보수 재단들은 "자유주의 시장 경제를 지키겠다"는 것을 공개 표명하며 대학생 보수 단체에도 넉넉한 장학금을 제공하고 젊은 보수 이념가를 육성한다. 심지어 기자가 기업에게 불리한 정책을 추진하는 진보 정치인의 비리를 캐내고 언론에 폭로하는 데 필요한 비용을 부담하기도 한다.

약점투성이 한국 재벌 총수로서는 상상하기 힘든 일을 벌인다. 그러나 머지않은 시기에 재벌들이 스스로 내부 약점을 없애고 나면 불가능한 도전은 아니다. 진보 정권의 과격한 기업 정책에 몇 번 혼쭐이 나면 총수들도 기업을 지키기 위해 마음가짐이 달라질 것이다.

많은 국민은 재벌 총수 가운데 존경할 인물이 딱히 없다는 데 좌절감을 느끼고 있다. 정주영, 이병철 회장이 그나마 존경받는 기업인으로 남아 있지만 일본의 마쓰시타, 혼다, 이부카 회장이 받는 존경심에 비할 바가 아니다.

지금도 많은 대기업이 경영권을 자녀에게 상속하는 것을 당연시하고, 계열사 간 일감 몰아주기로 무한 팽창하는 경영을 멈추지 않고 있다. 중소 협력 업체가 개발한 기술을 거래 중단을 위협해 탈취하고, 영세 업자가 동네에서 밥벌이하는 제과점, 커피숍 같은 업종에도 거대 자본을 투입한다.

아들딸에게 경영권을 물려주지 말라는 이야기가 아니다. 기업이 벌어들인 돈을 사회에 몽땅 헌납하라는 것도 아니다. 총수라면 마쓰시타, 혼다, 이부카, 시부사와처럼 공동체 안에서 기업은 왜 존재하는지, 기업과 사회와의 갈등은 어떻게 해소해야 하는지 고민하는 모습을 보여야 한다. 일시적 경영 부진에도 매몰차게 명예퇴직을 강요하면서 기업이 장수하기를 바라서는 안 된다. 운전기사에게 욕설을 퍼부어대며 시장 경제 수호자라고 목소리를 높일 수는 없다. 총수가 보수 정치의 난폭함을 그대로 따라가서는 한국 자본주의가 존경받을 수 없다.

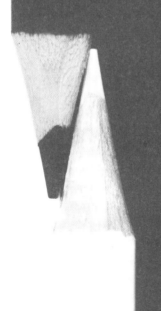

5장

다음 세대를 위한
보수 재건축의 기회

01

보수주의 인간관과 국가관에
충실하라

어리석은 인간

두 사람이 100원짜리 동전을 던져 이순신 장군이 나오면 1만 원을 받는 게임을 해본다. 100원 숫자가 나오면 반대로 1만 원을 줘야 한다. 100원 숫자와 이순신 장군이 나올 확률은 정확히 50%다. 확률이나 미적분을 공부하지 않아도 둘 중 하나가 나오리라는 것은 누구나 알고 있다.

동전을 계속 던져보라. 연속 세 번 이순신이 나오면 나는 3만 원을 받지만 상대방은 3만 원을 잃는다. 동전을 네 번째 던지기에 앞서 패자는 신중해진다. "세 번 연속 이순신이 나왔으니 이번에는 숫자가 나올 것"이라고 확신한다. 네 번 연속 이순신을 볼 것이라고 믿지 않는다. 숫자 쪽에 3만 원을 건다. 다시 이순신이 나온다면 6만 원을 잃게 된다는 위험을 무시한다. 3만 원을 회수해야 한다는 집념뿐이다.

강원랜드 주변과 라스베이거스 거리에는 이런 패배자가 많다. 도박판에서 큰돈을 잃고 패가망신하는 도박 중독자가 뒷골목을 어슬렁거린다. 심리학과 행동경제학은 도박 중독자의 몰락을 심층 연구했다. 인간은 손해를 보고 있을 때 더 큰돈을 거는 모험을 감행한다. 손해가 커질수록 더 큰돈을 걸고 끝내 빈털터리가 되는 늪에서 벗어나지 못한다는 결론을 내렸다.

인간은 그렇게 어리석다. 아무리 머리 좋은 천재라도 때로는 바보처럼 행동한다. 인간의 이성과 의지는 이기심이나 탐욕을 거뜬히 이겨낼 만큼 강하지 않다.

제약 회사의 두 세일즈맨이 암 환자에게 약을 판다고 치자. A는 "이 약을 먹으면 100명 중 30명은 살 수 있다"고 설명한다. 다른 세일즈맨 B는 똑같은 약을 놓고 "이 약을 먹으면 100명 중 70명은 죽는다"고 말한다.

효능이 똑같은 약이지만, B에게서 약을 사는 사람은 아무도 없다. 모두가 암을 치료받고 오래 살고 싶은 욕심에서 희망의 메시지를 파는 A로부터 앞다퉈 약을 구매한다. 똑같은 약이라고 해도 B는 믿지 않는다. 이런 인간의 어리석은 약점을 한껏 활용하는 마케팅 서적은 어느 나라에서나 베스트셀러가 된다.

인간은 태생부터 유약하고 변덕스럽다. 결점이 많다는 것을 알기에 하나님을 찾고 부처님에 의지한다. 삶의 길을 잃고 방황할 때는 신의 결정에 따르는 게 안전하다. 바보 같은 나를 도와주는 존재는 신이나 종교만은 아니다.

나의 결점을 보완해줄 도우미로는 아내와 남편, 친구, 가족이 있다. 판단을 내리지 못하고 망설일 때, 내일 무슨 불행이 닥칠지 몰라 불안할 때 그들은 내 편에서 나를 위로하고 격려한다.

나약하고 부족한 인간을 거들어주는 또 다른 구원 투수는 조상이다. 선조, 선배가 수백 년, 수천 년 동안 경험해본 뒤 남긴 전통과 역사는 지혜의 백과사전이다. 앞서 간 사람이 남긴 역사의 가르침은 오늘을 고민하는 나에게 판단 기준을 제공한다.

보수주의는 이런 인간관을 바탕에 깔고 있다. 나약하고 어리석다는 사고방식이 급진 개혁에 공포를 느끼는 정치 이념으로 정리됐다. 불완전하게 태어났기에 일상생활에서 어려움이 닥치면 급격한 변화를 거부하며 가족과 상의하고 신으로부터 해답을 찾으려 한다. 때로는 조상, 선배의 경험에서 위로를 받고 싶어 한다. 절대자, 과거, 가족, 친지와 끊임없이 소통해야 하는 동물이 바로 인간이라고 본다.

"이대로가 좋다"라는 고집

보수주의는 인간 본능에 충실하다. 낯선 것에 대한 불안, 공포 때문에 인간은 더 빠른 길이 있지만 그동안 다니던 길을 따라 운전한다. 단골 스시집에서 줄곧 먹던 세트 메뉴를 주문하고, 아무리 바빠도 아파트 1층 상가 카페에서 카페라테를 받아들고 출근한다. 새 직장과 새 애인에 적응하느라 신경을 곤두세우면서 옛 직장과 옛 애인을 그리워한다.

심리학에서 말하는 인간의 현상유지편향Status Quo Bias은 보수 이념

보수주의는 인간을 어떻게 보는가	
보수주의가 중시하는 주요 인간관	현실에서 나타나는 현상
인간은 신, 절대 진리에 의존하는 종교적 존재다	유신론 존중, 신앙 중시
인간의 이성과 의지는 유약하고 본능적, 감각적, 돌출적이다	개인보다 조직·국가 중시
인간은 원래 지성, 능력을 불평등하게 갖고 태어난다	엘리트 지배 당연시, 신분 계급 인정 계층과 위계 질서 중시
인간은 습관의 동물이고 현재 상황을 변화시키는 데 본능적으로 공포감을 느끼며 싫어한다	급진 개혁 반대 역사·전통·관습·예의범절 중시
인간은 모호하고 불확실한 상황을 빨리 끝내고 싶어 한다	법치주의 중시 공권력으로 사회 갈등 조정
인간의 편견은 오랜 경험의 축적이자 삶을 살아가는 지혜다	상식 중시 혼혈인 차별, 배외주의
인간은 재산을 더 갖고 싶어 하고 다른 사람의 물건과 교환하고 싶어 한다	자유 경쟁·시장 경제 중시 재산권 보호 강조

의 바탕이다. 익숙한 습관에서 벗어나기 싫어 '이대로가 좋다'며 고집을 좀체 버리지 않는다.

지금 있는 상태를 바꾸자고 하면 일단 겁을 먹는다. 앞날이 어떻게 될지 모른다는 불안감과 공포감에 휩싸인다. 어떻게 될지 모른다는 공포는 급진 개혁, 급속 변화를 거부하는 행동으로 나타난다.

대통령이 원자력 발전소를 어느 날 전면 폐기하겠다고 하면 어찌 되는 것인가. '만약에', '만약에'를 반복하며 이런저런 불확실한 상황을 상상해본다. 전기가 부족해 침대 옆에 촛불을 켜놓은 경우, 엘리베이터가 30층에서 멈춰 2시간 동안 꼼짝하지 못하는 경우, 가로등이 없는 으슥한 골목의 귀갓길을 떠올린다. 불확실한 미래를 걱정한 나머지 수십 년에 걸쳐 천천히 하나둘씩 폐쇄하는 쪽을 선택한다.

그런 전형적인 인간이 보수주의자다.

진보주의자는 당연히 핵 위험이 사라진 평화로운 사회를 먼저 떠올릴 것이다. 핵무기가 사라져 대량 살상이 없는 전쟁, 방사능 피해를 전혀 걱정하지 않는 생활을 상상할 것이다. 당장 원자력 발전소를 폐쇄하고 핵무기를 없애자고 말한다. 옳은 일은 늦출 필요가 없다는 것이 진보주의 발상이다.

진보주의 인간관은 인간의 순수성과 완벽성을 믿는다. 인간의 이성과 의지가 오만과 질투심, 탐욕, 변덕을 이겨낸다고 본다. 순수한 이성은 공정하고 정의로운 사회를 만들어내는 원천이라는 믿음을 갖고 있다. 진보 세력이 걸핏하면 공정, 정의, 평등을 외치는 이유가 여기에 있다.

반면 보수주의자는 인간을 '뒤틀린 목재Crooked Timber'라고 인정한다. 독일 철학자 임마누엘 칸트가 표현한 그대로다. "인간은 아인슈타인의 명석한 두뇌, 간디의 의지력, 구글의 인공지능AI을 동시에 갖출 수 없다"(리처드 세일러 교수)고 본다.

인간은 내일의 큰 이익보다 오늘의 쾌락을 추구하는 성향이 강하다. 또 객관적 확률보다 자신의 주관적 촉감을 더 믿는다. 하락하는 주식 시장에서 "이번엔 틀림없이 급반등할 것"이라며 큰손 투자를 감행하는 투자자가 반드시 있다. 그는 어리석은 판단을 뒷받침하는 정보만 수집한다. 심지어 반대되는 정보마저 자신의 촉감을 지지해주는 것으로 해석한다. 자기 결정을 지지해주는 뉴스와 정보를 모아놓고 보면 주가는 금방 고속 상승할 기세다. 하지만 그런 기적은 일어나지 않는다. 하락 흐름을 막을 수 없어 큰돈을 잃는다. 이것이 인간 본래의 모습이라고 보수주의는 믿는다.

인간은 뒤틀린 미완성품이기 때문에 항상 자기 결함을 체크하고 반성하고 회개하며 살아가야 한다. 자신의 실수와 결점을 알면 겸손해질 수밖에 없다. 그래서 진짜 보수주의자는 솔직하고 겸손하다. 오만하지 않으려고 애쓴다. 자신이 주변 사람보다 잘났다거나 자신이 실제보다 훨씬 잘났다고 착각하는 것이 오만이기 때문이다.

불행하게도 우리 국민은 오만하고 거들먹거리는 보수주의를 너무 자주 겪었다. 한국의 보수 정치는 공권력을 난폭하게 휘두르는 권력자를 여러 명 배출했다. 헌법을 무시하는 독재자도 여럿 있었다. 경제계에서는 주식 지분이 5~10% 내외에 불과한 재벌 총수가 마치 100% 모두 가진 것처럼 기업 경영을 지배하고 황제처럼 군림했다. 종교계에서는 사회적 비난에 눈 하나 깜짝하지 않고 교회를 자식에게 대물림하거나 교회 헌금을 횡령하는 유명 목사를 다수 만났다. 절을 사고파는 사이비 스님, 주지 자리를 놓고 패싸움을 벌이는 스님들도 많이 보았다.

우리 국민은 가짜 보수주의 횡포에 수십 년을 시달렸다. 가짜 보수의 독선과 전횡에 고통스럽게 살았다. 보수주의의 착한 모습을 보기 힘들었다. 그래서 보수 진영은 보수주의의 선한 모습을 보여주지 않으면 지지자를 확보할 수 없게 됐다.

공동체 중시

보수주의 공동체론은 어리석은 인간관을 바탕으로 정리됐다. 사

364

회는 살아 있는 생물체와 같아(사회 유기체론) 각 개인은 제각각 다른 역할을 맡고 있다고 본다. 개인은 각자 나름의 기능을 하고 있지만 사회라는 공동체를 떠나서 존재할 수 없다. 개인 위에 사회, 국가가 있다는 생각이다.

TV 리얼리티 쇼에서는 무인도에 표류한 소수의 인간이 서로 도우며 생존하는 장면을 내보내곤 한다. 한 사람은 고기를 잡고 다른 사람은 불을 지피고, 또 다른 사람은 잠자리를 고른다. 서로 돕지 않으면 한 끼 식사를 때우기 힘들고 하룻밤을 편히 넘길 수 없다. 표류한 소수의 공동체지만 각자 나름의 역할을 하며 어깨를 기대고 살 수밖에 없다. 극단 상황을 가정한 프로에서 각 개인은 공동체 속 하나의 부품 같은 존재라는 것을 느낄 수 있다.

보수주의는 가족을 중시한다. 인간 사회의 가장 원초적인 공동체가 가족이다. 태어나면서 함께 생활하므로 가족은 서로의 강점과 약점을 잘 안다. 가정은 가장 솔직하고 가장 겸손한 인간관계가 형성되는 곳이다. 상대방의 약점을 조건 없이, 또는 최저 비용으로 보완해주고 강점은 고비용을 투자해서라도 키워주려고 애쓴다.

보수 기독교와 가톨릭교회, 미국 공화당이 동성애와 동성 결혼에 반대하는 이유는 가족 때문이다. 이성 간 결합을 통한 가족을 인간이 살아가는 원초적이고 본능적 공동체라고 본다.

이런 철학에 따라 보수 성향 할리우드 영화 제작자들은 해체되는 가족의 가치를 재발견하는 필름을 쉬지 않고 만들어낸다. 그들은 이성 간 결혼을 통해 가족을 형성하는 것이 인간 사회가 가야 할 자연스럽고 마땅한 길이라고 말한다.

보수주의는 가족, 사회, 국가를 어떻게 보나	
보수주의 가족관, 사회관, 국가관	나타나는 주장, 논리
사회는 개인이 각자 역할을 맡아 살아가는 생물체와 같다	사회유기체론, 사회진화론
모든 개인이 평등하고 공정한 삶을 누리는 이상향은 없다	현실주의, 실용주의
남녀 간 결혼에 의한 가족이 중요하다	가족 우선, 동성애 반대
사회가 개인보다 우월하다	국가주의, 집단주의
국가 이익이 개인 이익보다 우선한다	애국 중시, 관존민비
사회에 계급·계층, 위계질서는 필연이다	엘리트 지배 당연시
사회는 똑같은 조건에서 경쟁하도록 하면 된다	기회의 평등 중시
사회 해악을 섣불리 고치려다 더 큰 해악을 초래하기 쉽다	급진 개혁 반대
사회 안정을 위해 오랜 기간 형성된 규범을 따르는 게 좋다	법치주의, 관례·전통 중시
개인이 해야 할 일을 사회가 해결해줄 수 없다	자기책임주의, 복지 억제
리더는 사회 통합, 공동체 단결을 도모할 책임을 진다	솔선수범, 사회 공헌론

보수주의 가족관은 그대로 사회와 국가 공동체로 연장된다. 회사에서도 사원이 자기 역할을 맡아 일을 해야 조직이 살아 움직인다. 사원 혼자 조직을 가동하는 것은 불가능하고, 여러 사원이 각자 제역할을 다해야 회사가 성장할 수 있다. 회사도, 국가도 살아 있는 생물체처럼 작동한다는 시각이다.

사원보다는 회사가, 국민 개인보다는 국가가 상위에 있다는 것이 보수주의 기본 생각이다. 회사가 성장하면 사원은 월급 상승, 승진의 혜택을 얻는다. 국가 경제가 호전되면 국민 생활이 넉넉해진다는 논리다. 조직 이익, 국가 이익을 우선시한다.

그러나 공동체 안에서는 반드시 불평등, 차별 문제가 대두된다. 모든 구성원을 동시에 만족시키는 것이 불가능하기 때문이다. 한낱한

시에 입사한 사원 100명을 같은 날 대리로, 차장으로, 부장으로, 또 임원으로 승진시킬 수 없지 않은가.

보수주의의 고약한 병폐

보수주의 철학의 결함은 인간이 탄생부터 불평등하게 태어났다는 생각이다. 지적 능력, 판단력, 행동력이 탄생부터 다르다는 점은 어느 정도 이해할 수 있다. 이순신 장군의 지략과 리더십, 아홉 번 장원 급제한 이율곡의 학습 능력은 타고난 재능이라고 할 수 있다. 탄생 후 습득한 능력이라고 하기에는 설명이 부족하다.

불평등 탄생론은 공동체 내부의 계급, 신분, 위계질서가 자연 발생적인 현상으로 본다. 여러 사람이 모여 있으면 자연스럽게 뛰어난 인재가 떠오른다. 뛰어난 사람은 다른 사람보다 상위 자리를 차지할 수밖에 없다. 윗자리를 차지하는 사람은 지시, 명령하는 일이 잦게 된다. 공동체 안에 계급은 저절로 생겨나며 위계질서가 만들어진다. 이것이 인간 사회의 이치라고 보수주의자는 믿는다.

그러나 불평등 탄생, 개인 격차, 계급을 당연시하는 보수주의 이념은 숱한 부작용을 낳았다. 불평등 탄생론이 신분 차별로 번질 때는 반발이 커진다.

예를 들어 엘리트 우대주의를 살펴보자. 보수주의는 현명하고 도덕적인 엘리트가 공동체를 지배하는 것이 자연스럽다는 입장이다. 고시 합격자가 고위직에 올라 국가 경제를 운영하는 것이 낫다는 발상이다.

보수주의가 초래할 수 있는 부작용 또는 결과	
보수주의 시각	**가능성 높은 부작용 또는 결과**
인간의 이성, 의지 불신	상호 불신으로 공동체 분열, 국가 감시 체제 구축
엘리트주의	독재 합법화, 관치 합리화, 권력층 부패 만연, 학벌 만능 풍조
점진 변화 추구	전통·관례 고집, 사회 개혁·변화 거부
계급·위계질서 존중	신분 차별 용인, 맹목적 충성 강요, 갑질 현상
법치주의 중시	소수 의견 무시, 형사 처벌 가혹화, 불만 세력 탄압
이상향 부정	현실론 고집, 기회주의적 처신, 개혁 거부
불평등 탄생론	정권·재벌 총수직 세습, 재산 상속 용인, 부익부 현상 허용
국익 우선주의	애국심 강요, 개인 희생 강요, 인권 무시, 파시즘
기회의 평등론	빈곤층 대책 경시, 사회 양극화 방치, 무상 복지 거부
사회 통합 중시	소수자 탄압, 이민자·난민 거부, 언론 탄압, 반대파 제거 공작
가족 중시	동성애 반대, 혈연주의 부패 만연
시장 경쟁 체제 중시	빈부 격차 확대, 투기 만연, 낙오자 집단 거대화

고대 그리스에서도 플라톤 같은 철학자는 '혼란을 막으려면 똑똑한 철학자가 나라를 다스리는 것이 좋다'는 철인 정치를 주장했다. 이는 현명한 왕이 무지한 백성을 지도·통치하는 것이 옳다는 왕권신수설로 연결됐다. 세종대왕 업적만 보면 전주 이 씨가 조선의 왕이 된 것은 바람직했다.

하지만 그 엘리트가 능력이 없거나 부패한 경우에는 공동체 전체에 오히려 손해다. 엘리트 지배를 당연시하면 권력은 소수에게 집중된다. 권력이 소수에게 집중되면 독재 정치나 관치를 초래한다.

엘리트 우대 의식은 조금만 더 나아가면 현명하고 도덕적인 엘리트의 권력은 견제하거나 제한할 필요가 없다는 주장이 등장한다. 이승만은 국민 기대를 배반하고 3선 개헌으로 장기 집권에 돌입했다. 박정희는 한국적 민주주의라고 포장된 유신헌법을 만들어 영구 집권을 추진했다. 엘리트 지배를 당연시한 결과 공권력 횡포가 만연하고 개인 인권은 탄압을 받았다. 엘리트주의가 과속하면 어떤 결과가 빚어지는지 우리는 톡톡히 경험했다.

한국에서는 보수주의 사회관, 국가관이 잘못된 지도자를 만나면 어떤 결과를 빚어내는지 70여 년 동안 실감 나게 겪었다.

보수 정권은 무조건 국가에 충성할 것을 강조했다. 애국이 국민의 기본 행동 지침이었다. 국민은 아침저녁으로 국민교육헌장을 외우고 태극기에 경례해야 했다. 군대에 간 젊은이는 장교들에게 늘 '충성' 구호를 외치고 제대 후에는 예비군에 강제 편입됐다. 비판 언론과 반정부 데모는 금지되고, 생산 목표 달성에 방해가 되는 노조는 불필요한 조직이었다.

공동체 안전과 평화를 위해 애국심을 최고 상위 자리의 덕목으로 설정한 것은 잘못이 아니다. 하지만 권력자는 애국심을 권력 장악과 정권 연장에 악용했다. 이승만·박정희 시절 선거 때면 군인들에게 보수 정당 후보를 지지하라고 강요했다. 정권 연장을 노리는 개헌안에 찬성 투표를 하라며 사병 투표 용지를 확인했다. '애국심=정권 지지'라는 공식이었다.

진영 대결의 성격 변화에
주목하라

'나쁜 보수'의 백화점

한국의 역대 보수 정권은 나쁜 보수주의의 백화점이었다. 보수 정치가 빚을 수 있는 폐해, 부작용을 모두 보여줬다. 한때는 독재와 장기 집권이 강요됐고 인권 탄압, 언론 탄압은 사라지지 않았다. 법치주의는 대통령과 권력 핵심을 견제하는 장치가 아니라, 권력자가 국민을 괴롭히는 수단이 됐다. 가짜 간첩이 조작되고 고문 피해자가 사라지지 않았다. 같은 범죄에도 재벌 총수에게는 관대한 형량이 떨어지는 반면 서민은 혹독한 처벌을 받았다. 권력자와 가진 자를 위한 법치였다. 피지배자와 못 가진 자는 법치주의의 피해자가 됐다.

불평등 탄생론은 재벌 상속, 교회 세습을 당연시했다. 계급 존중 철학은 갑질을 낳은 토양이 됐다. 우월한 지위에 있으면 상대방을 깔보는 천박한 문화가 용인됐다. 끝내는 "부모 잘 만나는 것도 능력"이라는 말까지 탄생했다.

보수의 점진 개혁론은 비정규직 확산을 모른 척하고, 사회 양극화에 눈을 감도록 만들었다. 돌연 실업 상태에 빠지거나 희귀병으로 고생하는 환자를 외면했다. 무상 급식을 포퓰리즘이라며 결사 반대했다.

청계천의 빈민촌은 벌써 사라진 대신 서울 마포나 신림동 달동네에는 번듯한 아파트가 들어섰다. 외형은 번듯하게 변했으나 최저 임금을 받지 못하는 현대판 빈곤층은 늘고 있다. 자녀 교육 비용을 감당하지 못하는 가구가 적지 않다. 가족을 이루지 못한 채 혼자 사는 젊은 1인 가구가 폭발 증가세를 보이고 있다. 사회 변화 속도를 보수 진영은 따라잡지 못하고 있다. 보수의 시계가 사회의 시계와 따로 돌아가고 있는 것이다.

보수 진영은 장기 집권에 취해 보수의 시계가 사회의 시계보다 느리게 돌아가는 줄 몰랐다. 오래전부터 오작동하고 있는 현실을 인정하지 않았다.

보수의 시계는 때로는 멈춰 서 있고, 심지어 사회의 시계와는 반대 방향으로 역회전했다. 보수의 고장 난 시계는 여러 곳에서 나타났다. 1인 가구, 맞벌이 부부가 급증한 현실을 방치했다. 연애, 취업, 결혼, 출산, 내 집 마련을 체념한 5포 세대의 등장을 외면했다.

보수 진영은 인터넷이 여론 형성의 핵심 전쟁터로 떠오른 시대 변화를 뒤늦게 깨달았다. 국정원 댓글 공작은 여론이 만들어지는 새로운 시장에서 시장 점유율을 높여보겠다는 뒤집기 시도였다.

이명박·박근혜 정권에서 보수의 시계는 아예 거꾸로 돌아가는 느껨이었다. 국정 역사 교과서를 고집했고 간첩 사건을 조작했다. 공기업을 국민주 방식 민영화로 서민층에 재분배하지 않고 재벌에게 매각, 재벌을 더 큰 부자로 만들어줬다.

보수 진영이 날개를 펴고 싶다면 바로 여기서 출발해야 한다. 어제의 시계를 버리고 시계 초침을 정확히 오늘의 시계에 맞춰야 한다. 이승만의 벽걸이 시계, 박정희의 탁상시계는 박물관에 보내고 첨단 시계로 바꿔야 한다.

보수 진영이 시계를 맞추려면 오늘의 대한민국을 정확하게 진단해야 한다. 세계 속의 위치를 가늠하고 한국 정치와 한국 경제, 한국 사회가 처해 있는 상황을 측정해야 한다. 현실 파악에 실패하면 판단을 그르칠 수밖에 없다. 2세대 보수 정권은 한국의 위치를 몰라 박정희 개인을 우상화하는 엉뚱한 길로 가버렸다.

깨어난 한국인

냉전 종식 이후 한국인과 한국 사회는 급격히 달라졌다. 그 가운데 보수 진영이 놓치고 있는 큰 변화는 2가지다. 하나는 한국민의 의식 변화이고, 다른 하나는 진영 대결의 성격 변화다. 가장 큰 것은 국민 의식이 달라진 점이다. 의식 수준이 글로벌화했다. 과거와는 다른 의식을 가진 세대가 세력을 확장하고 있다.

구세대 한국인은 옆집이나 입사 동기와 자신을 비교했다. 출세한 이웃사촌이 나의 성장 의욕을 자극했다. 하지만 이제는 비교 대상이 일본, 중국, 미국이다. 한국 축구는 영국 프리미어리그와 비교 대상이 되고, 국산 휴대폰 성능은 미국 애플사의 아이폰을 상대해야 한다. 정치인 갑질은 미국 국회의원의 행동 기준에 따라 비판을 받는다. 총수의 전횡은 자선 활동에 열중하는 빌 게이츠를 닮지 못했다고 생각한다.

한국인은 1988년 올림픽을 계기로 시야가 한번 크게 넓어졌고, 2002년 월드컵은 국민 의식의 선진화, 고급화를 재촉했다. 88올림픽이 국제 규모의 이벤트를 치를 수 있다는 자부심을 선물했다면, 월드컵은 가장 좋아하는 스포츠를 통해 글로벌 기준으로 살아야 한다는 것을 가르쳤다. 정치인 자질부터 스포츠 흥행까지 선진국 스탠더드standard로 가야 한다는 각오가 공감대를 형성했다.

구세대 한국인이 가로 몇 미터, 세로 몇 미터를 따지는 평면 사고에 머물렀다면 신세대는 광활한 땅 위에 수십 층짜리 건물이 올라선 격이다. 신세대가 살고 있는 영역은 가상의 사이버 공간으로 더 확장됐다. 신세대 한국인의 의식과 시야는 고급화되고 넓어졌다.

보수 진영은 IMF 이후 새로 깨어난 한국인을 몰라봤다. 박정희처럼 "하면 된다", "안 되면 되게 하라"고 다그쳐야 움직이는 피동적 인간으로 보았다. 정보기관을 동원하면 국민 두뇌 속에 들어 있는 생각까지 바꿀 수 있다고 믿었다.

신세대 스포츠맨은 적절한 인센티브가 주어지면 올림픽 금메달을 위해 자발적으로 고통스러운 훈련을 인내한다. 〈강남스타일〉의 싸이나 방탄소년단은 권력의 개입 없이 세계 무대를 흔들었다. 선수촌에 입대해 군대식 합숙 훈련을 통해 스포츠 기계로 성장했던 박정희 시대의 스타는 점점 줄어들고 있다.

장발 단속에 머리를 억지로 깎던 한국인이 이제는 다른 기분으로 살아보려고 일부러 노란색으로 물들이고 있다. 등굣길, 하굣길에 태극기를 향해 억지로 경례하던 한국인이 지금은 프로 야구 시합에서 애국가가 울리면 자기 기분에 따라 흥얼거린다.

게으르고 피동적이어서 권력의 간섭을 불렀던 한국인은 없어졌다. 그 대신 조그만 자극과 유인誘因에 능동적, 자발적으로 행동하는 한국인이 등장했다. 이승만·박정희 시대는 깨어 있는 소수가 권력을 잡고 국민을 끌고 갔다면 지금은 깨어 있는 국민이 지도자를 끌고 가고 있다. 소수가 독점하던 고급 정보를 대통령부터 초등학생이 인터넷을 통해 공유하고 있다. 사회 구도가 달라졌고, 정치 주도권이 청와대나 국회에서 풀뿌리 국민으로 바뀌었다. 시민의 정보와 의식은 최상급으로 격상됐다. 이 때문에 대통령, 집권당이 마음대로 국민에게 지시하고 명령할 수 없었다.

국민 의식은 세계 최상위 수준까지 올라가 있지만 보수 정치는 최하위에 머물러 권력을 휘둘렀다. 이명박·박근혜는 새로운 한국인을 보지 못하고 여전히 '박정희 시대의 무식하고 미개한 국민'으로 취급했다. 국정원과 검찰을 동원하면 마음먹은 대로 끌고 갈 수 있다고 보았다. 탄핵 국면에서 "이게 나라냐"는 구호가 절로 튀어나올 수밖에 없다.

이념에서 생활 대결로

보수 진영이 놓친 또 하나 중요한 변화는 진영 대결의 성격이 바뀌고 있는 점이다. 이데올로기 대립이 종식되면서 이념 대결은 엷어지고, 국민 생활을 둘러싼 대결이 급부상하고 있다. 복지 정책을 놓고 손해보는 쪽과 이익을 얻는 쪽이 대립하고, 낙태를 둘러싸고 불편을 감수해야 하는 세력과 그것을 거부하는 세력이 대립한다. 진영 대결의 본질이 이념에서 생활로 내려왔다고 할 수 있다.

20세기 초 사회주의 혁명 물결이 일어난 이후 대부분의 나라에서 좌와 우, 진보와 보수, 수구와 혁신으로 나뉘어 다퉜다. 두 진영은 서로 더 넓은 영역을 차지하려고 다퉜다. 진보 진영은 노동자 농민의 프롤레타리아 혁명을 시도했고, 보수 진영은 점진적 변화를 추구했다. 1917년 11월 러시아 혁명 이후 100년에 걸친 좌우 대결에서 우파 진영이 좌파 진영에 완승했다. 사회주의 정권은 북한 등 극소수 국가를 빼놓고는 대부분 문을 닫았다.

하지만 진영 대결의 성격은 이제 좌와 우의 대결이 아니라 아래와 위의 대결 양상을 보이고 있다. 위와 아래의 대표적인 전쟁이 비정규직과 정규직 간의 이익 충돌이다. 비정규직 근로자 숫자가 전체 근로자의 40% 안팎을 차지하면서 노동계의 권력 구조가 변했다. 비정규직 40%가 정규직 60%와 충돌하고 있다. 40% 대 60%의 다툼이다.

오늘의 비정규직들은 과거의 노동자처럼 노조를 통해 뭉치지 않는다. 소수의 지배 계층을 타도하고 노동자 혁명을 이루겠다는 의지나 행동이 없다. 그들이 원하는 것은 오직 이익의 분배다. 정규직이 독차지하는 이익을 떼어달라는 요구다. 총수와 자본가가 가져가는 이익을 줄이고 그 돈을 나눠달라는 데 머물러 있다.

과거 이념 전쟁에서는 다수의 노동자가 왼쪽, 소수의 자본가가 오른쪽에 서서 정면 대립했다. 지금은 다수의 비정규직이 아래에 있고, 다른 다수의 정규직이 위층에 자리 잡고 있다. 아래층의 비정규직은 위층의 정규직에게 이익을 양보하라고 한다. 아래층에서는 직장이 안정되지 못한 것을 불평하고, 소득 수준이 낮은 현실을 수정하라고 요구한다. 복지 혜택을 정규직과 똑같이 맞춰달라고 한다. 과거처럼 계급 투쟁이나 자본가 타도로 나타나지는 않고 있다.

비정규직과 함께 청년층도 아래층에서 불평하고 있다. 세대 간 대결에서 청년층은 IMF 외환 위기 이후 피해자 집단이 됐다. 청년층 가운데 많은 수가 취직부터 연애, 결혼, 출산, 내 집 마련까지 최소한의 공동체를 꾸려갈 만한 요건을 갖추지 못한 채 살아간다.

청년층이 위층의 중장년층을 보는 시각은 복잡하다. 정부가 기업 정년을 60세로 연장한 것에 대해 중장년층이 청년 일자리를 빼앗는 것으로 인식한다. 노인들에게 지급하는 기초 연금액을 20만 원에서 25만 원, 30만 원으로 인상하는 계획을 발표하자 노인 복지 확대로 청년층을 위한 복지는 더 빈약해졌다고 반발하고 있다.

진영 전쟁의 새로운 이슈

진영 대결은 정규직·비정규직, 청년층·중장년층 간의 경제적 이익 분쟁에 머물지 않는다. 강남역 살인 사건이 촉발한 여성 혐오 논쟁은 사회 집단 간의 차별 문제를 어떻게 해야 하느냐는 논쟁으로 전선이 번졌다.

진영 간 갈등은 집단 간 차별 문제에서 끝나지 않는다. 동성애 문제를 놓고 갈등이 거세지고 있다. 언젠가 동성 결혼을 허용할 것인가 말 것인가를 놓고 다툼이 벌어질 수 있다. 보수주의는 줄곧 이성 간 결혼을 통한 가족 구성을 지지했다. 여기에 종교를 앞세워 강제 징집을 거부하는 종교적 병역 거부를 둘러싼 대립도 그치지 않는다.

문재인 정권이 들어선 이후에는 낙태를 결정할 권리가 진영 간 갈등으로 커지고 있다. 문재인의 청와대는 2017년 11월 말 낙태죄 폐지를 요구하는 국민 청원에 "태아의 생명권은 매우 소중한 권리이지만 처벌 강화 위주 정책으로 임신 중절 음성화 야기, 불법 시술 양산 및 고비용 시술비 부담, 외국 원정 시술, 위험 시술 등의 부작용이 계속 발생하고 있다"고 했다. 임신 중절을 줄이려는 당초 입법 목적과 달리 불법 임신 중절이 빈번히 발생하고 있는 만큼 낙태죄에 대한 사회적 논의가 필요하다는 것이다.

낙태죄는 결국 2019년 4월 헌법재판소가 '낙태죄는 헌법 불일치'라는 판결로 싱겁게 일단락됐다. 문재인 정권 출범 이후 헌법재판소 재판관을 대거 교체한 것이 진보 진영의 승리에 결정적으로 기여했다고 볼 수 있다. 그러나 법률적 승패와 달리 천주교는 헌법재판소 판결에 승복하지 않고 있다. 보수 기독교 단체들은 동성애 허용 분위기에 결사 반대하고 있다. 일부 대형 교회들은 문재인 정권 퇴진 운동을 표명하기도 했다.

이 때문에 성적 엄숙주의를 표방하는 보수 진영과 섹스의 자유를 중시하는 진보 진영 간의 갈등이 여기서 끝날 것 같지 않다. 보수 정권이 집권하면 다시 논란이 가열될 것이다.

문재인 정권 이후 원전 폐기를 둘러싼 논쟁도 새로 등장했다. 진보

보수·진보 간 새로운 대결		
	보수 진영	진보 진영
차별 영역	남녀 차별 묵인, 비정규직 용인	남녀 차별 반대, 비정규직 반대
동성애	반대	인정
번식 본능	성적 엄숙주의, 낙태 반대	성적 자유주의, 낙태 자유
원자력 발전	찬성	해체

정권이 원전 축소 정책을 밀어붙이자 보수 진영이 강력 반발하는 양
상이다. 한국은 에너지 자원이 자체 생산되지 않는 나라다. 이런 실
정에서 원전 폐기를 이념적, 정치적으로 판단하는 게 옳은지는 정말
의문이다. 그러니 정권 교체에 따라 원자력 정책은 춤을 추게 될 가
능성이 높아졌다.

낙오자 집단 포용

해방 이후 보수 정권은 이념적 진영 대결에서 줄곧 승리해 장기간
정권을 잡았다. 거기에 TK와 호남 간 지역 대결에 PK와 충청권이 그
때그때 연대 전선을 형성했던 지역 대결이 얹어졌다.

이제는 정규직과 비정규직의 대결, 청년층과 중장년층의 대결이
가세했다. 경제 영역뿐 아니라 성을 둘러싼 선택 문제, 소수자 집단
의 권리 문제로 대결 전선이 변하고 있다. 진영 대결의 새로운 재료
는 반공, 친미, 친재벌 성장 노선과는 큰 상관이 없는 것이다.

반공 노선에 충실하기 위해 성소수자 권리를 더 보호해줘서는 안
된다고 주장할 수 없는 노릇이다. 청년층이 실업의 고통을 인내해야

경제가 더 성장한다는 논리는 성립하지 않는다. 성장을 위해 비정규직이 손해를 감수하라고 강요할 수 없다. 보수 진영이 기존의 3대 노선을 고집하면 새로운 사회 이슈에 대응할 수 없다는 말이다.

그렇지 않아도 보수 진영에는 불리한 상황이 전개되고 있다. 그동안 가족, 친구, 직장, 동창회, 봉사 단체, 교회가 공동체로서 연약한 인간을 감싸줬다. 보수 세력이 자리 잡은 공간은 바로 그런 공동체였다. 이제 인터넷이라는 새로운 공동체가 활발하다. 얼굴 모르는 사람들끼리 국경을 초월해 인터넷 위에서 공동체를 결성한다. 가수 김광석이 자살하지 않고 타살당했다는 스토리의 영화가 나오면 타살설을 믿는 인터넷 공동체가 탄생한다. 편의점 아르바이트 학생이 점주로부터 섭섭한 대접을 받으면 곧바로 고발하는 글을 인터넷에 올린다. 순식간에 아르바이트 학생을 지지하는 열혈 응원 집단이 결성된다.

가족 해체 속도는 갈수록 빨라진다. 오피스텔에 살며 혼밥, 혼술로 하루를 보내는 1인 가구가 현저하다. 휴대폰 화면을 보며 나 홀로 게임에 골몰하는 개인이 늘고 있다. 보수 진영을 떠받들던 집단은 분열되고 모래알 개인도 늘어나는 세상이다.

진보 진영은 공동체 분열과 함께 나타난 개인화, 개별화 현상에 훌륭하게 적응하고 있다. 인터넷에서 유리한 여론을 조성하고 촛불 시위를 성공시켰다. 혼밥 습관에 길들여진 개인을 방구석에서 끌어내 큰 집단을 만드는 테크닉이 뛰어나다.

보수 진영은 분열되고 있는 공동체의 성격 변화를 이해해야 한다. 가족, 직장, 교회, 동창회 등 기존의 공동체가 개인을 보호하고 위로하는 안락처가 되지 못하고 있다. 각 개인은 스스로 안전을 지키고 스스로 생존하지 않으면 안 되는 고독한 처지에 몰리고 있다.

개인에게는 국가 안보보다 자기 자신의 안전이 더 중요해지고 있다. 국가 경제가 매년 몇 퍼센트 성장하든 관심이 없다. 자신의 연봉이 얼마 오를지가 훨씬 중요한 관심사다. 거대 미디어가 만들어가는 대세 여론을 따르지 않고 자기가 보고 싶은 진실, 믿고 싶은 진실을 따른다. 국민은 원자原子 단위로 외로워지는 고립에 빠져가고 있다. 나이가 젊은 사람일수록 이런 의식 구조의 변화가 뚜렷하다.

보수 진영이 다시 일어서려면 건물 골격을 뜯어고치지 않고 간판과 내부 인테리어만 바꾸는 리모델링 공사로 끝나서는 안 된다. 기존의 기둥을 모두 제거하고 지하 기초 공사부터 다시 쌓아올리는 재건축 사업을 벌여야 한다.

재건축 공사를 하려면 보수주의 기반인 공동체 분열 현상을 분석해야 한다. 30~40대 청년층과 중년층이 원자 단위의 고립감을 절감하는 현실을 무겁게 받아들여야 한다. 비정규직의 막막한 심정을 자기 자신의 비극으로 느껴야 한다.

IMF 위기를 계기로 많은 국민은 국가가 개인을 지켜주지 못한다는 것을 절감했다. 보수 진영은 비정규직과 청년층을 지켜주지 못했다. 그들은 우리 사회에서 거대한 낙오자 집단을 이루고 있다. 개인의 힘으로는 패배자 굴레에서 벗어나지 못한다고 체념하고 있다. 체념이 불평으로 바뀌고, 불평과 불만이 조직화되면 혁명적 방식으로 해결해야 한다는 요구가 점점 강해질 것이다. 2016년 말 촛불 시위는 그 단초를 보여줬다. 낙오자 집단을 끌어안고 그들에게 희망을 주지 못하면 보수 진영의 재건축은 불가능할 것이다.

03

30년 장기 플랜을
세우라

왜 30년인가

보수 진영을 재건축하려면 공사를 마무리하기까지 적어도 30년이 필요할 것이다. 그 사이 잠시 보수 정권이 탄생할 수는 있지만 진영이 튼튼한 틀을 갖추려면 거의 한 세대가 걸린다.

1980년대 386 운동권 집단이 싹을 틔우고 성장해 문재인 정권의 핵심에 도달하는 기간은 30년 걸렸다. 1950년대 시작된 미국 보수주의 운동이 레이건 대통령을 만들어낸 기간도 30년이었다. 레이건은 보수주의를 전면에 내걸고 당선된 첫 대통령이었다.

미국 대학가에서 1950년대 초반 에드먼드 버크와 토크빌의 저서, 논문 연구가 활성화됐다. 이어 《내셔널 리뷰》라는 보수 잡지가 창간되고 보수주의를 표방한 칼럼니스트가 본격 등장했다.

그런 움직임이 청년층의 보수 단체 결성을 자극했다. 대표적인 청년 보수 단체 '자유를 위한 미국 청년Young American for Freedom, YAF'이 1960년 발족했다. YAF는 장기간에 걸쳐 보수 활동가를 길러내고 선거 운동에서 활약할 요원을 배출하는 사관 학교 역할을 맡는다.

밑바닥에서 출발한 보수주의 탐험이 문화계, 스포츠계로 번졌고 정치권에서 큰 세력을 형성했다. 미국 보수주의 운동은 우여곡절 끝에 30년 만에 신보수주의를 내세운 레이건 정권이 탄생해 꽃을 피웠다.

30년 공정을 들먹이는 또 다른 이유는 이승만·박정희 신화에 심취한 산업화 세대가 무대 뒤로 사라지는데 한 세대가 걸릴 것이기 때문이다. 박정희를 추종하는 고령층 보수가 보수주의를 재건하겠다고 앞장서면 50대 이하 연령층의 호응을 얻을 수 있을지 의문이다.

보수 진영은 답답하더라도 최소한 30년 장기 재건축 일정을 세워야 한다. 장기간에 걸쳐 운동을 전개해야 사회 모든 분야에 보수 허브가 만들어지면서 지지 기반을 다질 수 있고, 보수 정당은 떴다방 영업을 졸업할 수 있다. 보수 진영 장기 재건축에 필수 자재를 요약하면 다음과 같다.

첫째, 학문적 기초 : 한국 실정에 맞는 보수주의에 대한 이념적, 철학적 논리부터 정리해야 한다. 역사책부터 이론서, 정책 서적을 발간해야 한다. 보수주의 이론가들이 애용하는 잡지나 격조 있는 보수 인터넷 언론이 창간되면 좋을 것이다. 특히 10대, 20대가 즐겁게 이용할 보수 미디어가 절실하다. 번듯한 정책 연구소도 필요하다. 보수 진영은 늘 권력을 쥐고 있어서 이념, 철학, 역사를 가지려고 애쓰지 않았다. 이념, 철학, 역사가 없으면 떠돌이 신세가 된다.

둘째, 문화적 우군 : 보수 신념에 투철한 시인이나 소설가는 물론 가수, 영화감독, 연예인, 개그맨, 스포츠 스타가 나와야 한다. 그들이 있어야 풀뿌리 대중에게 파고들 수 있다. 그들은 어떤 정치인보다 대중을 쉽게 설득할 수 있다.

셋째, 보수 허브 : 교회, 종교 단체와 손을 잡아야 한다. 여러 사회 단체도 보수 이념의 거점이 될 자격은 충분하다. 경제 분야의 각종 협회, 단체가 진영 확장에 의외로 강점을 갖고 있다. 대학가에 보수 허브가 마련되면 인재 육성과 이념 정리 차원에서 더없이 좋을 것이다.

넷째, 경제적 기반 : 미국처럼 보수주의 운동을 지원하는 재단이 있어야 한다. 재벌 총수가 기부금을 낼 수 있을 것이다. 재단은 잡지 창간, 보수 논객 활동을 지원할 수 있다. 예술, 문화, 스포츠 분야에서 보수의 가치를 마케팅하는 재원을 공급할 수 있다. 민간 기업의 자발적 참여가 필요하다.

다섯째, 스타 정치인 : 보수주의를 전면에 내거는 젊은 정치인이 출현해야 한다. 기존의 정치인으로는 진영을 확장하기 힘들다. 적어도 젊고 활기찬 스타 정치인 2~3명이 경쟁하는 분위기가 절실하다. 스타가 나오지 않으면 진영 결집은 계속 미뤄질 것이다.

여섯째, 국민 대중 : 인간은 본능적으로 현상 유지를 고집하는 성향이 강하다. 낯선 일에 공포감을 느낀다. 사회 밑바닥에는 보수적 대중이 많다. 보수 이념의 잠재적 소비자는 풍부하지만 이들을 모으는 힘이 부족할 뿐이다.

일곱째, 글로벌 네트워크 : 우리나라 보수 세력은 한국에서만 큰소리를 칠 뿐 국외에서는 거의 영향력이 없다. 미국 공화당, 일본 자민당, 영국 보수당, 독일 기민당 내에 친한파 정치인도 확보하지 못하고 있다. 국외의 보수 거물 정치인들을 한국에 자주 데려와 보수의 가치를 널리 선전할 필요가 있다. 강대국의 보수 정당들과 협력 관계가 튼튼해야 집권한 후에도 국제적 발언권을 높일 수 있다.

참고문헌

책을 쓰는 과정에서 전문가의 책이 도움이 됐다. 다음에 열거한 저서와 번역서, 원서에 신세를 졌다. 과거에 읽은 여러 저서가 두뇌에 남긴 일화가 적지 않았지만 그 책을 모두 기억해내는 데 한계가 있다. 학술 서적이 아니라 저널리스트 책이어서 독자들이 읽으며 호흡이 끊기지 않도록 일부러 주석을 달지 않았다.

강원택, 『보수정치는 어떻게 살아남았나』(동아시아연구원)

권용립, 『보수』(소화)

권용립, 『미국의 정치 문명』(삼인)

나카기타 코지, 『自民黨』(中公新書)

남궁곤 편, 『네오콘 프로젝트』(사회평론)

남시욱, 『한국 보수 세력 연구』(청미디어)

데이비드 브룩스, 『인간의 품격』(김희정 옮김, 부키)

데이비드 브록, 『우익에 눈먼 미국』(한승동 옮김, 나무와숲)

로버트 니스벳, 『보수주의』(강정인 옮김, 이후)

모리모토 앙리, 『反知性主義』(新潮選書)

박지향, 『대처 스타일』(김영사)

박지향, 『정당의 생명력』(서울대학교출판문화원)

어윈 스텔처, 『미국의 힘 NEOCON』(황진하 옮김, 네모북스)

우노 시게키(宇野重規), 『保守主義とは何か』(中央新書)

이나미, 『한국의 보수와 수구』(지성사)

에드먼드 버크, 『프랑스 혁명에 대한 성찰』(이태숙 옮김, 한길사)

제리 멀러, 『자본주의의 매혹』(서찬주·김청환 옮김, 휴먼앤북스)

최강욱, 『권력과 검찰』(창비)

KI신서 8790

진짜 보수 가짜 보수

1판 1쇄 인쇄 2019년 11월 20일
1판 1쇄 발행 2019년 12월 2일

지은이 송희영
펴낸이 김영곤
펴낸곳 (주)북이십일 21세기북스

출판사업본부장 정지은 **서가명강팀장** 장보라
책임편집 강지은 **서가명강팀** 윤홍 김소영
서가명강사업팀 엄재욱 이정인 나은경 이다솔
디자인 표지 어나더페이퍼 본문 제이알컴 **교정** 제이알컴
출판영업팀 한충희 오서영 윤승환
마케팅팀 배상현 김윤희 이현진
제작팀 이영민 권경민

출판등록 2000년 5월 6일 제406-2003-061호
주소 (10881) 경기도 파주시 회동길 201(문발동)
대표전화 031-955-2100 **팩스** 031-955-2151 **이메일** book21@book21.co.kr

ⓒ 송희영, 2019

ISBN 978-89-509-8446-5 03340

(주)북이십일 경계를 허무는 콘텐츠 리더

21세기북스 채널에서 도서 정보와 다양한 영상자료, 이벤트를 만나세요!
장강명, 요조가 진행하는 팟캐스트 말랑한 책 수다 〈책, 이게 뭐라고〉

페이스북 facebook.com/jiinpill21   **포스트** post.naver.com/21c_editors
인스타그램 instagram.com/jiinpill21 **홈페이지** www.book21.com
유튜브 youtube.com/book21pub

서울대 가지 않아도 들을 수 있는 명강의! 〈서가명강〉
유튜브, 네이버, 팟빵, 팟캐스트에서 '서가명강'을 검색해보세요!